三联·哈佛燕京学术丛书
学术委员会

季羡林　李学勤　李慎之　苏国勋　厉以宁
（主任）

陈　来　刘世德　赵一凡　王　蒙
　　　　　　　（常务）

邓小南　侯旭东　丁　耘　刘　宁　张志强

渠敬东　李　猛　魏　斌　谢　湜　张泰苏
（常务）　（常务）

三联·哈佛燕京学术丛书

唐文明 著

隐秘的颠覆

牟宗三、康德与原始儒家

Secret Subversion
Mou Zongsan, Kant, and Originary Confucianity

生活·讀書·新知 三联书店

Copyright © 2024 by SDX Joint Publishing Company.
All Rights Reserved.

本作品版权由生活·读书·新知三联书店所有。
未经许可，不得翻印。

图书在版编目（CIP）数据

隐秘的颠覆：牟宗三、康德与原始儒家 / 唐文明著.
北京：生活·读书·新知三联书店，2024.9. -- （三联·哈佛燕京学术丛书：修订版）. -- ISBN 978-7-108-07855-1

Ⅰ. B261.5；B516.31
中国国家版本馆 CIP 数据核字第 2024WA9261 号

责任编辑	冯金红	曾　诚
装帧设计	蔡立国	薛　宇
责任印制	宋　家	

出版发行　生活·讀書·新知三联书店
　　　　　（北京市东城区美术馆东街 22 号 100010）
网　　址　www.sdxjpc.com
经　　销　新华书店
印　　刷　河北鹏润印刷有限公司
版　　次　2024 年 9 月北京第 1 版
　　　　　2024 年 9 月北京第 1 次印刷
开　　本　880 毫米 × 1230 毫米　1/32　印张 11
字　　数　263 千字
印　　数　0,001-3,000 册
定　　价　69.00 元

（印装查询：01064002715；邮购查询：01084010542）

本丛书系人文与社会科学研究丛书，
面向海内外学界，
专诚征集中国中青年学人的
优秀学术专著（含海外留学生）。

·

本丛书意在推动中华人文科学与
社会科学的发展进步，
奖掖新进人材，鼓励刻苦治学，
倡导基础扎实而又适合国情的
学术创新精神，
以弘扬光大我民族知识传统，
迎接中华文明新的腾飞。

·

本丛书由哈佛大学哈佛－燕京学社
（Harvard-Yenching Institute）
和生活·读书·新知三联书店共同负担出版资金，
保障作者版权权益。

·

本丛书邀请国内资深教授和研究员
在北京组成丛书学术委员会，
并依照严格的专业标准
按年度评审遴选，
决出每辑书目，保证学术品质，
力求建立有益的学术规范与评奖制度。

目　录

再版前言 i
引言 1

道德的化约 1
　一　自律与利他：对儒家思想的道德主义解释 1
　二　周人的忧患意识与敬德思想是道德突破吗？ 5
　三　孔子的仁教是道德之教吗？ 32
　四　孟子的性善论是道德的形而上学吗？ 41

自律的挪用 63
　一　儒家伦理精神与自律道德 63
　二　孟子论"仁义内在" 69
　三　"仁义内在"与自律道德 92
　四　儒家伦理：美德还是律法？ 111

良知的僭越 138
　一　实践理性充其极与儒学的历史性开展 138
　二　心性与本体 142
　三　智的直觉与物自身 175
　四　圆善与圆教 215

历史的嫁接 240
一 中国问题关切之下的道德形而上学与历史哲学 240
二 历史哲学的概念与意义 245
三 良知、历史与完善 264
四 儒学的第三期开展与良知坎陷说 281

参考文献 317
致谢 325

Secret Subversion: Mou Zongsan, Kant, and Originary Confucianity

Reprint foreword

Introduction

The Reduction of Morality

I. Autonomy and Altruism: On the Moralistic Interpretation of Confucian Thought

II. Are the Awareness of Anxiety and the Idea of Virtue in Zhou Dynasty moralistic?

III. Is Confucian Teaching a Kind of Moralistic Teaching?

IV. Is Mencius' Thinking of Spiritual Heart and Spiritual Nature a moral metaphysics?

The Appropriation of Autonomy

I. Confucian Ethos and Autonomous Morality

II. Mencius On the Internality of Ethical Love and Righteousness

III. The Internality of Ethical Love and Righteousness and Autonomous Morality

IV. Confucian Ethic: Virtue-Based or Law-Based?

The Arrogation of Conscience

I. Moral Reasoning and the Historical Development of Confuciology

II. Spiritual Heart, Spiritual Nature and Ontological Entity

III. Intellectual Intuition and Thing-in-itself

IV. Highest Good and Perfectionism

The Graftage of History
    I. Moral Metaphysics and Philosophy of History in View of Chinese Problem
    II. The Conception and Implication of Philosophy of History
    III. Conscience, History and Perfection
    IV. The Third Period of Confucian Development and the Theory of Self-negation of Conscience

Reference

Acknowledgement

再版前言

《隐秘的颠覆》的写作意图,是在思想上彻底清算现代儒学。之所以聚焦于牟宗三,是基于这样一个认知:牟宗三意味着现代儒学的最高峰。就此书四个部分的主题而言,我对现代儒学的批判性指控可以简要地概括为"四个取代":用道德取代伦理,用规则取代美德,用人取代天,用内在的历史终结论取代超越的历史可进论。"隐秘的颠覆"一说,由"道德的化约""自律的挪用""良知的僭越""历史的嫁接"四个部分展开,明眼人不难看出,其立论方法有取于尼采的《论道德的谱系》。尼采的道德谱系学聚焦于文化中一些关键语词的意义流变,意在揭示语词所承载的"价值"在历史中如何被颠覆,因而构成了一种历史研究的方法论。《隐秘的颠覆》显然借助这一方法谋篇布局,因而本质上是一项关于儒家思想的历史研究。使用另一个著名的比喻,可以说,《隐秘的颠覆》就是要证明现代儒学是彻头彻尾的"旧瓶装新酒":所谓"颠覆",即意味着将酒换成新的;所谓"隐秘",即意味着继续使用旧的瓶子来装被换了的酒。

站在儒学界以外的立场看来,这种谱系学策略肯定会削弱我的立论力度,因为这意味着我对现代儒学并非采取直接的理论批判,而是通过揭示现代儒学对古典儒学的背离而"迂回地"对之加以批判。一个可能的质疑能够以这种方式表达出来:我们并不关心现代儒学与古典儒学是否一致,而只关心现代儒学讲的那些道理究竟对不对。很显然,在这个充满了启蒙主义气息的质疑中,理性的权威

i

性成功地压倒了历史的权威性。方法论上更进一步的质疑极有可能来自现代儒学界内部:"旧瓶装新酒"本来就是现代儒家主动提出来的一个方法论主张,何劳你如此费心去证明这一点?对于这一质疑,我们当然可以直接反问:是酒重要还是瓶子重要?不过,在此我想说的是,提出"旧瓶装新酒"意味着还试图承认历史的权威性,只不过现在是想在认可断裂的基础上再讲连续性了。然而,当我诉诸以孔子为中心的原始儒家(Originary Confucianity)时,我就不只是——或者严格意义上来说根本不是——在诉诸历史的权威性,而是在诉诸圣人的权威性与相应的经典的权威性。在写作此书的过程中,我当然预设服膺儒学的人都能够对这一点心领神会。

我想进一步说明的是,这实际上意味着我与尼采的谱系学研究的某种差异。如果说我对现代儒学持批判态度,正如尼采对现代性道德及其形而上学也持批判态度一样,那么,我的批判的立足点却与尼采不同——岂止是不同,应该说是恰好相反!我的立足点是原始儒家,这意味着我试图在中国文明的现代语境中重申儒学的古典立场;而尼采思想中也包含着对西方古典哲学的重释,但他的重释却不是为了在西方文明的现代语境中重申哲学的古典立场。直白地说,作为一个深受现代性影响的现代性批判者,尼采既不承认历史的权威性,更不承认经典的权威性,他的意图恰恰是做一个历史与经典的摧毁者,欲在彻底摧毁欧洲旧文化之后于废墟上再建新文化。我虽然借用了尼采的谱系学方法,但我的宗旨却是往回看的。杜维明先生曾经告诉我,在他与麦金泰尔的对谈中,麦金泰尔曾说,儒家学者应当写出儒家版的《追寻美德》。忽略我在一些具体议题上的特别考量和我在具体论述过程中的一些缺陷,可以说,《隐秘的颠覆》就是我写的一部儒家版的《追寻美德》。

十二年过去了,此书显然仍未被儒学界真正消化。此书受到的批评极为有限。李明辉先生曾当面对我说,他要写系列批评文章。从目前已发表的他的三篇批评文章来看,他的批评主要聚焦于此书的第一、二部分,尤其是第二部分,关注的是儒家伦理学属于美德伦理学还是规则伦理学的问题。对于他的批评,我曾在为陈来先生的《儒学美德论》所写的书评文章《美德伦理学、儒家传统与现代社会的根本困境》中顺带回应过。儒家伦理学是美德伦理学还是规则伦理学,目前仍是颇受儒学界关注的一个焦点问题,然而遗憾的是,绝大多数相关的讨论,都不去触及隐藏在美德伦理学与规则伦理学之争背后的一些更深层次的问题,尤其像麦金泰尔所指出的启蒙的道德筹划注定失败的问题和陈来先生所提及的现代社会的根本困境的问题。在一同游览峨眉山的路上,我曾当面向李明辉先生建议讨论一下形而上学问题,即此书第三部分所分析过的那些议题,而他当时和事后都未有明确回应。廖晓炜先生在一篇书评文章中认为我是以朱子学立场批评牟宗三,因为牟宗三是阳明学立场。我倒是很乐意从他所说的角度去思考相关议题,但很显然我在此书中是在处理古今之间的张力问题,而这并不能等同于朱子学与阳明学之间的张力问题。此书受到的赞扬诚实不少,但多少让我感到尴尬的是:一些人赞扬这本书,却是因为他们还站在远远不及牟宗三的高度上;还有一些人赞扬这本书,则是他们误以为我具有一种反哲学立场,认为我通过批判牟宗三的哲学体系批判了任何类型的哲学儒学;至于那些通过我在此书中的论述更加理解了牟宗三的思想而完全无视我对牟宗三的批评的人,就更不用提了。

在再版之际,我还要从现在的视角谈谈此书的一些缺陷。写作时间较早的第一部分存在的问题最多,尤其是其中对尼采思想的运用。在此书出版的当年,我曾在清华组织过一个书评会,在会上,吴增定先生说我想做"儒家的尼采",正如舍勒想做"基督教的尼采"一样。他完全说中了我当时的心事！但后来我逐渐认识到尼采思想中存在的问题，进而也思考如何克服尼采的问题。有一次我想到，认真对待中、西文明的相遇，充分考虑西方文明内部的张力，我们若想立足自身文明传统去消化西方文明，应当采取的策略或许是，用尼采来反对基督教，再用基督教来反对尼采。用尼采来反对基督教，以便维护对生命的肯定立场；用基督教来反对尼采，以便承认一个作为爱的源头的、超越的终极实在。经过这两次反对，我们所能抵达之处，或许就与儒家乐天知命的基本立场非常接近了。至于这部分涉及对原始儒学的哲学解读，现在看来也存在不少问题，此处就不详细展开了。好在我在这部分的意图非常明确，就是批判对原始儒学的道德主义解读，而这一点无疑是成立的。

  第二部分的一个问题是，因为过于受到所批判的对象的牵制，也因为思考的不够深入，我对儒家伦理中的义务思想缺乏正面的、必要的论述。好在这一问题已在我对批评者的回应中指出了，包括我最近发表的《论孔子律法》一文，也可成为有关这一议题的一个有益的补充。在前面提到的那次书评会上，李猛先生注意到此书第三部分在篇幅上是其他部分的两倍，并指出此书的要点其实是在这一部分。确实如他所说！虽然这一部分受到的关注非常少，但我还是想说，如果让我现在来写这一部分，我的写法可能会更直白一些，比如，直接针对内在超越论进行批判，还有就是圆教的概念，我会基于对人的有限性的认知而直接指出牟宗三式圆教概念的虚妄。第四部分也是因为要紧扣牟宗三的思想展开分析，再加上思考的不够深入，所以未能对原始儒家的历史哲学做正面的、必要的论述。原始儒家的历史哲学，将来自圣人——终极而言来自超越的上天——的教化放在一个重要位置上，简而言之，人类的历史可进可退，圣人之教化行则人类之历史进，圣人之教化废则人类之历史退。因此我们可以将之合理地概括为超越的历史可进论。这是不折不扣的教化史观，有兴趣的读者可去阅读我去年刚出版的《极高明与道中庸》一书。至于基于这种教化史观如何看待以往的历史时段以及现代这一历史时段，亦可参看我在《圣王史识中的绝对民主制时代》一文中的简要分析。

然而，即使此书存在这么多的问题，我也不打算去做大幅度的修订，因为那样还不如重写一本新书。因此，此次再版，我的修订只涉及两处：一处是删去了一个不当引用，一处是修改了一个术语的不当译法。

最后，我还想说明一点。我对现代儒学的思想清算并不意味着我只是在肆意地抒发一种文化乡愁。我只是试图从根本上思考我们实际生活中所面临的问题。人类走到现在，显然已无法回头，而前途看起来也相当迷茫。不过，由此而来的悲观情绪可能是过度的，而且恰恰可能是由于先前在现代性的蛊惑下我们习惯于沉浸在一种过度乐观的情绪中了。孔子屡叹道之不行，而在危难之际又能做到弦歌不辍，可见过度的乐观与过度的悲观皆非正情！可见唯有圣人的教化可以卓然挺立于世！"知穷之有命，知通之有时，临大难而不惧者，圣人之勇也。"愿以此语与同道者共勉！

唐文明

孔元 2576 年立夏日

学清苑止而巽斋

引　言

　　八十寿辰时，牟宗三尝言，自大学读书以来，六十年中只做一件事，即反省中华民族之文化生命，以重开中国哲学之途径。❶这是牟宗三对自己一生之思想事业的一个简明概括，由此我们或可感受到牟宗三商量旧学、续接道统的自任之重与自信之笃。而实际的情况也正是，牟宗三在自己一生属意的思想事业上取得了巨大的理论成就：在儒家思想的新开展过程中，牟宗三的哲学无疑是一个不能绕过的理论高峰。如果充分考虑到儒家文化在现代以来所面临的艰难处境，那么，我们就更能深切地体会到，像牟宗三那样开展出一个立场鲜明、论调高迈、内容丰富、形式完备的现代儒家思想体系是多么不容易。

　　理解牟宗三哲学的一个重要的思想史背景是"五四"前后的新文化运动。在现代以来由古今之变与中西之异交织而成的历史语境中，新文化运动具有特殊的意义：一言以蔽之，新文化运动以历史进步的名义明确肯定了古今之变的正当性，从而也为理解、刻画中西之异确立了一个前所未有的新坐标。新文化运动之后，中西之争作为思想界的一个重要话题仍然不绝于耳，但对中西之异的实质理解和相关的问题意识都已被明确地纳入了如何应对古今之变的问题上，从而也使中西之争的问题逐渐被获得压倒性优势的古今之争的问题所钳制。最典型的表现莫过于出现了这样的看法：认为中西

---

❶ 参见蔡仁厚：《牟宗三先生学思年谱》，学生书局1996年版，第223页。

文化之间的差异,主要是时代的差异而非类型的差异,概而言之,中西之异实际上是古今之别。毋庸赘言,在这种看法的背后,是对源自西方的现代性观念的未经反思的信从。

牟宗三虽然后来对"五四"新文化运动有过明确的批评,但更多的还是肯定,特别是他对"五四"所标举的民主与科学这两面大旗,终生念兹在兹。而在当下这个对现代性的反思越来越深入、从古典到现代的变革不再被认为具有当然合理性的时刻,重新审视这一段历史可能会有相当不同的感觉。实际上,我们现在应当能够正视的一个独特事实是:包括牟宗三在内,现代中国思想史上的绝大多数文化保守主义者无论是在政治问题上还是在伦理问题上都没有呈现出保守主义的特征。在政治问题和伦理问题上都不具有保守主义特征的文化保守主义者,这样一个至少乍读之下显得奇怪的表述意味着什么呢?由此,在以原始经典为依据的前提下,我们或许可以推想一个更具保守主义特征的批判性立场,而站在这个批判性立场上来审视牟宗三的哲学,我们看到的最显著的现象仍然是:对西方现代观念的选择性挪用和对中国传统思想的抽离式化约。

在叙述牟宗三一生的学术思想成就时,蔡仁厚概括了三个方面:厘清三教义理,开出新外王,融摄康德。❶而贯穿于这三个方面的是一个极具建构能力和解释能力的、非常刚性的哲学骨架:在早期以"道德的形而上学"命名,后来又提出"两层存有论"——从思想的内容和关联来看,两层存有论实际上意味着道德的形而上学的完成,因而也成为牟宗三哲学的最后定论。依照蔡仁厚的这一概括,我们亦可以将牟宗三的著作划分为三个部分,其中主要的、当然也是最重要的有九部:厘清三教义理的主要著作是

---

❶ 参见蔡仁厚:《牟宗三先生学思年谱》,第 222—223 页。

《心体与性体》（包括《从陆象山到刘蕺山》）、《才性与玄理》和《佛性与般若》；开出新外王的主要著作是《道德的理想主义》、《政道与治道》和《历史哲学》；融摄康德的主要著作是《智的直觉与中国哲学》、《现象与物自身》和《圆善论》。

在这九部以究天人之际、通古今之变、会中西之异为主旨的重要著作中，特别值得一提的是《心体与性体》的综论部分（共五章）。正是在《心体与性体》的综论部分，牟宗三提出了那个以"道德的形而上学"命名的哲学骨架，这个哲学骨架也就成为他诠释、梳理原始儒学和宋明儒学的"基本义理模型"。需要指出的是，虽然我们出于分类的理由和方便而将"摄康德三书"单列为一项，但在《心体与性体》综论部分提出的道德的形而上学本身就是融摄康德的产物，且如上所说，后来提出的两层存有论只是使道德的形而上学更趋完善而已。通过融会儒家与康德的思想而提出的道德的形而上学也构成牟宗三诠释道家和佛家思想的义理基础，就是说，"儒道释三书"皆以道德的形而上学为诠释的义理基础。关于牟宗三依据道德的形而上学而对儒道释三家思想的诠释，他的主要思路是将如下两个分别属于中西哲学的方面对应起来并进行互向格义：就包括儒道释在内的中国哲学传统而言，牟宗三聚焦于心性问题这个思想要害；就康德的思想以及在他看来康德能够代表的西方哲学传统而言，牟宗三特重"智的直觉"这个理解天人问题的枢纽式概念。❶还有，虽然"新外王三书"的写作时间比《心体与性体》要早，但是，从思想的内容和关联来看，特别是从他将儒家精神的思想特质厘定为道德的形而上学来看，我们有充分的理由断言，在《心体与性体》中才明确提出的道德的形而上学正是牟宗三开出新

---

❶ "智的直觉"是牟宗三两层存有论的核心概念，因而也是道德的形而上学得以真正完成的核心概念。

外王的义理基础。

本书力图站在一个从传统来看更为纯正的儒家立场上，全面审视牟宗三融会儒家思想与康德哲学建构而成的道德的形而上学以及后来提出的两层存有论所存在的严重问题，特别是他依照这个刚性的哲学骨架对原始儒家思想所做的诠释中存在的严重问题。本书的主要观点是，这些在特殊的诠释处境中产生的严重问题可能导致牟宗三对传统儒家根本精神的背离，概而言之主要表现在以下几个方面。首先，在伦理学层面，牟宗三将传统儒家思想中植根于多重生活空间的伦理概念化约为现代意义上平面化了的道德概念，从而颠覆了历代儒家一贯捍卫的伦理生活秩序，并因为挪用康德式的自律概念来诠释儒家思想而导致对儒家美德伦理传统的系统性扭曲（这是本书第一、二部分的主要内容）。其次，在形而上学层面，牟宗三以良知为本体，看起来是在发挥宋明儒学中以心性诠释天理的思想，但因为在现代性条件下实际上天理已经被废黜，所以，他的良知学说虽以形而上学的面目出现，但实际上是为现代人本主义张目，而与宋明儒学在本体与工夫的古典语境中所开展出来的心性之学相去甚远，倒是与基督教、佛教等虚无主义宗教以及玄学的立场更为接近；进而言之，牟宗三的道德的形而上学在某种意义上不仅表现为佛老之余绪，更有援耶入儒之嫌疑（这是本书第三部分的主要内容）。再次，在历史哲学和政治哲学层面，牟宗三借鉴康德、黑格尔等人的思想建构了一个以道德的形而上学为义理基础的宏大历史观念，开出了一个以接纳民主与科学为主要历史任务的儒家发展方案，但是，由于他未能充分重视儒家精神传统与基督教精神传统之间的巨大差异，所以，他所建构的宏大历史观念很难真正体现儒家立场，而是表现为一种理论上的嫁接，他所开出的儒家发展方案也不可避免地落入了与基督教精神密切相关的西方自由主义的窠臼。

需要说明的一点是，本书的研究主要聚焦于牟宗三的哲学思想，而非其哲学史诠释。或者就相应的文本而言，本书的研究内容主要涉及牟宗三的以下著作：《心体与性体》综论部分、摄康德三书和新外王三书。更具体地说，本书主要研究牟宗三的道德的形而上学和后来提出的两层存有论，以及他以道德的形而上学为义理基础而发展出来的历史哲学、政治哲学等，主要内容包括他如何在融会儒家和康德的意义上提出道德的形而上学，如何以道德的形而上学为主臬诠释原始儒家的思想并由此提炼出儒家精神的思想特质，如何在对以儒道释为主干的中国哲学和他所认为的以康德为代表的西方哲学的进一步对照、比较中提出两层存有论，又如何借助康德和黑格尔的思想提出他的历史哲学，并为儒家思想的新开展提出一个明确的方案等等。而牟宗三对宋明儒学的具体诠释，不是本书专门处理的内容，尽管在一些地方也论及他对宋明儒学的一些看法。同样，牟宗三对道、释两家思想的具体诠释，也不是本书的主要研究内容，本书涉及这个论域的，仅限于牟宗三关于智的直觉和圆善、圆教问题的讨论。

还需要说明的一点是，本书的第一部分《道德的化约》主要讨论现代以来对儒家伦理精神的道德主义解释，其中的论述并不限于牟宗三的思想，但以牟宗三的道德的形而上学为道德主义解释的极致。这么做意在表明，将儒家伦理精神化约为道德主义，不仅是牟宗三儒学思想的一个基本内容，而且是现代以来持之有故、言之成理，从而也影响极大、流传至广的一个思想谬种。

总而言之，尽管牟宗三在现代以来特殊的诠释处境中极尽思想之能事而高度地肯定了儒家精神的价值，但是，基于一种在我看来更为纯正的儒家立场，我们能够对牟宗三将儒学理解为道德的形而上学这一核心论断提出深刻的检讨和严厉的批评。而且，更进一步，我还倾向于认为，如果本书所提出的主要批评对于牟宗三的儒学思想是有效的，那么，这些批评在一个较宽泛的意义上对于现代以来大多数儒学思想——其共同的理论倾向是以源自西方的现代性观念为诠释的基础——也是有效的。在此需要澄清的有两点。首先，这么说并不意味着对现代儒学的全盘否定。如果从思想史的背景和脉络来看有些弯路不得不走的话，那么，现代儒学——特别是以牟宗三为代表的现代新心学——所达到的思想成就其实已经相当难能可贵了：不仅展开了所有重要的思想论域，而且也呈现了各个论域中所存在的种种问题和可能性。其次，既然我们在此试图提倡一种更为纯正的儒家立场，那么，一个最为常见的质疑就是：这种立场如何能够免于抱残守缺的指责？很显然，在思想的重述和重构尚未完成之时，这个问题不可能得到充分的回答。但有一点可以肯定：如果在伦理层面未能充分重视伦常之意义，在形而上层面未能真正捍卫天、地、人三才之道，声称自己持儒家立场可能是徒有其表的。无论是出于一往的求善意志而沦为文化上的乡愿，还是出于简陋的求真意志而沦为儒门之法利赛人，都是我们必须努力避免的。

道德的化约

一 自律与利他：对儒家思想的道德主义解释

　　现代以来，儒家思想的基本面目似乎可以由"道德主义"一词（moralism）来刻画。无论是服膺儒家的思想家，还是对儒家持批评态度的研究者，似乎都共享着一个知识论信念，都将道德标识为儒家思想的一个显著特征。这种看法不仅在熊十力、梁漱溟、唐君毅、牟宗三、徐复观等现代新儒家的思想中可以得到证实，而且也被大多数对儒家思想持批评态度的研究者所认同，比如说，可能发端于耶稣会传教士的一种观点认为，儒家思想就是伦理学或道德哲学，其核心的看法也是主张儒家思想的根本旨趣在于道德。

　　那么，如何确切地理解道德主义的内涵呢？鉴于"道德"一词的多义性，我们首先需要阐明现代意义上的"道德"所承载的文化与精神信息。从形式的角度上看，道德的根本特征在于理性的自律（autonomy），尤其是与宗教的信仰—顺从精神相比照而言。但是，必须说明的是，这种看法是由康德所肇始的一个不折不扣的现代观念。在中国古典文献中，"道"与"德"的观念非常原始，而将"道"与"德"联在一起使用的"道德"，则比较后起。现代汉语学术界所使用的"道德"，源自日本学者起用中国古典文献中本有的"道德"来翻译西方语言中的"morality"。从词源上说，

"morality"与源于拉丁语的"mores"（习俗）有亲缘关系。在西方古代的理论话语中，道德的根基往往被归诸自然或上帝，或是二者的结合，比如在亚里士多德那里，自然目的论是伦理的基础；而在犹太—基督教传统中，道德的诫命来自上帝，而且我们也知道，随着基督教神学的发展，神义论将自然目的论涵摄其下，而表现于道德问题者亦非常明显，比如在托马斯·阿奎那那里论及植根于上帝的神学美德（theological virtues）——信仰、希望和圣爱——与植根于自然的自然美德（natural virtues）——明智、勇敢、节制与正义——之间的关系。

启蒙时代的康德在道德问题上伸张理性的权威，通过挪用卢梭在政治哲学领域所提出的自律概念而将道德理解为实践理性的当然事务，从而将道德的根基从自然或上帝那里移植于理性。在康德那里，道德被认为是一种独立的、自足的价值，而善良意志（good will）作为自在的、因而也是最高的善则是道德价值（moral worth）最为纯粹的表现。为了捍卫道德价值的纯粹性，康德严格地采取了形式主义的论说方式，但这并不表示康德的道德概念缺乏实质的内涵。如果说自律是道德价值的形式标准的话，那么，利他就是道德价值的实质标准。实际上，无论是诉诸道德情感还是诉诸善良意志，无论是采取义务论（deontology）的形式还是采取效果论（consequentialism）的形式，利他主义（altruism）都是现代道德的要义之一。对此，尼采曾概括说，根据这种流行的现代道德风尚，"道德行为的本质特征在于无私、自我牺牲，或者是同情和怜悯"。[1]道德的这种利他主义倾向有时会通过道德观念的普遍性诉求而体现出来，或者是道义的普遍性，或者是功利的普遍性，但隐含在其中的

---

[1] Friedrich Nietzsche: *The Gay Science*, translated by Walter Kaufmann, Random House Inc., 1974, Book V, Section 345, p. 284.

利他主义倾向始终是道德价值的一个实质性要素。换言之，一种主张如果不能有意无意地包含利他主义倾向的话，则往往不会被认为具有道德价值。道德总是与一种声称可以奠基于自身、从而拒绝以其他任何事物为根基的利他主义倾向有关，无论采取何种理论形式。将形式标准与实质标准联系起来，我们可以得到关于现代道德概念——在康德那里获得其经典性表达——的一个简单概括：纯粹自觉自愿的利他主义倾向。

现代以来对儒家思想的最为流行的解释，正是道德主义的。合而言之，在这种道德主义的解释之下，儒家思想所承载的伦理精神即被刻画为一种纯粹自觉自愿的利他主义倾向。分而言之，道德主义的解释既以形式上的自律、又以实质上的利他来理解儒家伦理精神。就前一方面而言，比如梁漱溟在论述儒家乃是以道德代宗教的观点时说："道德为理性之事，存于个人之自觉自律。宗教为信仰之事，寄于教徒之恪守教诫。中国自有孔子以来，便受其影响，走上以道德代宗教之路。这恰恰与宗教之教人舍其自信而信他，弃其自力而靠他力者相反。"[1]徐复观在阐述忧患意识是道德意识时的一个主要理据是，"忧患意识乃人类精神开始直接对事物发生责任感的表现，也即是精神上开始有了人地自觉的表现"。[2]而在牟宗三的"道德的形而上学"（moral metaphysics）的思想体系中，来自康德的自律概念具有举足轻重的地位，这也是我们耳熟能详的看法了。就后者而言，尽管一直有孔子"古之学者为己，今之学者为人"的提示，然而，无论是孔子的"仁"，还是孟子的"恻隐之心"、"性善说"，都往往被化约性地理解为一种纯粹自觉自愿的利他主义倾向。在这个前提下，"为己之学"则被理解为一种道德上

---

[1] 梁漱溟：《中国文化要义》，学林出版社1987年版，第106页。
[2] 徐复观：《中国人性论史：先秦篇》，上海三联书店2001年版，第19页。

的纯粹自愿,即被理解为自我主动愿意去做有利于他人的行为,在此,不仅这种道德上的自愿可以从自律的原则加以解释,而且,所谓的道德自我——本质上是一个有利于他人而存在的自我,而且是主动、自愿地有利于他人而存在——成为自我的本真认同。同样,在这个前提下,孟子所说的"理义之悦我心,犹刍豢之悦我口"也被以类似的方式而理解:"理义"在根本上被认为是一种纯粹自觉自愿的利他主义倾向,而"我心"则以行"理义"为乐,也就是以纯粹自觉自愿地利他为乐,或者如席勒所说,这是一种"对义务的爱好"。

在现代新儒家的思想谱系中,牟宗三的"道德的形而上学"是对儒家的道德主义解释的理论极致。良知被看作是一种先天的道德情感或善良意志,或者说是一个超越的道德实体,同时也是超越的道德主体,也就是说,一个纯然至善的本体——这里的"善"当然只能被理解为是道德意义上的"善",即"利他"意义上的"善",而不能被理解为超道德意义上的"好",即"为己"意义上的"好"。虽然有些学者出于各种各样的理由反对牟宗三的"道德的形而上学",但是,几乎没有人反对以道德主义的方式来理解儒家思想,尤其是在其实质性的精神旨趣方面。这一点似乎在学术界业已达成了非常广泛的一致,几乎成为一个自明的、不值得再去探讨的共享的信念。因为,谁会去反对"善"呢?可以肯定地说,对儒家的道德主义解释在目前仍然以绝对性的优势主宰着我们的精神和思想世界。但是,我们也不能不注意到,道德主义有时是被当作一种错误而看待的。比如,尼采运用他那独特的谱系学方法对现代道德主义的偏见提出了根本性质疑:现代流行的道德风尚究竟是"生命疲乏、困苦、衰退的标志",还是"显示了生命的充沛、力量和意志,显示了生命的勇气、确然和未来"?[1]

---

[1] Friedrich Nietzsche: *On the Genealogy of Morals and Ecce Homo*, translated by Walter Kaufmann and R. J. Hollingdale, Random House, Inc., 1967, Preface, p. 17.

在尼采看来，道德主义对自我的理解无疑是以虚无主义为前提的，是对人的高贵性的一种贬抑，甚至无异于宣布自我毫无价值、生命毫无价值，而把人降低到动物的水平，于是，对个人而言，道德主义就是生命颓废的征兆，其所表现出来的道德癫狂不过是用来掩盖生命之贫乏的遮羞布；对一个民族而言，道德主义是一种文化败血症，它会毒害民族的精神，因而根本就不配、也不可能成为民族的文化生命。

如果考虑到尼采对现代道德主义的批评的合理性，我们就可能会对现代以来已经习焉不察的那种对儒家的道德主义解释产生根本性的动摇。而对于那些持道德主义理解的儒家服膺者来说，问题的严重性则在于，一方面，他们根本无法意识到或根本不愿意承认道德主义的流弊；另一方面，他们对于将儒家思想根本的精神旨趣化约为道德主义这一点缺乏必要的反思。

二 周人的忧患意识与敬德思想是道德突破吗？

包括牟宗三在内的现代新儒家勾画儒家的道德主义面目的非常重要的一笔是将儒家思想的起源与周人的忧患意识紧密联系起来，并将周人的忧患意识与道德意识关联起来。徐复观指出，忧患意识是中国文化从殷周时期的原始宗教"转向道德方面的重大关键"，所以，周人的忧患意识不能被理解为某种"原始宗教动机"，而是意味着"人文精神的跃动"。于是，从这种"人文精神的跃动"中彰显出来的也就不是作为原始宗教动机的恐怖与绝望，而是人在精神上的自觉和人的主体意识、责任意识：

忧患意识,不同于作为原始宗教动机的恐怖、绝望。一般人常常是在恐怖绝望中感到自己过分地渺小,而放弃自己的责任,一凭外在的神为自己作决定。在凭外在的神作决定后的行动,对人的自身来说,是脱离了自己的意志主动、理智导引的行动。这种行动是没有道德评价可言,因而这实际是在观念的幽暗世界中的行动。……忧患与恐怖、绝望的最大不同之点,在于忧患心理的形成,乃是从当事者对吉凶成败的深思熟考而来的远见。在这种远见中,主要发现了吉凶成败与当事者行为的密切关系,及当事者在行为上所应负的责任。忧患正是由这种责任感来的要以己力突破困难而尚未突破时的心理状态。所以忧患意识,乃人类精神开始直接对事物发生责任感的表现,也即是精神上开始有了人的自觉的表现。❶

在徐复观看来,忧患意识的特性在于强调了当事人的道德责任,而在作为原始宗教动机的恐怖、绝望意识中,这种道德责任感则是付之阙如的。换言之,恐怖、绝望的意识只能对应于原始宗教的信仰意识,只有忧患意识才对应于道德意识,这当然是因为,在原始宗教的信仰意识中,根本就不存在人对自身的信心和明确的责任意识,而只有在道德意识中才包含着人的自信和责任感:

> 在以信仰为中心的宗教气氛之下,人感到由信仰而得救;把一切问题的责任交给于神,此时不会发生忧患意识;而此时的信心,乃是对神的信心。只有当自己担当起问题的责任时,才有忧患意识。这种忧患意识,实际是蕴蓄着一种坚强的意志

---

❶ 徐复观:《中国人性论史:先秦篇》,上海三联书店2001年版,第18—19页。

和奋发的精神。❶

在定下了对忧患意识的道德主义解释的基调之后,徐复观进一步说明,周人精神世界中非常重要的一个观念——"敬"——就来自忧患意识,而且,由于忧患意识只能被理解为道德意识,所以,"敬"也只能被理解为"敬德",只能被理解为待人接物意义上的"临事而惧"(语出《论语·述而》),而不能被等同于宗教意义上的虔敬:

> 在忧患意识跃动之下,人的信心的根据,渐由神而转移向自己本身行为的谨慎与努力。这种谨慎与努力,在周初是表现在"敬"、"敬德"、"明德"等观念里面。尤其一个敬字,实贯穿于周初人的一切生活之中,这是直承忧患意识的警惕性而来的精神敛抑、集中及对事的谨慎、认真的心理态度。这时人在时时反省自己的行为,规整自己的行为的心理状态。周初所强调的敬的观念,与宗教的虔敬,近似而实不同。宗教的虔敬,是把自己的主体性消解掉,将自己投掷于神的面前而彻底皈依于神的心理状态。周初所强调的敬,是人的精神,由散漫而集中,并消解自己的官能欲望于自己所负的责任之前,凸显出自己主体的积极性和理性作用。敬字的原来意义,只是对于外来侵害的警戒,这是被动的直接反应的心理状态。周初所提出的敬的观念,则是主动的、反省的,因而是内发的心理状态。这正是自觉的心理状态,与被动的警戒心理有很大的分别。❷

---

❶ 徐复观:《中国人性论史:先秦篇》,第20页。
❷ 徐复观:《中国人性论史:先秦篇》,第20页。

将周人的忧患意识理解为道德意识，进而将周人的"敬"理解为道德情绪而非宗教情绪，是徐复观贯彻其用道德主义立场来理解儒家思想之根本性精神旨趣的一项重要举措。通过这样一种同质化的哲学解释学，徐复观为儒家思想找寻出一个"光辉"的起源，而不是一个"灰暗"的、异质化的出身。❶这种思路在牟宗三那里得到了进一步的加强。他说："中国哲学之重道德性是根源于忧患的意识。中国人的忧患意识特别强烈，由此种忧患意识可以产生道德意识。"❷牟宗三不仅完全接受了徐复观关于忧患意识的观点，而且还对之做了进一步的发挥。首先，他明确地比较了儒家的忧患意识、佛教的苦业意识与基督教的恐怖意识以及由恐怖意识而来的原罪意识，认为"中国人的忧患意识不是生于人生之苦罪，它的引发是一个正面的道德意识，是德之不修，学之不讲，是一种责任感"。❸其次，他明确将"悲悯"作为忧患意识的一个核心内涵：

> 天地虽大，人犹有所憾，可见人生宇宙的确有缺憾。圣人焉得无忧患之心？他所抱憾所担忧的，不是万物的不能生育，而是万物生育之不得其所。这样的忧患意识，逐渐伸张扩大，最后凝成悲天悯人的观念。悲悯是理想主义者才有的感情。在理想主义者看来，悲悯本身已具最高的道德价值。天地之大，

---

❶ 福柯指出，尼采在《论道德的谱系》一书中区分了"起源"（Ursprung）与"出身"（Herkunft）两个概念。"起源"假定了"源"与"流"之间的同质性，是一个依"流"溯"源"的哲学解释学的目标；而"出身"则留意于"源"与"流"之间的异质性，总是企图追踪导致源流变迁的隐秘的力量，企图回溯出一个差异性的起源，是一项属于谱系学的"灰色的"工作。参见米歇尔·福柯：《尼采·谱系学·历史学》，苏力译、李猛校，载《尼采在西方》，刘小枫、倪为国选编，上海三联书店2002年版。

❷ 牟宗三：《中国哲学的特质》，上海古籍出版社1997年版，第12页。

❸ 牟宗三：《中国哲学的特质》，第16页。在这一看法中引用了孔子的话："德之不修，学之不讲，闻义不能徙，不善不能改，是吾忧也。"（《论语·述而》）

犹有所憾，对万物的不得其所，又岂能无动于衷，不生悲悯之情呢？儒家由悲悯之情而言积极的、入世的参赞天地的化育。"致中和"就是为了使"天地位"，使"万物育"。儒家的悲悯，相当于佛教的大悲心和耶教的爱，三者同为一种宇宙的悲情（Cosmic feeling）。

如果说徐复观、牟宗三还没有明确地将忧患意识完全等同于道德意识的话，那么，李明辉的说法就更加直截了当，他明确断言："忧患意识就是道德意识。"❶徐复观、牟宗三等人的这种看法在汉语学术界有很大的影响，比如林火旺在论及忧患意识时就基本上继承了徐、牟的观点，他把忧患意识明确概括为"忧患苍生、民胞物与"的道德意识，❷并从四个方面来梳理忧患意识的内涵：自觉、慎独、悲悯、责任。❸其中值得一提的是，他将慎独作为忧患意识的内涵之一。这是因为，徐复观、牟宗三通过忧患意识来说明"敬的观念的出现"，并把"敬"的观念理解为一种道德情感，理解为"临事而惧"、"戒慎恐惧"的"敬德"，而《中庸》则是通过"戒慎恐惧"来说慎独，所以就有了通过慎独来说忧患意识的可能性。❹

由此可见，对忧患意识的道德主义解释主要集中在两个方面：一是认为忧患意识意味着人类主体之道德意识的觉醒，其中凸显了人的道德自觉和责任意识；二是认为忧患意识的实质性内涵是"具有最高道德价值的悲悯之情"，是对天下苍生的忧患。对此，我们

---

❶ 李明辉：《论所谓"儒家的泛道德主义"》，见《儒学与现代意识》，文津出版社1991年版，第67页。
❷ 林火旺：《从儒家忧患意识论知行问题》，正中书局1981年版，第11页。
❸ 林火旺：《从儒家忧患意识论知行问题》，第23页以下。
❹ 林火旺：《从儒家忧患意识论知行问题》，第26页以下。

不能不产生根本性的疑虑,因为站在现代道德主义的立场上来理解忧患意识,表面上看好像是在"点化古人",实际上却可能在这种"点化"过程中完全悖离了古人的根本精神,因为古人所提倡的精神也许与这种道德主义的"点化"根本就格格不入!道德主义"总是以它希望推导的东西为前提",❶也就是说,道德主义的解释总是从一个预先已经设定好的结论出发,总是从"主动去做有益于他人之行为"的角度去理解道德价值。而这些精神旨趣对古人来说可能是完全陌生的。

一般认为,忧患意识的来源与《周易》有密切关系,忧患意识也是在《易传》中明确提出来的:

> 作《易》者其有忧患乎?(《易·系辞下》)
> 其出入以度外内,使知惧,又明于忧患与故。无有师保,如临父母。(《易·系辞下》)

而《周易》首先是一部卜筮之书,所以,对于忧患意识的理解也应从卜筮的行为及卜筮的心理入手。《周易》中有许多关于吉凶的断语,比如"吉"、"凶"、"利"、"不利"、"有悔"、"无悔"、"悔亡"、"咎"、"无咎"、"吝"等,朱伯崑指出,除了吉、凶、利、不利以外,其他断语皆有悔悟而自新之义。❷《易传》中也说:"吉凶者,失得之象也。悔吝者,忧虞之象也。"(《易·系辞上》)藉

---

❶ 参见马克斯·舍勒(Max Scheler)在《同情现象的差异》一文中对同情伦理学的批判,载《舍勒选集》(上),刘小枫选编,上海三联书店1999年版,第277—314页。舍勒在尼采思想的刺激和启发下重新梳理基督教的精神世界,因而被称为"基督教的尼采",这对我们是极具启发性的。

❷ 朱伯崑:《〈易经〉的忧患意识与民族精神》,载《北京大学学报》1997年第1期。

此,朱伯崑认为,忧患意识"是对恐惧感和危机感的理性反思",是教人居安思危,"终日乾乾"。❶不管这一说法是否仍然属于对忧患意识的道德主义解释,但它至少揭示出一点:忧患意识其实与恐惧感和危机感密切相关。韦政通也说,忧患意识是"夹杂着混沌恐怖的感觉而起的",但却是由"少数负着实际群体责任的领袖""由责任感而发",所以"比恐怖更进一步"。❷如果说忧患意识来自于徐复观所认为的"作为原始宗教动机的恐惧意识",那么,忧患意识与恐惧意识是如何相关联的呢?或者说,从恐惧意识到忧患意识,其间发生了什么样的滑转呢?是不是真的意味着一场道德意识的觉醒呢?

对于恐惧意识与神的起源之间的隐秘的心理关联,尼采曾经明确地揭示过:

> 在原始部落中——我们说的是远古时代——活着的一代人都承认他们对于上一代人、特别是对于部落的最初奠基者负有一种法律上的义务。他们都相信,没有祖先做出的牺牲和成就,部落就不可能存在,而且,祖先的牺牲和成就需要后代用同样的牺牲和成就来偿还或回报:人们承认负有一种持续不断地扩大的债务,因为强大的祖先之灵一直存在着,从未停止赐予部落以新的益处和新的力量。……根据这种逻辑,对于祖先及其强力的恐惧,对祖先负债的意识,必然地随着部落本身力量的增长而增长;部落本身越是胜利、越是独立、越是受人尊敬、为人惧怕,对祖先的恐惧和负债意识就越是增长,从无反

---

❶ 朱伯崑:《〈易经〉的忧患意识与民族精神》。
❷ 韦政通:《从周易看中国哲学的起源》,转引自林火旺:《从儒家忧患意识论知行问题》,第16页。

例!……最强大部落的祖先最终必将在不断增长着的恐惧中被想象为一个巨人,被推回到一种神圣离奇、不可思议的混沌黑暗之中去:祖先最终不可避免地变成一个神。也许这就是诸神的起源,也就是说,诸神起源于恐惧!❶

直面人类实际的生存经验,直面其中的苦难和欢欣,人类的理性首先表现在,并不将人类的生存遭际看作是完全偶然的,无迹可寻的,而是将之理解为一个有缘由的、甚至是有意图的过程,也就是说,认定存在着主宰人类生活的外在强力,并且往往也将这些外在的强力神化而赋予人格特征,即将之看作是一些有意志的、能够主宰人类生活的神灵。在这个意义上,福乐往往被理解为神灵特别的垂爱和奖赏;而灾祸则往往被理解为神灵对人的惩罚。神灵的首要特征是其巨大的强力,因此,对人而言,恐惧就是神灵所能引起的首要的情绪。很显然,神灵的力量越是被认为强大,所能引起的恐惧感也就越大。如果说忧患意识是在对恐惧感的反思中产生的话,那么,这其间似乎并没有发生什么精神性的突变,只不过是由原来对外在强力的恐惧转化为一种内在的记忆。直言之,忧患意识只不过是恐惧的内化、内转而已。如果一定要说在恐惧意识与忧患意识之间存在着某种心理联结物的话,那么,这种心理联结物也只能是:害怕惩罚。面对外在强力的恐惧意识如何转为内在的忧患意识,害怕惩罚的心理起了主导作用。

由于神灵被赋予人格化特征,而祸福被认为是神灵所赐,所以,祸福就被认为是体现着神灵的意图。由于在人与神灵之间存在着交往关系,具体而言,存在着人是否服从于神灵、是否听命于神

---

❶ Friedrich Nietzsche: *On the Genealogy of Morals and Ecce Homo*, Second essay, Section 19, p. 88-89.

灵的问题，所以，祸福就被认为是人是否服从、听命于神灵所得到的回报，也就是说，作为惩罚和奖赏。人是否服从、听命于神灵，是在人的行为和心态中体现出来的，所以，对祸福的考量、对恐惧意识的反思所得到的结果是，在作为惩罚与奖赏的祸与福、神灵的意图以及人的行为与心态这三者之间建立起一种固定的联系：神灵只赐福给那些听命者，而降祸于那些不听从神灵之命令的人。显然对人而言，这种关于神灵与人的交往的新知识就将成为一项理性的生活建议：为了得福，必须听命于神灵；同样，为了避免惩罚，也必须听命于神灵。也就是说，这种关于神灵与人的交往的新知识将成为值得人念兹在兹的一种长久记忆。人意识到自己的行为和态度会对神灵产生影响，从而产生了一种自我意识，这大概就是忧患意识中所包含的那一点所谓的自觉吧。从卜筮的行为与心理来看，用卜筮的方式确定吉凶，就是要推测出神灵的意图；而之所以会产生悔悟和内疚，是因为人意识到了自己的行为与心态会影响神灵的降命，是因为人将神灵的降命理解为惩罚和奖赏。

由此可见，忧患意识实际上来源于害怕惩罚的心理。正是由于害怕惩罚，人才从对外在强力的恐惧转而向内反省自己的行为与心态。这种向内反省是针对自己而言的，或者说是针对自己与神灵的关系而言的，其中并不将他人作为关注的对象。我们甚至可以说，忧患意识中的人其实是不关心他人的，他关心的只是他自己，只是他自己与神灵之间的关系。也就是说，忧患意识其实是忧己而非忧他，是忧患者对自己命运的忧患，是一种自我关切。由于害怕神灵的惩罚而自觉地反省自己的所作所为，从而产生一种强烈的危机意识和忧患意识，或如孟子所说，"其操心也危，其虑患也深"（《孟子·尽心上》）。很显然，把忧患意识中的"自觉"理解为现代道德主义意义上的、以利他主义倾向为根本的精神旨趣的"道德自觉"，实在是牵强附会的。忧患意识中的"自觉"其实就是"自觉地"服从于神灵的权威而已,而且这种"自觉"还是在害怕惩罚的心理动机的驱使下产生的,也就是说,实际上是在神灵的强力之下被迫产生的。

同样,把忧患意识中的"责任"理解为现代道德主义意义上的、类似于实践理性之绝对命令的所谓"道德责任"也只能是一种牵强附会。忧患意识中的"责任"其实就是人在恐惧、害怕惩罚的心理动机的驱使下加之于自身之上的一种对神灵的负债意识和义务的重负。在这种责任意识中,人与神灵互相获得承认,并且,人正是在这种与神灵的互相承认中逐渐确立起自我之所是,即自我之身份认同的。

同样,把从忧患意识中产生的"敬"的观念直接理解为道德情感意义上的"临事而惧"、"戒慎恐惧",而明确地将之与宗教性情感划清界限,也是非常不妥当的。虽然周人的"敬"的观念与宗教意义上的虔敬意趣不同,但其仍然是一种宗教性情感,而非道德情感。周人的"敬"实际上首先就是对神灵的敬畏,而且,其中的"敬"正是来自于"畏",也就是说,"敬"的情感仍然来自于恐惧,来自对外在的、更高的神灵之强力的恐惧。至于作为对待行为之态度的"临事而惧"意义上的"敬",也只能从这个角度得到理解。前已述及,《中庸》中的"戒慎恐惧"也往往从"临事而惧"的意义上加以理解;而在《论语》中,孔子与曾子都曾引经据典地阐明,要以"临事而惧"的"敬"的态度来待人接物:

> 仲弓问仁。子曰:"出门如见大宾,使民如承大祭。己所不欲,勿施于人。在邦无怨,在家无怨。"(《论语·颜渊》)❶

---

❶ 《左传·僖公三十三年》:"臣闻之:'出门如宾,承事如祭,仁之则也。'"

> 曾子有疾，召门弟子曰："启予足！启予手！诗云：'战战兢兢，如临深渊，如履薄冰。'而今而后，吾知免夫！小子！"（《论语·泰伯》）❶

这里只不过是说，要把对神灵的敬畏心态贯彻到一切行为中而已。也就是说，"临事而惧"本质上就是一种宗教性情感，或者说至少是来自于"对神灵之敬畏"的宗教性情感。这里并不存在某种突破性的"道德情感"或"道德意识"，而只是宗教精神的内部扩展、延伸或贯彻而已。唐君毅曾说："《中庸》之戒慎恐惧，乃一既知道合道之德性心恒自惧其或将陷于非道之情。戒慎恐惧，乃一能合于道之德性心之求自保自持。"❷如果他在这里的意思是把"道德"理解为"本体"，而又把"戒慎恐惧"理解为对"道德本体"的"戒慎恐惧"，那么，就只能是一个倒果为因的解释。学界惯以"即凡而圣"的说法来概括儒家精神的特征，毋宁说"即圣而凡"的说法更能体现儒家思想的精神面目。最起码，"戒慎恐惧"也好，"临事而惧"也好，都来自对神灵的恐惧，对天命的敬畏。如果一定要说"戒慎恐惧"与"临事而惧"已经是一种道德情感，那么，也必须明确，这种道德情感只有在一个宏大的宗教性精神氛围中才能得到恰当的理解，就像基督教的"十诫"只有在上帝之命令的意义上才能得到恰当的理解一样。

对忧患意识的道德主义解释最根本的一点，是将道德意义上的悲悯作为忧患意识的重要内涵，认为忧患意识是一种道德意义上的崇高之情，是"浑然与物同体及对他人疾痛相感之情怀"，是对天下苍生的忧患。但是，根据我们以上的分析，在忧患意识中，在从

---

❶ 所引诗出自《诗·小雅·小旻》。
❷ 唐君毅：《中国哲学原论·导论篇》，新亚书院研究所1974年版，第133页。

恐惧意识到忧患意识的滑转中,主要的动机因素并不是什么悲悯之情,而是直接牵涉到自我之存在处境的一种切身考虑。所以,虽然在《尚书》中也有为王者心怀下民之苦而生"若有疾"之同感的"道德情感"记录,但是,这一点无论是在忧患意识的形成中还是在原始儒家的思想中都不重要。然而这样说又不意味着忧患意识是与他人完全无牵涉的。实际上我们不需要否认,忧患意识的确是涵摄着"对他人的关怀"的意思的。对忧患意识的道德主义解释认为忧患意识是直接牵挂他人的一种道德意识,来自于一种对他人之疾痛相感的道德情感,我们已经说明,这是一种倒果为因的附会性解释。那么,既然我们承认忧患意识仍然涵摄着"对他人的关怀"的意思,就有必要说明,在根本上属于自我关切的忧患意识中是如何牵涉到他人的呢?

在谈论忧患意识时,我们往往不太在意与之相关的一个重要问题,即,忧患意识往往是与忧患者的特定身份分不开的。从历史的角度来看,忧患意识往往与负有较大责任的在位者联系在一起——责任来自于所在之位,而不是相反。从这个意义上来说,忧患意识包含着一种浓重的精英主义色彩,因而也隐含着"对他人的关怀"这层意思。我们说,忧患意识根本上来说是一种终极性的自我关切;所忧患者,首先是针对自己的命运的忧患,是对自身之福祉的忧患,根本上来说是对自身之实际所是的忧患,是对自身之实际所是的操心。但是,如果忧患者同时也是在位者,那么,忧患者对自身的忧患也就等同于对其子民之福祉的忧患,因为其子民之福祉被认为是自己的责任所在,而责任又是来自于所在之位的。也就是说,由于在位者之自我之身份本身就要求他将其子民之福祉作为自己的责任,所以,在这种作为自我之终极关切的忧患意识中,即使是心忧天下,也仍然属于忧患者自己分内之事,"关怀他人"这层意思并不是建基于一种道德上的同情之感,而是来源于一种根本上属己的责任,一种与自我的身份息息相关的、直接由自我的身份所规定的责任——放弃这一责任就意味着放弃自我。显然,这种从自我关切的角度去理解忧患意识的方式与把忧患意识直接理解为道德意识的方式在根本精神上是大异其趣的。换言之,虽然从忧患意识中可以分析出一种利他主义的关切,但这种利他主义的关切既非忧患意识的根本,亦非忧患意识的主旨,而如果将忧患意识化约为道德意识,则不仅掩盖了忧患意识的真正来源,且改变了忧患意识本来的精神气质。至于认为儒家的忧患意识比出于宗教信仰——比如说基督教——的敬畏意识更容易导向道德自律的观点,也是立足现代人本主义立场而得出的似是而非的结论。实际上,包括道德自律的现代性观念及其实践恰恰兴起于社会生活为宗教信仰全盘笼罩的基督教世界,而在孔子这个同样被错解为人本主义者(humanist)的儒家创始人那里,"畏天命"仍是被强调的一个要点。

此外,为了将他们在道德主义的解释学视野中所看到的忧患意识与信仰意识区分开来,徐复观和牟宗三都认为从虔诚的宗教信仰中不能产生忧患意识。这种看法也是成问题的。恰恰是说,如果在位者认为为其子民谋福利的责任来自神灵的命令,或者说对他而言是一种天职,那么,这种信念越是虔诚,他的忧患意识势必会越发深重。换言之,对自我之真实所是越是清晰,越是明确地意识到自我的身份以及由此身份所规定的不可卸脱的责任,就越是可能产生深重的忧患意识。忧患意识与虔诚的信仰不惟不相抵牾,而且可以相助相长。在此,徐复观与牟宗三的错误仍然在于,他们从一种预定的道德主义成见出发去理解忧患意识。

为了给儒家思想追寻出一个"光辉的道德起源",道德主义儒家除了将忧患意识解释为道德意识或道德意识的萌芽,还将周人（可以周公为代表）敬德思想或"以德配天"的思想理解为一种道德突破（moral breakthrough）。他们认为，正是通过"以德配天"的观念，周人在他们的精神世界中确立起了道德的权威性，从而将对天命的领会转化为一种自觉的、利他主义的、具有鲜明人本主义色彩的道德主义主张。于是，周人"明德慎罚"、"敬德保民"的思想也必将在这种道德主义的框架内才能得到合宜的理解。

德的观念起源甚早，可能要追溯到三代以上。从现有的文献来看，一方面，在《尚书》中，德不仅是周书中的一个重要观念，而且在不属于周书的部分也很常见；另一方面，按照大多数研究古文字的学者的看法，德字不仅见于金文，也见于甲骨文。❶ 不过，德的观念的突显，则是在周代，且相比于殷人思想而言，德的观念最能体现周人思想的特点。

德的观念在周代的突显与革殷而王的周人为其革命政权进行正当性辩护有密切关系。一般认为，殷人已有与祖先神分离的至上神观念。在殷人的生活世界里，一个重要的宗教思想是"先公先王宾于帝"。殷人认为，死后升入天界的祖先——"先公先王"——能够得到上帝的迎迓，或者说上帝可以由故世的"先公先王"直接晋谒，即能够"宾于帝"，"在上帝左右"。❷ 因此，就作为人间子孙之首领的人王与作为至上神之上帝的沟通而言，祖先起着至关重要的中介作用，而人王作为某个部族的首领，他与上帝的关系当然也就代表着该部族与上帝的关系。更直接地说，人间子孙的福祉在很

---

❶ 许多学者认为，甲骨文中从彳从直的值，是德的初文，但对于究竟如何理解值的含义，则众说纷纭，参见郑开：《德礼之间——前诸子时期的思想史》，生活・读书・新知三联书店 2009 年版。

❷ 参见陈梦家：《殷墟卜辞综述》，中华书局 1988 年版。

大程度上要靠能与上帝直接交往的祖先来保佑。一个相关的重要证据是，在殷人生活中非常重要的占卜行为总是以祖先为问询对象的："由卜辞可以看出，卜问帝的活动并不是直接问于帝，占问河神人鬼的活动也并非向河神人鬼发问，这从卜辞中经常问帝、神、鬼是否作祟即可看出。因此，卜问只是借助于一种神秘的方式来向祖先神询问，相信祖先神会通过龟板的裂坼显示出对占问的回答。"❶由此我们可以推测，既然按照他们的信仰体系和祭祀体系，要了解上帝的意图，只有通过祖先，那么，在殷人的精神世界里，关于政教意义上的天命归属问题，以及人间子孙的一切福祉，大概都依托于祖先了。不过，在此我们也不可过度地诠释，认为殷人的精神世界完全被一种宿命论的思想所笼罩而不注重人的践行能力。实际上，如果《尚书》中的大部分记载基本上是真实的——即使许多篇目经过了周人的改编，那么，不仅德在殷人的精神世界里仍有其重要性，而且对德的重视可能还要追溯得更为久远。

与此相关的，是"上帝不享祀"的宗教现象。无论对于殷人还是周人，祭祀始终是他们生活中的头等大事。从功能的角度看，祭祀首先是一种求福避祸、企图获得上天护佑的行为。但是，在祭祀方面，流行于殷周时期的一个重要观念恰恰是"上帝不享祀"，而与此相对照，对祖先的祭祀又总是最为隆重的。尤其是殷人，从殷墟卜辞中我们可以看到，殷人对祖先的祭祀是非常隆重的，而上帝却不是祭祀的对象。❷如果降福降祸的主使者是上帝，那么，人间子孙为什么要通过祭祀祖先而求福，而不是直接祭祀上帝而求福

---

❶ 陈来：《古代宗教与伦理——儒家思想的根源》，生活·读书·新知三联书店1996年版，第106页。

❷ 参见陈梦家：《殷墟卜辞综述》。但这并不是说殷人不信仰上帝，而只意味着，在殷人的生活世界里祭祀体系与信仰体系并不是直接对应的。

呢？这是因为，祖先由于与子孙具有血缘上的联系因而才受享子孙的祭祀，而上帝作为至上神则与任何具体的部族没有血缘上的联系，所以"上帝不享祀"。这就是所谓的"鬼神非其族类，不歆其祀"或曰"神不歆非类，民不祀非族"（《左传·僖公十年》）的观念。这种观念流布甚久，在孔子那里也曾有所表述："非其鬼而祭之，谄也。"（《论语·为政》）

  尽管仍有文献不足征的问题，但我们还是可以从殷人信上帝而重祖先、不祀上帝而祀祖先的现象中推论说，孝在他们的生活中必定发挥着非常重要的作用。《尚书·尧典》中记载了舜命契之语："契！百姓不亲，五品不逊，汝作司徒，敬敷五教，在宽。"《孟子·滕文公上》说："圣人有忧之，使契为司徒，教以人伦：父子有亲，君臣有义，夫妇有别，长幼有序，朋友有信。"《左传·文公十八年》中则说："舜臣尧……举八元，使布五教于四方。父义、母慈、兄友、弟恭、子孝。"如果按照过去的注解，这里的"五品"、"五教"就是指五伦以及五伦所要求的美德，那么，其中对应于父子之伦的孝自然具有相当的重要性。❶值得强调指出的是，孝不仅对应于子女与父母之伦，而且也对应于子孙与祖先之伦。挪用后来文献中的语言，我们可以说，孝不仅意味着"能养、能爱、能敬"的"善事父母"之心，而且也意味着对祖先充满感恩的"报本返始"、"慎终追远"之情。这就意味着，孝不仅关涉家庭的和家族的伦理观念，而且也关涉宗教的和政治的伦理观念，既然在殷人的精神世界里祖先在人间子孙与神灵的沟通上起着至关重要的中介作用，而政治的正当性观念又来源于宗教信念。比如，在属于商书的《尚书·太甲》中，有"奉先思孝"的说法；在《尚书·

---

❶ 陈来：《古代宗教与伦理——儒家思想的根源》，第301页。陈来非常强调"五教"的文化意义，将之与犹太—基督教的摩西十诫相提并论。

康诰》中,周公对殷人的指责是"不孝不友";在《吕氏春秋·孝行览》中,则有这样的记载:"《商书》曰:'刑三百,罪莫重于不孝'。"这些文献从不同侧面表明殷人的孝超出了家庭和家族伦理。

在小邦周革了大邦殷的命之后,周人面临着为其革命政权进行正当性辩护的问题。正是在这种正当性辩护中,德的意义被突显出来了。在周人的精神世界里,与这种正当性辩护密切相关的一个至关重要的思想是"天命靡常"。虽然文献的不足使我们对于殷人如何理解政教意义上的天命归属问题无法做出更为明确的断言和更为充分的刻画,但是,从现有文献大概可以推论出,"天命靡常"是周人的精神世界相对于殷人的精神世界而言的一个非常特别的思想,至少是被周人特别强调、特别重视的一个思想。而这个思想直接关联于周革殷命的正当性问题,因为革命的正当性问题在当时的语境中是被刻画为天命归属的问题。需要指出的是,如果说周人的"天命靡常"思想表现出对天命的某种意义上的怀疑的话,那么,他们也只是怀疑天命是否有常,并非怀疑天命是否存在。至于一些持人本主义立场的现代学者——若涉及对儒家思想的理解往往也持道德主义立场——声称在此看到了人文精神的跃动,毋须多说,这是不折不扣的过度诠释。

既然天命的归属是可以改变的,那么,需要推测或把握的就是,天的意志的改变是否具有某种极则。周人正是在这样一个语境中将德的意义突显了出来。换言之,周人认为,在天命归属的问题上,最重要的变数是德:有德者才能有天命、才能保天命,无德者不能有天命、不能保天命。这不仅意味着修德是保有天命的唯一途径,而且意味着对于无德者的统治,有德者可以正当地革命并取而代之,此之谓"恭行天之罚"(见诸《尚书·甘誓》、《尚书·牧誓》、《尚书·胤征》)。在此意义上，德实际上指涉一个部族与上天的关系，既追乎祖先，亦延及子孙，而具体的落实则在作为部族首领的人王与上天的关系。❶概而言之，周人通过对德的强调而阐发出来的关于如何保有天命的思想，同时也就是关于革命之正当性的思想；周人不仅依此思想刻画了上古理想时代，而且依此思想诠释了夏、商、周三代的更替与变革，从而给出了自身革命之正当性的说明。此即"周虽旧邦，其命惟新"之义。

既然在天命归属的问题上最重要的变数是德，那么，要保有天命，敬德就是最重要的，而非祖先的保佑。实际上我们发现，无论德的观念起源于何时，也无论德的观念与孝的观念有何关联，至少在宗教—政治伦理层面，周人那里的德的观念的重要性正是在与孝的观念的对比中突显出来的：

> 皇天无亲，惟德是辅。(《尚书·蔡仲之命》)

孝的涵义是从"事亲"引申到"对祖先的感恩与怀念"，但"皇天无亲"的说法所表达出来的思想恰恰是，为了保有天命，不能再把希望寄托在与自己有亲缘关系的祖先身上，而是要凭借德来得到天命的眷佑。换言之，正是在与"事亲"的孝的对比性叙述中，德的意义才突显出来：孝对应于子孙——往往也意味着一个部族，而以作为部族首领的人王为代表——与祖先的关系，也就是人祖之伦，而德则对应于部族或作为部族之首领的人王与上天的

---

❶ 这意味着德实际上是部族的"集体所有物"，比如"同姓同德，异姓异德"的说法实际上就反映了德与部族的对应关系。西学引进以来关于这个问题最流行的一个观点是认为德的最初含义是图腾，因而亦为氏族的所有成员共享，后来才被氏族首领乃至氏族首领演化而来的人王独享。很明显，这个观点的意义正在于强调了德乃部族之集体所有物，不论以图腾的概念理解德是否恰当。

关系，也就是人天之伦。

但这么说既不意味着在周以前以隆祖重孝为基本特征的时代里德根本就不重要——当然更没有理由说德的观念是周人的创造，也不意味着在德被周人如此强调、重视之后，孝在根本上变得不重要了。这一点提醒我们，对于殷周之际所发生的那一场对后来的历史影响巨大的革命，以及因此而在制度和精神两方面所带来的新变化，我们既不能忽视之，亦不能夸大之。❶实际的情况是，无论是在制度方面还是在精神方面，周文化与更早时期的文化相比既因赓续之实表现出一定的连续性，又因转进之功表现出自身的独特性。

"皇天无亲，惟德是辅"的说法，在《尚书》属于商书的部分也有相近的表达：

> 伊尹申诰于王曰："呜呼！惟天无亲，克敬惟亲。民罔常怀，怀于有仁。鬼神无常享，享于克诚。"（《尚书·太甲》）

很显然，《太甲》中的"惟天无亲"与《蔡仲之命》中的"皇天无亲"在涵义上没有什么不同，只不过在《太甲》中，亲近、顺从天命的关键在于敬或诚，而在《蔡仲之命》中，这个关键变成了德。而且，正如上文所提到的，从《尚书》的商书部分乃至比商书更早的部分实际上可以看到，德的历史渊源可能更早。而周人对孝的重视更是有文献可稽，在《尚书》周书部分和《诗》中随处可

---

❶ 众所周知，王国维非常重视周革殷命的历史意义并强调周人思想的独创性，遂有"中国政治与文化之变革，莫剧于殷周之际"之说；而陈梦家批评王国维的这个说法忽视了周人对殷人因袭的一面。王国维的说法见《殷周制度论》，载《观堂集林》卷十，中华书局1959年版，第二册，第451页；陈梦家的批评见《殷虚卜辞综述》，中华书局1988年版，第629页以下。

道德的化约　23

见，比如：

> 纯其艺黍稷，奔走事厥考厥长，肇牵车牛，远服贾用，孝养厥父母。(《尚书·酒诰》)
> 尔尚盖前人之愆，惟忠惟孝。尔乃迈迹自身，克勤无怠，以垂宪乃后。(《尚书·蔡仲之命》)
> 永言孝思，孝思维则。(《诗·大雅·文王之什·下武》)

实际上我们看到的是，在周人的精神世界里，虽然德作为宗教—政治伦理的核心观念其重要性是在与孝的比照中突显出来的，但即使在宗教—政治伦理层面，周人也是德孝并重的，遑论孝在家庭、家族伦理层面的重要性。侯外庐说："周人才把德孝并称，德以对天，孝以对祖。"❶陈来在概括地说明周礼的意义时说："周礼在社会层面的意义是巩固宗法秩序，培养宗族内的生活规范，强化宗族内的凝聚力，这些内容也可以一言以蔽之，就是'孝'。在这个意义上，'孝'不仅仅是子女对父母的孝养，而是代表宗族利益、秩序、繁衍的一个普遍性价值。"❷

既然德与孝的区别在于前者对应于部族或作为部族首领的人王与上天之伦，后者对应于子孙与父祖乃至先人的关系，也就是人祖之伦，那么，德与孝的关联又是什么呢？提出这个问题的理由至少有一个，即在古文献中，我们常常发现，特别在作为部族首领的人王这个等级，在祖先对后世子孙的彝训中往往会提到德，比如在《尚书·微子之命》中，成王分封微子为宋国国君，统领殷人，其中说："惟稽古，崇德象贤，统承先王，修其礼物，作宾于王家，

---

❶ 侯外庐：《中国思想通史》，第1卷，人民出版社1957年版，第92页。
❷ 陈来：《古代宗教与伦理——儒家思想的根源》，第304页。

与国咸休，永世无穷。呜呼！乃祖成汤，克齐、圣、广、渊，皇天眷佑，诞受厥命。抚民以宽，除其邪虐，功加于时，德垂后裔。尔惟践修厥猷，旧有令闻，恪慎克孝，肃恭神人。"从这里所引的文献和其他许多文献我们都能看到，在人王与祖先的关系中，德一直具有相当重要的意义：修德之所以成为祖先彝训，首先是因为祖先成就了德，从而保有了天命，于是，对于子孙后代来说，遵从祖先之彝训、以祖先为榜样继续修德，既是对祖先尽孝之善道，也是保有天命之良法。❶ 实际上，既然人王与上天的关系代表着人王所率领之部族与上天之关系，那么，这一关系也涉及部族之祖先。就是说，部族与上天之关系是历时的，不仅涉及时下之人王，也涉及部族之祖先与后裔。在这样一个历时性的语境中，一个部族要保有天命，首先依赖于历代祖先之修德，其次依赖于当下和后世子孙继承祖先所成就之德并继续不断地修德。❷ 换言之，德作为部族代代相传的集体所有物并不是固定不变的，既可以被累积又可以被削减，而积德正是部族保有天命的兴旺之法，失德则是部族葬送天命的取亡之道。反过来说，如果对后世子孙而言保有天命是对祖先尽孝的应有之义，那么，修德也就被合理地归为孝行之中了。❸

澄清德与孝的对比与交涉，有助于我们理解德的观念得以突显

---

❶ 比如《诗·大雅·文王·下武》就叙述了这样一个堪称典范的整全故事："下武维周，世有哲王。三后在天，王配于京。王配于京，世德作求。永言配命，成王之孚。成王之孚，下土之式。永言孝思，孝思维则。媚兹一人，应侯顺德。永言孝思，昭哉嗣服。昭兹来许，绳其祖武。于万斯年，受天之祜。受天之祜，四方来贺。于万斯年，不遐有佐。"

❷ 比如《楚辞·天问》中有"该秉季德"、"恒秉季德"的说法，意思就是，后世子孙（王亥、王恒）继承祖先（王季）之位就意味着继承祖先之德。

❸ 一个可能过度诠释但亦不无意义的看法诚如王慎行所说："德的实质仍然是孝，它包含着孝的内容，周人将奉养父母、祭享先人称为孝；而将崇敬上帝唯天命是从谓之德，其实质是对上天克尽孝道……在周人的意识形态中，孝敬父母、先祖谓之孝，孝敬昊天上帝谓之德，亦称敬天或敬德，可见德是对上天行孝的代名词。"见王慎行：《论西周孝道观的本质》，载《人文杂志》1991年第2期。

道德的化约

的语境。那么，究竟如何理解德的含义呢？关于德的观念的起源，目前学术界的看法是众说纷纭。❶但有一点是大多数学者所赞同的，即，必须放在一个宗教性的语境中才能恰当地理解早期文献中的德，也就是说，德是一个不折不扣的宗教性概念。这一点与我们前面分析的德以对天、孝以对祖而德孝互涉的看法也是一致的。此外，尽管"德者，得也"的训诂出现可能较晚，但没有理由认为这个训诂有问题，相反，这一训诂的合理性明显地表现在：既然德对应的是人天之伦，而作为受命于天者的人——相对于作为授命于人者的天而言——也就是得天之命者，那么，在对人天之伦的理解中以得训德就能合理地形成诠释的循环。紧扣这两点要义，并参考学术界的种种看法，我们或可勾勒出德的起源的大致脉络。首先，德的较早的起源或许与属于巫术行为的降神有关。❷降神作为天人沟通的一种形式，包含很多方面的内容，比如附体和相关的仪式活动；就此而言，降神虽然落实在某些作为巫觋的特殊个体身上，但往往还是部族的集体活动，往往与部族的集体事务有关；而且，以得训德在此是说得通的，可取"得自于神"之义。❸其次，既然德关乎部族的集体生活，而对天命的解释权则落实于巫觋之身，那么，德就有可能意味着上天赋予一个部族的特殊恩宠和特殊使命。这个含义仍然紧扣前面所提到的两点要义：就前者而言，德直接指向部族与上天的关系，从而既追乎祖先，又延及子孙；就后者而言，德意味着部族从上天得到的特殊恩宠和特殊使命。再次，既然

---

❶ 对学术界关于德的起源的看法的全面、详细的梳理，见郑开：《德礼之间——前诸子时期的思想史》。

❷ 将德的起源与降神联系起来的是赤塚忠、郭沫若，明确谈到德的起源与巫术的联系的是李泽厚，参见郑开：《德礼之间——前诸子时期的思想史》，第59、11页。

❸ 上引赤塚忠、郭沫若其实都是紧扣"德者，得也"的训诂而阐发德的起源与降神的关系的。

在降神的意义上德是具体落实于作为巫觋的特殊个体，那么，经过发展这个含义可能演变为，用德来指涉上天所赋予某些特殊个体——开始可能是巫觋，后来则是部族的首领或人王——的特殊恩宠和特殊使命，作为有要求的赏赐。同样，这个含义仍然紧扣前面所提到的两点要义：就前者而言，德直接指向人王与上天的关系；就后者而言，德意味着人王从上天得到的特殊恩宠和特殊使命。更进一步，德的含义可能演变为上天赋予某些特殊个体用以领受天命的特殊能力。❶德的含义演变到这一步，就和周人以及后世的德的观念比较接近了。

我们可以明显地看到，在周人的思想中，人王正是从上天领受了特殊恩宠和特殊使命且具备了领受天命之特殊能力的特殊个体，具体来说，人王是上天配备于民的既聪且明的"元后"，是"相上帝"、"助上帝"、宠之四方的"为民父母"者：

> 惟天地万物父母，惟人万物之灵，亶聪明，作元后，元后作民父母。(《尚书·泰誓》)
> 天佑下民，作之君，作之师，惟其克相上帝，宠绥四方。(《尚书·泰誓》)
> 《书》曰："天降下民，作之君，作之师，惟曰其助上帝，宠之四方。有罪无罪惟我在，天下曷敢有越厥志？"(《孟子·梁惠王下》)

而德正是上天给予人王的一种有要求的赏赐。赏赐可能既包含领受

---

❶ 就此而言，一个值得注意的看法是用原始宗教的卡里斯玛（charisma）来解释德，比如李约瑟认为，德有权力、性能、魔力的含义。参见郑开：《德礼之间——前诸子时期的思想史》，第9页。

天命的特殊能力，也包含与个人及部族之福禄有关的位，而要求则落实在"为民父母"一语上。❶质言之，保民而王就是上天赋予的特殊恩宠和特殊使命，对获得这种特殊恩宠和特殊使命的人王来说，保民是其敬天、顺天之当然职责，也是其保位、保福之不二道法。❷此即以德配位之思想。在这个意义上，敬德实际上就是敬天，同时也意味着保民，同样，明德实际上就是明天之所命，同时也意味着亲民。至于上天赐予或赋予人王以领受天命的特殊能力，从上引文献来看，概而言之就是聪明。需要指出的是，在后世、特别是我们现在的语境里，聪明往往被归诸才，而不是德，遑论将之放在宗教性的语境中。但在周人的语境里，聪明不折不扣地归属于德，且这里的德还首先是一个宗教性观念。❸如果关联于周人敬德、

---

❶ 郑开在分析了一些相关文献及相关解释（比如瞿同祖对《春秋穀梁传·僖公十五年》中"德厚者流光，德薄者流卑"的解释）的基础上得出结论说："'德'与'爵'、'位'、'禄'似乎都深有关系。"见《德礼之间——前诸子时期的思想史》，第71页。

❷ 一般认为，民的观念在周人思想中占有极其重要的地位。郭沫若曾认为《大盂鼎》等中的民字乃象"横目而带刺，盖盲其一目以为奴徵"，故而把民视作奴隶。王德培在充分肯定了郭沫若把民字当作"从目"之字的正确性之后，指出民字的写法实际上并非是"横目带刺，盲其一目"，而是"目下一竖"，"目在上，竖在下，略似'直'字倒置"，所以应参考周人的有关思想将民释作"天之所视"。天在上，民在下，天之所视者即民。这一解释和《尚书·泰誓》中的"惟天惠民"、"天矜于民，民之所欲，天必从之"、"天听自我民听，天视自我民视"等思想是完全一致的。在我看来，更值得注意的是，如果承认甲骨文中从彳从直的值是德的初文，而民则是"直字倒置"的话，那么，德与民在字源上就可能是有联系的。由此，对德的字源的一种可能解释则是：如果说民意味着天之所视的话，那么，德意味着对天的仰视和信从。就是说，德与民正好构成了对人天之伦的两个不同方向上的言说，前者侧重人对天的崇敬和信仰，后者侧重天对人的要求和眷顾。关于对周人民的观念的解释，见王德培：《书传求是札记（上）》，载《天津师范大学学报》1983年第4期。另参见巴新生：《西周伦理形态研究》，天津古籍出版社1997年版，第22页以下，他正是把甲骨文中的德解释为"人敬仰并遵循神界的旨意而行事"。

❸ 实际上，我们还是可以发现才与宗教性语境之关联的蛛丝马迹："天才"的说法表明才的根源在于天，如果天赋予人以才是为了成就某种使命（所谓"天生我材必有用"），那么，我们就粗略地刻画出了理解才的一种可能的宗教性语境。这一点也意味着，德在某种意义上包含着才，或者说，才可能是从德中区分出来的一个观念。这一点见诸文献者，比如《中庸》在述及"大德必受命"时就谈道："故天之生物，必因其材而笃

明德这两个常用的说法，那么，大概可以说，聪、明与敬德、明德是基本对应的，聪更侧重敬德一面，明更侧重明德一面，而聪、明与天听自我民听、天视自我民视的对应，更是昭然。

以德为上天赐予或赋予人王以领受天命的特殊能力，在现有文献中也能找到一些比较明显的证据。比如，在《尚书·仲虺之诰》中有这样的记载："有夏昏德，民坠涂炭，天乃锡王勇智，表正万邦。"其中的"勇智"正是天赐之德。又如，在《尚书·太甲》中说："先王顾諟天之明命，以承上下神祇。社稷宗庙，罔不祗肃。天监厥德，用集大命，抚绥万方。"其中的"德"就是指"天之明命"。而在《大学》中，也正是通过征引"先王顾諟天之明命"一语来解释"明明德"的涵义的：所谓"天之明命"，朱熹释为"天之所以与我，而我之所以为德者也"，在一定意义上就是指上天赐予或赋予人的某些特殊能力；所谓"明明德"，就是指人领会并发扬上天所赐予或赋予人的这些特殊能力。

将德理解为上天赐予或赋予人王以领受天命的特殊能力，德与性的关联也就呼之欲出了，因为性的含义正是天生（生之谓性）或天命（天命之谓性）。这当然只能归于德的观念的进一步发展。当孔子说"天生德于予"（《论语·述而》）时，其实已经透露了德的真实涵义；而在孔子自觉地以德行立意而与巫史划清界限的叙述中，其实已经在一定程度上显示了德的隐秘来源："赞而不达于数，

（接上页）焉。故栽者培之，倾者覆之。"又比如孟子正是通过才的观念解释贤：在齐宣王询问孟子如何识别臣下之才与不才时（"吾何以识其不才而舍之？"），孟子则答以进贤与去不贤（《孟子·梁惠王下》）；在另一处也说，"中也养不中，才也养不才，故人乐有贤父兄也。如中也弃不中，才也弃不才，则贤不肖之相去，其间不能以寸。"（《孟子·离娄下》）。一个更具典型性的例子则是，孟子正是通过"才"的观念说明性善："乃若其情，则可以为善矣，乃所谓善也。若夫为不善，非才之罪也。……或相倍蓰而无算者，不能尽其才者也。""富岁，子弟多赖；凶岁，子弟多暴。非天之降才尔殊也，其所以陷溺其心者然也。"（《孟子·告子上》）

道德的化约　29

则其为之巫，数而不达于德，则其为之史。……吾求其德而已，吾与巫史同涂而殊归者也。君子德行焉求福，故祭祀而寡也；仁义焉求吉，故卜筮而希也。"（《要》）《乐记》中也说："德者性之端也。"《中庸》也明确将"德"与"性"并称："故君子尊德性而道问学"，且明确地表达了大德受命、以德配位的思想："故大德必得其位，必得其禄，必得其名，必得其寿。故天之生物，必因其材而笃焉。故栽者培之，倾者覆之。《诗》曰：'嘉乐君子，宪宪令德！宜民宜人，受禄于天。保佑命之，自天申之！'故大德者必受命。"因此，可以说，《中庸》开篇的"天命之谓性"，实际上就是"天命之谓德"，是对周人关于德的思想的继承和发展。而以未发之中说性的思想，也完全可以在这个脉络里得到理解。叙述先秦时期性的思想时常常被引用的一段话是："民受天地之中以生，所谓命也。是以有动作礼义威仪之则，以定命也。能者养以之福，不能者败以取祸。"（《春秋左传·成公十三年》）如果我们把这段话与作为天之明命的德的思想联系起来，并参考周人以德为求福避祸之道的思想，就不难理解，德作为性之端就意味着人对上天所赋予之明命——也就是作为天下之大本的中——的领会、认同与发扬。而孟子在阐述"性善"思想时征引了《诗经》中一段话："天生烝民，有物有则。民之秉彝，好是懿德。"（《诗经·大雅·荡·烝民》）。在孟子的理解中，这里的"懿德"显然就是指纯然至善的天命之性。由此可以看出，尽管我们一般说性善论乃孟子首发，但这一思想又是其来有自的，更直接地说，孟子的性善论正是由周人关于德的思想发展而来。❶

---

❶ 如果要考虑差异，那么，最为明显的莫过于，如果说在周人那里，德还是上天赐予或赋予某些特殊个体以领受天命的特殊能力的话，那么，在孟子那里，性则是上天普遍地赋予每一个体领受天命的特别能力，也就是说，是人之为人之最贵者。

既然有德者是被上天赐予特殊恩宠和特殊使命的人，同时也是被赋予用来领受特殊使命的特殊能力的人，那么，有德者就是一个不折不扣的宗教观念。用我们时下能够理解的哲学概念来说，有德者就是超越的践行者（transcendental agent），因其被上天赋予了超越的践行能力（transcendental agency）。如果考虑到上天在"天地之大德曰生"的创造活动中就赋予某些特殊个体以超越的践行能力，而这一点对于这些个体来说是一种恩宠性的赐予的话，那么，得自于上天的超越的践行能力其实就是内在的恩典（immanent grace）。更进一步，如果考虑到周人德的观念后来的发展，而言及上天在创造活动中普遍地赋予每个人以超越的践行能力，那么，我们就会得出结论说，无论是《中庸》中的"天命之谓性"，还是《孟子》中的"仁义礼智我固有之"，都意味着从周人关于德的思想一脉相承而来的一个最具宗教性的思想：每个人在被天地创造时就获得了内在的恩典，这就是人性。正是在这个意义上，我们不应将子思、孟子思想脉络中的人性与西方思想——无论是源自希腊的哲学传统还是源自希伯来的犹太—基督教传统——中的人性（human nature）等而视之。

从以上的梳理和分析我们可以看出，作为超越的践行能力或内在恩典的德，不仅和现代以来才盛行的道德主义的德相去甚远，而且和希腊哲学中基于自然目的论的德（arete）也有很大的差别。虽然在儒家思想的早期开展过程中，德的思想的出现和发展是突破性的，特别是相对于更早的巫史传统而言，但是，我们绝没有理由接受那种立足现代人本主义立场而对德做出的以道德主义为根本旨趣的夸张性解释。不过，将周人的德乃至后来儒家的德化约性地解释为道德主义意义上的德，看起来并非全无根据。就义理方面而言，周人的德虽然是一个不折不扣的宗教观念，后来儒家的德也不同于道德主义意义上以纯粹自觉自愿的利他主义倾向为实质内涵的德，但是，无论是从周人的德还是后来儒家的德中都可以分析出一种纯粹自觉自愿的利他主义倾向：如上所述，在周人那里，人王作为得到上天特殊恩宠和特殊使命的有德者，其天职恰恰是为民父母，如果把人王与民之间的特殊关系——正确的理解是父母与子女的关系，从而才有子民和如保赤子的说法——做抽象性的理解，即将民作为一般意义上的他者，那么，就可以得出对德的道德主义解释；而在后来的儒家那里，如果对仁义礼智等天命之德同样做抽象性的理解，即抽掉仁义礼智本来所对应的等差秩序——家庭秩序在其中具有基础性的意义，那么，同样可以得出对德的道德主义解释。很显然，将周人的德以及后来古典时代儒家的德化约性地解释为道德主义的德只是表面上看起来有根据而已，其实质则是彻底抽掉了德的存有论根基，是以一种隐秘的方式颠覆了古典时代涵摄身、家、国、天下乃至整个宇宙的伦理秩序。

三 孔子的仁教是道德之教吗？

尽管周人的精神世界对于原始儒家之根本思想的形成具有举足轻重的奠基性意义，但是，孔子作为儒家的创始人，其思想无疑才是儒家诞生的真正标志。所以，对于那些将道德主义作为先入之见、长久以来已经习惯于戴着一副道德主义的眼镜看待儒家思想的人来说，为了将儒家思想之根本性精神旨趣归结为道德主义，一个更为重要的举措就是将孔子的仁教解释为道德之教。他们认为，孔子的仁从根本上来说是以"纯粹自觉自愿的为他主义倾向"为实质内涵的。无论是通过"恻隐之心"解仁而进一步将仁释为同情、怜悯等先天性的道德情感,还是不及天理而仅以感通、博爱说仁并进一步将仁视为天地万物浑然一体的宇宙本体,最终都是以道德主义为其旨归。如果我们相信尼采所说,"所有高贵的道德都产生于对自我的一种非凡肯定",❶如果我们谨记孔子"为己之学"的教诲,那么,我们就不能不对此种道德主义解释表示怀疑,我们就可能在这里嗅出道德主义所散发出的那种现代道德恶俗所特有的味道。

把孔子的思想概括为仁教,大概是没有什么争议。对于以毕生精力而创业垂统的孔子来说,仁的思想无疑是他在继承了周人的精神遗产的基础上所提出的最为重要、也最具独创性的思想,而仁也就成为由孔子开创的、以儒命名的教化传统中最为重要的、几乎是标志性的理念了。尽管如此,要清晰理解孔子的仁的思想,仍然存在一定的困难,这首先是因为,孔子并不是一个进行理论思辨的哲学家,而是一个时时忧虑着修德、讲学、徙义、改善的实践家。从《论语》以及其他一些与孔子的言行相关的文献中,我们看到的并不是孔子对仁的清晰定义,而是他针对发问的不同对象和不同语境所做出的随机性的回答。

孔子关于仁的一个非常简明的教导是"仁者爱人":"樊迟问仁。子曰:'爱人。'"(《论语·颜渊》)这个教导惟其简明而引人误解。为了更为深刻地领会"仁者爱人"的精神意蕴,我们需要进一步的追问和分析。就"爱人"这样一个事件而言,必然会涉及三个要素:爱者、爱的能力与被爱者。于是,我们首先可以明确,"仁者爱人"的教导只对那些具有爱的能力的人才是有效的,就是说,必须具有爱的能力才能够成为一个爱者,而被爱者当被爱时才能够成为被爱者。由此可见,爱的能力显然是三个要素中最为重要的。

---

❶ Friedrich Nietzsche: *On the Genealogy of Morals and Ecce Homo*, First essay, Section 10, p. 36.

在此，如果结合孔子"为仁由己"、"我欲仁，斯仁至矣"等思想，我们就会了然于心，尽管孔子没有明确地从人性的角度说仁，但实际上，孔子认定每个人都具有仁爱的能力。至于仁是否出于每个人都具有的天赋能力，孔子并未明言。

进一步，一个至关重要的问题是，在孔子"仁者爱人"的教导中，仁爱是指人与人之间的一种普泛的爱呢，还是说在爱者与被爱者之间具有某种特别的关系？与此相关的一个问题则是，仁爱的施为是指向某些特殊的人呢，还是指向全人类乃至宇宙中的万物？我们将思绪驻留于爱者与被爱者的关系上，最能彰显孔子仁教的精神特质。孔子所说的仁爱虽然可以推广到全人类乃至宇宙万物，但并不是指人与人之间的一种普泛的爱，而是建立在爱者与被爱者的特殊关系基础上的一种有差等的爱。换言之，仁爱有差等但可博施于众。

要更明确地理解这种有差等的仁爱，必须引出人伦观念在儒家思想中的重要性。在由孔子开创的、以儒命名的教化传统中，事亲往往是师长教育弟子为人处世、培养仁德的首要的实践教导，而仁往往也被直接关联于事亲。孔子曾说："仁者人也，亲亲为大；义者宜也，尊贤为大。亲亲之杀，尊贤之等，礼所生也。"（《礼记·中庸》）孟子也曾说："仁之实，事亲是也。"（《孟子·离娄上》）从事亲的实践教导中我们可以非常明显地发现，要真正领会孔子的仁，绝对不能脱离人伦的背景。如果说仁意味着人人皆有的一种卓越能力的话，那么，人伦就是仁的能力施为、发用的坚实地基。质言之，仁并不是无差别地指向所有人的一项绝对命令，而是基于本真的人伦之理的一种美德。孔子曾说："天下之达道五，所以行之者三。曰：君臣也，父子也，夫妇也，昆弟也，朋友之交也。五者，天下之达道也。知、仁、勇三者，天下之达德也，所以行之者一也。"(《礼记·中庸》)其实是非常清楚地表明了美德与伦理的关联:没有美德,人伦之理无法实现;没有人伦之理,美德将失去目标。与这一点相关的是仁与孝的关联。《论语·学而》中有这样的记载:"有子曰:'其为人也孝弟,而好犯上者,鲜矣。不好犯上,而好作乱者,未之有也。君子务本,本立而道生。孝弟也者,其为仁之本与?'"孔子弟子有若所说的这段话和孔子的基本思想是一致的,在其中,事父兄之孝悌被认为是为仁之本。因此,如果说"仁者爱人"是就仁的表现而言的话,那么,更为重要的是,这种仁爱是基于人伦之理的爱。我们知道,宋儒正是为了彰显儒家之仁爱与佛家慈悲之爱的区别而将仁解释为爱之理,或者说以性与情的关联和分别来说仁与爱的关联和分别,因为站在儒家立场上看,慈悲之爱虽然在表面上立意超迈,但却是以虚无主义为前提的,用朱熹《中庸章句序》中的话来说是"弥近理而大乱真"。❶

对孔子以及古典时代的儒家而言,人伦的重要性首先来自于实际的生活经验,因为人无时无刻不处于人伦之中。因此,儒家思想的一个要义正是:人天生就是伦理的动物。❷这构成了爱有差等之教导的一个真实的根基,换言之,爱有差等作为一项伦理教导,是深深地扎根于人类实际的生活经验中的。人总是要过群居生活的,而在人的实际生活中,总是有些人对自己更为重要,所以总是有亲疏、远近之别。比如说,尽管一个人可能具有普遍地尊重所有人的明确意识,但是,他可能仍然不会像对待路人一样对待自己的亲人。爱有差等的伦理教导表明,孔子的仁并不是一种普泛的对人类

---

❶ 这一评价适用于种种以虚无主义为前提的爱的教导,在目前的文化处境中,不仅包括世俗人本主义(secular humanism)所提倡的博爱(charity),也包括基督教所提倡的圣爱(agape),其实质都是道德主义。
❷ 此处的"伦理"当然是取"人伦之理"之义。

之爱的意识,从而也不能被归结为某种抽象的人本主义。《论语·乡党》中记载说:"厩焚。子退朝。曰:'伤人乎?'不问马。"现代学者常常从孔子的这个问人不问马的案例中断章取义地得出儒家思想实质上是一种人本主义的结论,这显然是一种过度诠释。孔子只是说在人与马之间,他更关心人,而不是在坚持抽象的人本主义。无疑,抽象的人本主义与道德主义一样,都属于现代的道德恶俗,而且二者具有隐秘的联系。

  不过,阐明了爱有差等的伦理教导源自坚实的生活经验,并不意味着儒家的伦理精神就是直接以血缘关系为基础的,因为儒家思想并不是就人伦而论人伦,而是具有更高的伦理识度。虽然试图对儒家思想进行同情理解的现代人更喜欢说"道在人伦日用中",但另一方面还必须说"大道之原出于天"。这意味着,在儒家人伦意识的背后,隐含着对天命的领会与认同。正是在这个意义上,人伦可以直接被称为天伦。这绝不是偶然的或不重要的。《尚书》中亦有"彝伦攸叙"的说法,此"彝伦"也就是"常伦"或"天伦"。概而言之,在儒家思想中,人伦是在天命之理的高度上被领会和认可的。人伦实乃天命之理,人伦意识的精神旨趣并不受限于血缘关系的狭隘视界,而是归属于人与上天之间的终极伦理的照管之中。如果说血缘关系在原始儒家的精神世界中具有举足轻重的地位的话,那也只是因为血缘关系是在天命之理的观念下获得理解的。

  天命之理的观念也正是仁有差等但可以博施于众的原因所在。事亲固然是仁德修明的出发点,是为仁之本,然而无论是亲戚朋友、邻里乡党,还是上下贵贱乃至路人,都可相待以仁,所谓"一视同仁"。因此,仁可以被理解为一种依据人伦之理而呈现出差等、但又能够不断推而广之、不断扩展普及的爱。也就是说,仁爱之施为是基于人与人之间的本真伦理,这并不有碍于仁爱的博施于众,而恰恰构成博施于众的坚实基础。正是在这个意义上，仁也能够成为一个共同体——无论是家庭、社会还是国家、天下——的伦理基础因而具有政治意味。实际上，儒家所提倡的共同体一定是以仁爱为核心理念的伦理共同体，而这种以仁爱为基础的伦理共同体也就是一种天命共同体，因为仁爱的基础正是源自天命的人伦之理。毋须赘言，这样的天命共同体与现代以来以利益权衡为基础、通过所谓的社会契约而建立起来的现代国家大异其趣。

用我们现在熟悉的话来说，以天命的人伦之理为基础、从而强调差等之爱的仁也关联于人对自我之本真性（authenticity）的领会。正是人与上天之间的终极伦理规定了人的本真性，换言之，人正是通过领会天命之理去领会自我之本真性、去回答"我是谁"的问题的。既然对自我之本真性的领会在某种意义上就是对天命之理的领会，那么，人领会自我之本真性也就是领会自我之天命在身。关联于实际生活经验而言，人天生就是伦理的动物，但重重复杂的伦理网络不仅构成人实际的生活处境，而且也规定了人的本真性。于是，仁作为基于人伦之理的差等之爱实际上是以成就人的本真性为旨归的，而仁教作为成德之教也就是人成就自我之本真性、完善自我之存在的实践教导。《礼记·中庸》中说："成己，仁也。"言仁必涉及己身，必涉及己身之本真性；而己身之本真性又来自于天命之理。所以，仁实际上具有一种与自我休戚相关的切身性，直接指向人的本真性。只有在这种理解下的仁学才是儒家所提倡的真正的"为己之学"。这里的己显然不能被理解为一个剥去了一切特殊性的、空洞苍白、游魂般的、一味为他人着想的道德主体，而是一个鲜活有限、具有独特个性且真实存在的德行之探求者、践行者。

当然，仁作为一种主动施为的爱，不可能不牵涉到他人，所以，从"仁者爱人"的实践教导中我们自然也可以分析出"为人"

的一面。张载曾说:"以爱己之心爱人则尽仁"(《张子正蒙·中正》)。这个意思是说,仁不仅意味着"成己",而且也意味着"成人"。不过,言仁必涉及他人,所涉及的仍然基于人伦之理,或者说,仍然基于他人之本真性,而他人之本真性也仍然是在天命之理的照管之中的。对仁者来说,对他人的爱根本上指向他人的本真存在,指向他人自身的人格完善。仁爱不是强加于他人身上的一种无视他人之本真性、甚至可能戕贼他人之本真性的情感关怀,比如说同情或怜悯。

就实际的生活经验而言,无论是在伦理的网络中与自己直接牵挂在一起的亲近的他者,比如父母师友,还是对自己而言并不那么重要的疏远的他者,比如一个异乡之人或陌生的路人,都可能是仁者所要与之和睦相处的。所以,如果说仁爱是人与人之间的一种相与之道,一种相亲相近之道,那么,对己身之外的他人的本真存在的领会与承认就必然地蕴涵在仁的教诲之中。无论亲疏远近,都要充分地认可、成全他人之本真存在。我们常常用推己及人来阐明仁的涵义,甚至将之作为仁的核心涵义,就是着意于仁包含着对他人之本真存在的认可与成全。在与子贡的一次决疑性对谈中,孔子曾说:"夫仁者,己欲立而立人,己欲达而达人。"(《论语·雍也》)而在仲弓问仁时,孔子则答曰:"己所不欲,勿施于人。"(《论语·颜渊》)如果说仁者爱人的实践教导由于其过于简明而引人误解的话,那么,相比之下,推己及人的说法更能彰显孔子仁教的精神旨趣,因而也往往被认为是孔子仁教的核心教义。推己及人的说法似乎更能明确地显示出这样的意涵:仁德之践行者将基于人伦之理的爱主动地施之于与自己的本真存在息息相关的人,并扩而充之、推而广之,博施于众。用孟子的话来说,推己及人就是指"老吾老以及人之老,幼吾幼以及人之幼"。(《孟子·梁惠王上》)值得指出的是，由于他人之本真性与自我之本真性一样，最终都归属于天命之理，所以，对推己及人的理解也必须以天命之理为根据。换言之，推己及人实际上就是从己身之天命在身推及他人之天命在身。因此，无论是推己及人，还是仁者爱人，都不应被理解为那种本质上以苦乐为主旨的道德主义。

关联于人所欲求的美善（good），就"为人"一面而言，"君子成人之美，不成人之恶"（《论语·颜渊》）的教导倒是对仁的一个不错的解释，因为这个教导本质上是立意于好坏之别（good and bad），而非善恶之别（good and evil）。不过，正是因为仁包含了"为人"的一面，所以才有了将仁化约性地解释为道德主义的可能性：将源自天命的人伦之理彻底抽掉而以仁为同类之爱，就可以得到对仁的一种化约性的道德主义解释。

在我们现在的文化处境里，对道德主义之实质内涵的表述往往诉诸人的意志或情感，比如纯粹的、普遍的善良意志（good will），或者是对弱者的纯粹同情（sympathy）与怜悯（pity），或者是一团和气的普遍善意（kindness），又或者是可以毫无差别地指向所有人、甚至可以扩展到动物、一切生命、乃至无生命的博爱（charity）或普遍的善心（general benevolence）。既然将仁理解为道德主义意味着一种不合适的化约性解释，那么，仁与道德主义的善良意志或同情心之间究竟存在着什么样的差异呢？对这一点，我们可以从以下几个方面来进行分析和阐明。

首先，如果说仁与道德主义的善良意志或同情心都包含着对他人的某种关怀的话，那么，二者之着意则是迥异的。道德主义的善良意志或同情心乃是因弱者之处境而发，而仁则指向特别的个人。这就是说，道德主义只是一种普泛的意愿或情感，对于所施加之对象为谁是无所谓的，实际上是着意于他人不幸落入的某种苦弱处境。而仁则不然，仁作为一种基于人伦之理的差等之爱总是因对象的不同而有所不同。故而，仁爱之差等不仅表现在程度上，同时也表现在方式上。对父、母、兄、妹的爱与对师、友乃至对国人的爱不仅在程度上有差异，而且在方式上也有差异，而方式上的差异也正是来自于爱者与被爱者的特殊关系。概而言之，道德主义实际上是一种针对弱者的情怀，而仁爱则是一种针对自我与他人之本真关联的相与之道，是完全从自身出发的、积极主动的"特别的爱给特别的人"。

其次，仁与道德主义的善良意志或同情心之间的巨大差异还表现在后者是以虚无主义的态度对待自身与他人的。道德主义的精神旨趣就在于纯粹自觉自愿的利他主义倾向，在这种精神氛围中，无论自我，还是他人，都因其作为纯粹的道德主体而被赋予人格的尊严和高贵性。这样，无论自我还是他人，实际上都是被当作潜在的弱者而看待；而将对于自我与他人之本真性至关重要的人伦之理弃之一旁而罔顾。所以，道德主义实际上是以虚无主义的态度来看待人的，其背后的精神实质就是虚无主义。而儒家的仁则不属于形式主义伦理学或同情伦理学的范畴，因为仁恰恰是以对于自我与他人的本真性至关重要的人伦之理为前提的。仁并不是"一团纯粹利他的情绪"或"一种纯粹利他的意志"，"仁者"也不是那种纯粹空洞的、形式主义的道德主体，也不是那种随时准备分担他人之苦弱的为道德而道德的狂热分子，而是一个具有独特个性、对自身之本真存在有着明确领会的德行之探求者。

再次，仁虽然也有利他的一面，但首先还是人自我实现、自我完善的一种能力。仁者之所以爱人，是因为仁者必然会根据实际的生活经验将一些特别的人纳入到了他对自身之美好生活的领会与理解中，所以并不像徐复观所说的，仁意味着"对他人毫无条件地感到有应尽的无限的责任"。❶仁者总是"有诸己"的，是出于追求自身的美好生活而关怀他人的。也就是说，仁者首先是自爱之人，仁作为一种美德首先隐含着人对自身的爱，是自爱爱人。当然，仁者之爱人也并不是出于对人的利用，而是就人的"是其所是"而去爱人的，正如他是就自己的"是其所是"去爱己一样。换言之，仁者之爱着意于德行，是以美德为核心的自爱，亦是以美德为核心的爱人。而且，仁者一方面爱人，另一方面也通过修仁德而使自己成为可爱之人，从而也获得来自他人的爱。而道德主义所倡导的对人的同情式关爱既不是出于对自身之美好生活的领会与理解，也不是就人之"是其所是"而去关爱人，从根本上来说，这种同情式关爱既不能够如其所是地爱己，也不能够如其所是地爱人。

最后，如果说道德主义的根本精神是虚无主义的话，那么，道德主义实际上蕴涵着这样一个人类学前提：人就是享乐的动物。或者说，道德主义是将人的存在降低到享乐与受苦的动物感受性的水平上，将人根本上作为一种趋乐避苦的动物。而孔子所开创的仁教则是在天命之理的高度上肯定人，其所蕴涵的人类学前提则是：人天生就是伦理的动物。从仁教的精神来看，道德主义所蕴涵的人类学前提实在是对纯洁、高贵之人性的一种亵渎、贬黜，而这正是现代虚无主义的一个显著的症候。

四 孟子的性善论是道德的形而上学吗？

通过对孔子仁教以及周人思想的道德主义解释，道德主义者勾

---

❶ 徐复观：《中国人性论史：先秦篇》，上海三联书店2001年版，第81页。

勒出儒家道德主义面目的大致轮廓。然而,道德主义者并不满足于此。在他们看来,正是孟子的性善论,才使儒家的道德主义面目更为清晰地呈现出来,才使人们更为清晰地看到,为道德而道德的道德主义正是儒家思想根本性的精神旨趣,从而也使人们更为清晰地获得对儒家精神的本质性理解。

孟子的思想在儒学史上是非常重要的,尤其是自唐代以后。众所周知,韩愈在论及道统时明确地将孟子列入其中,并认为孟子以后,道统就不得其传了,而这正与后来宋儒的道统观念相一致。当朱熹将《孟子》列为"四书"之一,孟子思想的经典地位就已完全确立。更耐人寻味的是,尽管宋明儒学和孟子的思想有非常密切的关系,但孟子的思想也是清儒用来批评宋明儒学的一个重要的经典资源,这方面最重要的当然是戴震的《孟子字义疏证》。在儒学史上,孟子思想的主要贡献在于养气、性善之论,其中特别是性善之论。孟子继承了子思"天命之谓性"的思想,并发"前圣所未发",提出性善之论,并即心言性,开创了儒家的心学传统。

道德主义者当然是直接以道德主义的眼光来看待孟子的性善论以及与性善论密切相关的四端说的,在他们眼中,孟子的性善论正是儒家道德主义精神的典范性表达。其主要理由在于,孟子性善论中的"善"与四端说中的"恻隐之心"等观念与道德主义对道德的实质性理解——纯粹自觉自愿的利他主义倾向——基本一致。实际上,无须赘言,对孟子性善论的道德主义理解在目前的思想界中仍然是一个被绝大多数学者所共同认可、共同坚持的主流看法,尽管在具体的理解上也表现出许多的不同。同样,大概也没有人会反对,对孟子性善论的道德主义理解,在以牟宗三为代表的现代新儒家所提出的"道德的形而上学"(moral metaphysics)的思想中,被

发挥到了极致。❶

从儒学自身衍变、开展的历史来看,牟宗三的思想与宋明心学具有明显的亲缘性。但是,即使就儒家教化传统本身来说,牟宗三思想的意义也不能仅从这种思想的亲缘性或义理的传承性来理解。任何一种新思想的产生都以某种特殊的社会条件为其外缘,尽管只是外缘,但思想产生的社会条件对于理解思想的意义仍然是非常重要的。牟宗三所处的时代正是西方现代文化全盘侵入中国并逐渐占据主流地位的时代。尤其是"五四"新文化运动以来,儒家教化传统遭遇到前所未有的冲击,通过一种习惯性的联想,中国在军事、政治上的失败与儒家教化传统被直接地以因果关系的方式联接起来。随着以理性来检验一切的启蒙风潮的逐渐盛行,思想的探究方式也发生了巨大的变化,来自西方的范式向来是以理性标榜自身的,从而也以理性的名义在中国思想的研究领域安营扎寨,逐渐成为思想探究与知识生产的垄断性方式。于是,传统的经学研究不可避免地衰落了,取而代之的是现代意义上的中国哲学。就事情本身而言,现代意义上的中国哲学指的是中国传统思想与西方哲学的现代遭遇。而牟宗三的思想就归属于这一范畴。所以,牟宗三不仅是在与西方哲学的比较性对话中展开自己的思想的,而且,他也是在来自西方的理性范式的指导下运思的。如果考虑到牟宗三思想中实质性的精神倾向,那么,我们就可以更为明确地说,牟宗三的思想是在与西方哲学、尤其是在与康德哲学的比照中对儒家传统思想的一种"创造性诠释",是在现代性条件下,以理性为指导对中国传统思想精神、尤其是对儒家教化传统精神的一种价值重估。

牟宗三是在西方哲学中的形而上学的高度上来理解道德在儒家

---

❶ 对于"metaphysics"的中译,牟宗三行文中使用的是"形上学",本书为了统一一律改为"形而上学"。

教化传统思想中的地位的。他认为，孟子的"性"的观念实际上就是形而上学意义上的本体，即性体。而孟子力倡性善论，那就意味着性体实乃纯然至善的道德本体。同时，对于孟子通过恻隐之心等四端而即心言性，牟宗三认为这与性善论完全是一回事，也就是说，恻隐之心只不过是纯然至善的性体的另一种表达而已，心体与性体为一，指的都是纯然至善的道德本体。由于心体更侧重于用来指称道德主体，或者说，心体首先是一个指涉道德主体的术语，所以，从性体到心体的语义滑动也在于表明，道德主体就是道德本体。很显然，从某种意义上说，这实际上是在贯彻西方形而上学中"实体才能做主体"的思想。另一方面，心体的提出也在于表明道德本体的真实无妄，道德的本体不在玄远缥缈的彼岸，更不是一个纯粹的理论悬设，而是直接内在于心，从而也就成为道德的直接的、同时也是终极的根据：

> "怵惕恻隐之心"是"道德的实践"的先验根据，是"道德的理想主义"所以必然极成之确乎其不可拔的基础。离乎怵惕恻隐之心，不可说道德的实践，甚至不可说实践。"实践"是人的分内事，不是物的分内事。人的任何实践皆不能离开"怵惕恻隐之心"这个普遍条件的笼罩。若是离开这个普遍的条件而尚可以为实践，则那实践必不是实践，只是动物性的发作，在人间社会内必不能有任何价值或理想的意义。[1]

也就是说，牟宗三是直接通过恻隐之心来理解孟子性善论的涵义的。正是在这种心性合一的哲学诠释的基础之上，牟宗三提出，孟

---

[1] 牟宗三：《道德的理想主义》，学生书局1992年版，第24页。

子的性善论与四端说实际上构成了一种不同于西方实有形态的形而上学的道德的形而上学，并将之概括为道德的理想主义。这一观点遂成为现代新儒家的一个核心观点，在他们看来，道德的形而上学或者说道德的理想主义正是中国文化精神的特质所在。由于牟宗三是在现代道德风尚的意义上理解"道德"、"善"等观念的涵义的，也就是说，将"道德"、"善"等观念的涵义与一种纯粹自觉自愿的利他主义倾向联系起来，所以，牟宗三通过对孟子等人的思想的诠释而提出的道德的理想主义或道德的形而上学就成为现代以来以道德实在论的哲学形态呈现出来的对儒家教化精神的道德主义解释的极致。

我们已经提到，牟宗三对孟子心性之学的形而上学诠释是在与西方哲学、尤其是在与康德哲学的比照中进行的。所以，牟宗三特别重视他所理解的道德的形而上学与康德的"道德底形而上学"（metaphysic of morals）乃至其他一些西方道德哲学家的思想之间的差异。对此，李明辉在一些驳议性文章中有非常细致、充分的辨析与澄清。[1]李明辉指出，道德主体的架构是理解牟宗三的道德的形而上学与康德等西方道德哲学思想之差异的关键所在，落实到孟子的思想中，这一关键就在于，如何理解孟子以恻隐之心等四端而即心言性的意义。概而言之，在牟宗三看来，孟子的恻隐之心等四端不能被理解为沙夫慈伯利、赫其逊等情感主义者意义上的道德情感，也不能被理解为康德成熟时期思想中的道德情感，而是类似于舍勒等现象学家所谓的价值感，是一种本体论的觉情（ontological feeling），根本上来说恻隐之心是超越的本心。这种观点实际上是给恻隐之心盖上了一枚存有论的印章，实际上是提出了一种可称之为

---

[1] 参见李明辉：《儒家与康德》，联经出版公司1990年版。

存有论的道德主义（ontological moralism）的观点作为理解儒家思想的基本范式。

很显然，这种存有论的道德主义观点实际上更突出了四端说的重要性，甚至是将四端说的重要性置于性善论之上，认为只有领会了恻隐、羞恶、恭敬、是非等心之四端的意义，才能够领会性善论思想的意义。然而，即使是直接从"心"与"性"之间的关系来看，出于天命的"性"也肯定比内在于人的"心"更为重要。所以，与其说领会孟子即心言性的意义所在、明确孟子思想中的"心"与"性"的关系对于理解孟子性善论思想的精义是非常重要，毋宁说只有首先正确地领会了性善论，才能真正理解心之四端的意义所在，才能真正揭开心之四端的秘密所在。

孟子提出心之四端而即心言性就是为了说明性善，这一点大概是没有争议的：

> 公都子曰："告子曰：'性无善无不善也。'或曰：'性可以为善，可以为不善，是故文武兴则民好善，幽厉兴则民好暴。'或曰：'有性善，有性不善，是故以尧为君而有象，以瞽瞍为父而有舜，以纣为兄之子且以为君，而有微子启、王子比干。'今曰'性善'，然则彼皆非欤？"孟子曰："乃若其情，则可以为善矣，乃所谓善也。若夫为不善，非才之罪也。恻隐之心，人皆有之；羞恶之心，人皆有之；恭敬之心，人皆有之；是非之心，人皆有之。恻隐之心，仁也；羞恶之心，义也；恭敬之心，礼也；是非之心，智也。仁义礼智，非由外铄我也，我固有之也，弗思耳矣。故曰：'求则得之，舍则失之。'或相倍蓰而无算者，不能尽其才者也。《诗》曰：'天生烝民，有物有则。民之秉彝，好是懿德。'孔子曰：'为此诗

者，其知道乎！故有物必有则，民之秉彝也，故好是懿德。'"（《孟子·告子上》）

显然，在公都子问及孟子性善还是不善的问题时，孟子向他阐明了自己所主张的性善的观点，并以心之四端对性善做进一步解释。对于道德主义者来说，心之四端与性善论之间的意义关联是非常直接、甚至是显而易见的，尤其是恻隐之心与性善论之间的意义关联。由于恻隐之心往往被理解为一种"纯粹自觉自愿的利他主义倾向"的同情，而性善论中的"善"也正是在现代道德风尚中被理解为从受益者角度而言的一种价值判断，也就是说，是对他人而言的"善"，所以，恻隐之心与性善论就被理解为一回事。然而，这种道德主义的理解实在是对孟子思想的一种亵渎、贬低甚至侮辱。孟子怀着一种天命在身的自豪之情而高扬人性的光辉，如果说他仅仅是在提倡一种道德主义的精神旨趣，那实在是大错特错的。实际上，对性善论中的"善"的意义颠覆与对心之四端、尤其是恻隐之心的意义颠覆共同构成了对孟子思想的道德主义解释。

在上引文献中，公都子陈述了三种与孟子性善论不同的观点：性无善无不善，性可以为善可以为不善，性有善有不善。其中善与暴相对而言，而且，周文王、周武王、尧、舜、微子启、王子比干等被作为善的典范，而周幽王、周厉王、象、瞽瞍、商纣王则被作为不善的典范。显然，这里的善主要是指善行，主要着意于对行为的评价，是就行为的善与不善而言的，所以孟子才能够回答说："乃若其情，则可以为善矣，乃所谓善也。若夫为不善，非才之罪也。"就是说，在孟子看来，幽、厉、象、纣等人的恶行并不意味着人性的不善，而尧、舜、文、武等人的善行则正是人性

道德的化约

之善的体现。质言之，人性的善与不善，与人的行为的善与不善，并不在同一个层次上。如果说与对人的行为的评价有所不同，人性善是对人的天赋能力的评价的话，那么，孟子的意思显然是在肯定人具有做出善行的天赋能力。这样，孟子的性善论的涵义就在于肯定人具有做出善行的天赋能力。而所谓"人的天性是善的"，意思是说，如果人率循人的天性，听从人的天赋能力的自然发用，做出来的事情也自然就是善行。如果我们仍然执意以某种先在的实质性的善的观念为前提，那么，我们就会说，人性之善实乃一种碰巧之事，或者说，根据我们对善的实质性理解，我们发现，人性碰巧是善的。但是，如果人的行为是来自于人的天赋能力，而善首先是对人的行为的一种评价，进而言之，善是与人的行为的品质直接关联的，那么，实际上很清楚，并不是因为人的天性碰巧是善的才使得人的行为成为善的，而是因为人肯定自身的天性为善才使得人的出自天性的行为成为善的。由此可以看出，孟子的人性善实际上就是指人对自身之天性、对自身之天赋能力的肯定——除此之外，岂有他哉！

阐明这一点是非常重要的。比如，在孟子与告子关于人性的争论中，告子曾以杞柳喻人性，而以桮棬喻仁义，而孟子的反驳则是："子能顺杞柳之性而以为桮棬乎？将戕贼杞柳而后以为桮棬也。如将戕贼杞柳而以为桮棬，则亦将戕贼人以为仁义与？率天下之人而祸仁义者，必子之言夫！"（《孟子·告子上》）这意味着，顺杞柳之性还是戕贼杞柳才是价值设定的真正的分界线，同样，顺人之性还是戕贼人才是善与不善的分界线。因此说，孟子"道性善"的意思实际上是说人性决定着善，而不是以一种先在的实质性的善的观念来对人性作出善的评价。又如，告子曾以湍水为喻而言性："性，犹湍水也，决诸东方则东流，决诸西方则西流。人性之无分于善不善也,犹水之无分于东西也。"而孟子的回答则是:"水信无分于东西,无分于上下乎?人性之善也,犹水之就下也。人无有不善,水无有不下。今夫水搏而跃之,可使过颡,激而行之,可使在山,是岂水之性哉?其势则然也。人之可使为不善,其性亦犹是也。"(《孟子·告子上》)显然,水之就下乃水之性,水之搏跃过颡、激行在山乃势之所使然。以水喻人,即是以势之所使然喻不善,而以性之就下喻善。所以,善与不善的分界,仍然在于性与势之区别,也就是说,性善的含义正是在于以性来决定善,而不是以善来评价性。

由以上的分析我们可以非常明确到得出结论说,孟子的性善论并不是以某种先在的实质性的善的观念(尤其是道德主义者所理解的那种善的观念)为前提而对人性做出善的评价,而是直接指涉对人性的肯定,是将善的观念建立在人性的基础之上,是以性说善,而不是以善说性。在此,善的含义就不能理解为道德主义意义上的实质性的利他主义精神,而直下就是一种肯定,直下就是一种价值设定。这样,人性之善就不是如道德主义者所理解的那样是指人天生就具有利他或同情他人的倾向,而是指人对自身的非凡肯定,是指人对自身的一种"美化",换言之,是指人性之美善,人性之可欲。❶

同样需要指出的是,在目前对孟子性善论的理解上,不仅对于其中的善存在着习惯性的误解,而且对于性也存在着想当然的误解。告子与孟子有一段非常著名的辩谈总是被频频引用,然而可惜

---

❶《说文·羊部》:"美与善同意。"《孟子·尽心下》:"可欲之谓善,充实之谓美。"孟子还明确指出了对"以善养人"与"以善服人"的不同态度:"以善服人者,未能有服人者也;以善养人者,然后能服天下。天下不心服而王者,未之有也。"(《孟子·离娄下》)。

道德的化约 *49*

的是，长期以来并没有得到正确的理解。

> 告子曰："生之谓性。"孟子曰："生之谓性也，犹白之谓白与？"曰："然。""白羽之白也，犹白雪之白，白雪之白，犹白玉之白与？"曰："然。""然则犬之性犹牛之性，牛之性犹人之性与？"

牟宗三、徐复观等人都认为，孟子不同意告子所说的"生之谓性"，因为"生之谓性"实际上是"自生言性"，只能指涉欲望之性或气质之性，而不能指涉天命之性。这里存在着一种严重的误解。实际上，"生之谓性"在这里只是一个词源学或语义学的解释，所以也是孟子与告子在争论之前所共同承认的。

孟子对告子的反诘并不是要反驳"生之谓性"，而是通过归谬法引导告子进一步澄清，不能像理解"白之谓白"那样去理解"生之谓性"。实际上，性与白是两类不同的概念。胡塞尔指出，通过从低到高不断抽象的方式获得概念，会形成一个概念的等级。比如，从白羽、白雪、白玉中抽象出白，从红、白、蓝中抽象出颜色，又从各种颜色抽象出感觉性质，然后再从感觉性质抽象出本质，从本质抽象出对象等等。然而在这一序列等级中，实际上包含着两类不同的概念。一类是普遍化的概念，比如白，它受制于事物域的限定，一切白色事物的集合就是白的事物域；另一类则是形式化的概念，比如本质，它并不受制于事物域的限定，而是纯粹用来指示关系的一个函项。概念的抽象总是会从普遍化上升到形式化，比如，从颜色抽象到感觉性质仍然属于普遍化的范围，而从感觉性质抽象到本质就突入了形式化的范围。形式化的概念与普遍化的概念的不同在于，对于后者，通过其所受限的事物域就可以得到直接

的理解；而对于前者，则不能从一个相关的事物域得到理解，而只能看作是一种纯粹的关系指示词。❶

根据胡塞尔对两种不同概念在抽象方式上的差别的分析，我们可以恰当地理解孟子与告子在这一章的辩论中的真正意思。孟子的意思并不是说，从"生之谓性"出发就会推导出"犬之性犹牛之性，牛之性犹人之性"的错误结论；而是说，对"生之谓性"的理解不能等同于对"白之谓白"的理解，因为白受限于一个事物域，即是从白羽、白雪、白玉等具体事物中抽象出来的，而性则不同，它并不像白一样受限于一个事物域，也就是说，并不能够从犬之性、牛之性、人之性中抽象出一个共同的性。告子显然是误将作为形式化概念的性理解为像白这样的普遍化概念，这是告子对性的理解的一个非常关键的前提性错误。由此可见，孟子所理解的性并不是一个具有实质性内容的普遍化概念，而是一个表示关系的形式化概念。直言之，性并不是指某种实质性的东西，而是对某种关系的指示。比如说，"生之谓性"的性就是用来指示生命与生命之给予者之间的关系的。天生犬为犬，生牛为牛，生人为人，所以，犬与天之间的生与被生的关系就称为犬之性，牛与天之间的生与被生的关系就称为牛之性，而人与天之间的生与被生的关系就称为人之性。虽然都使用了一个相同的概念——性，但是，犬之性、牛之性、人之性其实并不相同，因为天之生犬、生牛、生人实在是各不相同的。孟子还曾说："人之所以异于禽兽者几希，庶民去之，君子存之。"（《孟子·离娄下》）也是这个意思。需要特别指出的是，人与动物的不同并不像道德主义者所说的那样，在于人是一种

---

❶ 胡塞尔：《纯粹现象学通论》，李幼蒸译，商务印书馆1992年版，第66页以下。张祥龙在多处强调这一思想对海德格尔的重要性，可参见张祥龙：《海德格尔传》，河北人民出版社1998年版，第96页以下。

道德的化约

具有同情心的道德的动物,而是在于人是天命在身者。正是通过人之性,犬、牛等事物之性才得以可能。人作为万物之灵,是灵异中之灵异者,一切事物的存有(是其所是)都将通过人而得以实现、完成。在这个意义上,人性就是万物实现其存有的一个必要环节,亦即"乾道变化,各正性命"的一个必要环节。人之所以是天命在身者,是因为人天生就承担着让万物是其所是地存在的崇高使命,也就是说,人天生就承担着大化流行的崇高使命。我们只有在天命—存有的高度上、而不是在道德主义的意义上领会人性,才不至于辱没了人。值得说明的是,让万物是其所是地存在根本上不同于使万物得以保存,后者正是存有论的道德主义的观点。

众所周知,孟子的性善论思想是秉承子思的"天命之谓性,率性之谓道,修道之谓教"的思想而来,故而孟子对于天命具有极其深刻的领会,比如他曾以一种非常练达又非常积极的口吻说:"莫非命也,顺受其正。是故知命者不立乎岩墙之下。尽道而死者,正命也;桎梏死者,非正命也。"(《孟子·尽心下》)因此,在孟子那里,所谓人性,实际上是人与天命之间的关系的指示;而在顺受天命的教义中,就直接包含着对人性的领会。也就是说,人具有领会、承担、拓展、成就天命的能力,而这就是人性的直接来源。或者说,人性不是别的,就是人领会、承担、拓展、成就天命的能力。所以,从这种立意高远的精神脉络里看,孟子的性善论实际上就是指人对自身之天命在身的领会与肯定,或者说,人在天命面前领会并肯定自身之卓越性、高贵性。这其中并没有某种实质性的道德原则,而是对人的潜在能力的肯定;性善论也并不着意于自我对他人的关切,而是着意于自我的终极关切。孟子曾说:"诚身有道,不明乎善,不诚其身矣。是故诚者,天之道也。思诚者,人之道也。""诚身"首先意味着对自身之本真所是的领会,所以,诚身之道就在于"明乎善",就在于明乎人自身与天命之本真关切。在这个意义上,善并不是对他人而言才是可欲的,而首先是对自身而言是可欲的,是自身所欲求的美善,是直接指向人的自我成全、自我实现、自我完善的。

如果我们从宗教性心理的角度来看,那么,人在天命面前的这种对自我的非凡肯定,就使得人与天命之间的关系不再是债务人与债权人之间的关系。尼采曾经揭示出,在基督教的精神世界中,人与上帝之间的关系实际上是一种债务人与债权人之间的关系,而这一点也因其引发了人在上帝面前的自我否定而成为基督教原罪观念的真实起源:"人情愿认自己负有无法偿还的罪,并因此而应受谴责;情愿认无论何种惩罚都不能抵消他的罪;情愿用负罪和惩罚的问题来污染和毒化事物的根基,从而永远地阻断他走出这座'僵化观念'之迷宫的退路;情愿建立一种'神圣之上帝'的理想来确证自己是毫尤价值的。"❶ 如果说基督教的原罪观念正是来源于人在上帝面前强烈的负债意识所导致的这种"意志错乱"的话,那么,孟子的性善论观念则与此恰好相反,恰恰是在天命面前肯定人自身是有价值的,并通过对人自身的肯定而奠定和美化事物的根基,此即"万物皆备于我,反身而诚,乐莫大焉"的真实涵义。这就意味着,人与天命之间的关系并不是债务人与债权人的关系,而毋宁说是受托者与托付者的关系。在这种受托与托付的关系中,人本性高洁,并负有美好的使命,换言之,人是天命在身者。显然,如果我们将孟子的性善论思想与周人敬德思想联系起来看,那么,二者的继承性是非常明显的。二者的差异则在于:周人尚认为"德"只是少数人的异禀,而孟子则坚持人人皆是天命在身者,此

---

❶ Friedrich Nietzsche: *On the Genealogy of Morals and Ecce Homo*, Second essay, Section 22, p. 93.

即孟子言"人皆可以为尧舜"、"圣人与我同类者"的真正命意。

既然人性善是一种价值的设定,是指人对自身之卓越性、高贵性的非凡肯定,是指人性之美善,那么,重要的就在于人如何能够领会到这一点。很显然,人领会自身之天命在身,领会自身之崇高禀性,实际上也就是性善之价值设定的过程:

> 孟子曰:"口之于味也,目之于色也,耳之于声也,鼻之于臭也,四肢之于安佚也;性也,有命焉,君子不谓性也。仁之于父子也,义之于君臣也,礼之于宾主也,知之于贤者也,圣人之于天道也;命也,有性焉,君子不谓命也。"(《孟子·尽心下》)

"谓性"、"谓命"即是所谓的"立命存性",即是将天之正命认同为人之性的存心过程,因而也就是性善之价值设定的过程。性善之价值设定正是通过存心而表现出来。人不能够领会到自身以何种方式归属于天命,也就不能够领会到人性是何样的美善。这样,人性善的关键就被归结到人领会天命的能力上。孟子正是从这个角度引出他的"存心"的思想的:

> 孟子曰:"君子所以异于人者,以其存心也。君子以仁存心,以礼存心。"(《孟子·离娄下》)
>
> 公都子问曰:"钧是人也,或为大人,或为小人,何也?"孟子曰:"从其大体为大人,从其小体为小人。"曰:"钧是人也,或从其大体,或从其小体,何也?"曰:"耳目之官不思,而蔽于物。物交物,则引之而已矣。心之官则思;思则得之,不思则不得也。此天之所与我者。先立乎其大者,则其小者不

能夺也。此为大人而已矣。"(《孟子·告子上》)

耳目之官不思，而心之官则思，这是从功能上说明心与耳目的不同之处。相对于耳目的觉知能力（闻见），心具有一种更为特别的觉知能力（思）。通过心之思，人能够领会"天之所与我者"，能够"先立乎其大"，能够识人之大体，能够使人从其大体，而为大人君子。大人君子之所以异于常人，是因为大人君子能够充分发挥心的作用，能够将天所与我之正命了然领会于心，也就是，能够正确地领会到崇高的人性，领会到人与天命之归属关系，领会到人在天命面前的高贵性。正是在这个意义上我们才可以说，耳目之知乃闻见之知，而心之知则为德性之知；闻见之知引于物，而德性之知达于天。这样，人性之美善必须通过心之思才可得之，若不思则不得。如果出于某种缘由而"陷溺其心"，则美善人性之光辉就不能呈现出来。在这个意义上，"存心"与"性善"其实就是一回事。"存心"不仅是"性善"的认知根据，而且更是"性善"的存在条件。

这可能是我们理解孟子即心言性之思想的唯一正确的思路，从而也是理解心之四端、揭开心之四端之秘密的唯一正确的思路。孟子曾以"孺子将入于井"的设例来说明人皆有"不忍人"的恻隐之心，并进而推出人皆有心之四端：

> 孟子曰："人皆有不忍人之心……所以谓人皆有不忍人之心者，今人乍见孺子将入于井，皆有怵惕恻隐之心；非所以内交于孺子之父母也，非所以要誉于乡党朋友也，非恶其声而然也。由是观之，无恻隐之心，非人也；无羞恶之心，非人也；无辞让之心，非人也；无是非之心，非人也。恻隐之心，仁之

端也；羞恶之心，义之端也；辞让之心，礼之端也；是非之心，智之端也。人之有是四端也，犹其有四体也。有是四端而自谓不能者，自贼者也；谓其君不能者，贼其君者也。凡有四端于我者，知皆扩而充之矣，若火之始然、泉之始达。苟能充之，足以保四海；苟不充之，不足以事父母。"（《孟子·公孙丑上》）

对孟子四端说的道德主义解释将四端说的重心放在了对恻隐之心的理解上。更具体一点说，因为恻隐之心就是不忍人之心，所以，道德主义者能够将上引设例中的"孺子"直接作为他人的化身，故而将恻隐之心解释为与他人疾痛相感之情，也就是一种纯粹发自人内心的、自觉自愿的、关心他人疾苦的情感。于是我们首先必须面对的问题是：在孟子的叙述中，人在直面"孺子将入于井"时所感受到的那种至深至切的恻隐之心是不是一种对他人之不幸遭际的同情或怜悯？或者说，是不是一种由他人之苦弱处境而引发的移情式的同感？

如上所引，恻隐之心是怵惕恻隐之心的简称。许慎《说文解字》中说："怵，恐也。""惕，敬也。""恻，痛也。""隐，痛也。"❶朱熹《孟子集注》中说："怵惕，惊动貌。恻，伤之切也。隐，痛之深也。"因此，怵惕恻隐之心是指一种同时包含着惊惧、敬畏与痛苦的情感。毫无疑问，怵惕恻隐之心也是一种切己的情感。换言之，怵惕恻隐之心作为不忍人之心既牵涉对他人的关切，同时也牵涉对自我的关切。那么，怵惕恻隐之心到底在何种意义上是一种切己的情感呢？根据同感现象的逻辑，作为目击者的人在直

---

❶ 根据段玉裁《说文解字注》，"恻隐"之"隐"乃"慇"之假借。

面孺子将入于井的遭难场景时，会想到自己也有可能陷入此种境遇，因而就会产生惊恐、畏惧乃至痛苦之情，进而产生对不幸遭难之孺子的怜悯之情。也就是说，正是目击者对自我的关切才使孺子将入于井成为深深触动他内心的一个事件，而且这种触动是纯粹的，没有任何其他的动机因素：非纳交于孺子之父母，非邀誉于乡党朋友，亦非恶其声而然。在这个意义上，与其说"孺子"纯粹就是他人的化身，毋宁说"孺子"更是自我的化身。正是因为孺子的遭难被领会为自我的遭难，所以，人在直面孺子将入于井时才会产生惊惧与痛苦之情，也就是，怵惕恻隐之心。

然而，仅从经验心理学的角度将怵惕恻隐之心解释为同感现象，忽略了一个隐含在孟子对怵惕恻隐之心的叙述中的非常重要的问题，即，在孟子的思想中，人应当以何种方式、在何种意义上看待孺子？与这个问题密切相关的正是：人应当以何种方式、在何种意义上理解孺子的遭难？很显然，将这个问题再抽象一下就可以转换为：在孟子的思想中，人应当以何种方式、在何种意义上看待自己？人应当以何种方式、在何种意义上看待他人？归根到底，人应当以何种方式、在何种意义上看待人？以及，人应当以何种方式、在何种意义上理解人的遭难？

对于类似于孺子将入于井的苦难遭际，在儒家的精神传统中向来被归于命。子夏在解司马牛之忧时曾说："死生有命，富贵在天。"（《论语·颜渊》）而孔子也曾多次感喟于命。比如在慨叹伯牛之有疾时他曾说："亡之，命矣夫！"（《论语·雍也》）而且孔子认为道之将行将废也在于命："道之将行也与？命也。道之将废也与？命也。"（《论语·宪问》）孟子更是对于命有非常深刻的体会：

> 莫之为而为者，天也；莫之致而至者，命也。（《孟子·万

章上》)

> 莫非命也,顺受其正。是故知命者,不立乎崖墙之下。尽其道而死者,正命也。桎梏死者,非正命也。(《孟子·尽心上》)

这就是说,在孟子看来,一切都是"莫之致而至者"的命,但命仍有正命与非正命之分别。所以,对人而言,重要的就在于能够分辨正命与非正命,并顺受其中的正命。我们已经知道,孟子实际上是将天之正命与人性联系起来的,即认为,人将天所赋予自身之正命领会、认同为人之性,此即所谓"立命存性",所谓君子所异于人之"存心"。所以,立命存性实际上就意味着判别正命与非正命,而正确地领会美善之正命同时也意味着必须正确地理解丑恶之非正命。换言之,"知命者"要领会到"尽其道而死"的"正命",必然蕴涵着对"非正命"的理解,也只有这样,他才可能对自己提出"不立乎崖墙之下"的终身警示。反过来说,非正命之丑恶能够产生一种巨大的力量,从而能够触使人去更加重视、珍惜正命之美善。

显然,在孟子关于怵惕恻隐之心的设例中,孺子将入于井的遭际对人而言不仅仅是一种苦难体验,更是一种不幸体验,也就是说,在孟子思想的脉络里,不能仅仅将孺子将入于井理解为一种纯粹的苦难遭际,而是应当在非正命的意义上被理解为一种不幸遭际。这样,人直面孺子将入于井时所产生的怵惕恻隐之心就应当被理解为人直面非正命时所产生的一种情绪。而且,正是这种产生于丑恶之非正命的惊惧与痛苦之情触使人去更加重视、珍惜美善之正命。所以,与其说在孺子将入于井的设例中孟子是在意孺子的苦弱与遭难,毋宁说他更在意孺子身上禀有的天之正命。同样我们也可以更抽象一点说，正是因为人能够藉着天之正命而非凡地肯定自身，同时也以同样的方式非凡地肯定他人，从而也就是，以非凡的方式肯定人，肯定人性，肯定人性之美善，才使得人在直面孺子将入于井时触发惊惧、痛苦之情。在这个意义上，无论作为他人的化身，还是作为自我的化身，孺子首先是天命在身者。如果说怵惕恻隐之心必然会从惊惧、痛苦转向一种积极、向上的情感的话，那么也绝对不是怜悯，而是珍惜，对自我的珍惜，同时也是对他人的珍惜，根本上说是对人身上所禀有的天之正命的珍惜，同时也就是对美善之人性的珍惜。所以，怵惕恻隐之心的真正涵义从消极的方面来说是人作为知命者在直面非正命时所生发出的惊惧、痛苦乃至惋惜之情，从积极的方面来说则是人领会到天之正命、领会到人性之美善而产生的敬重、珍惜之情。

在此，道德主义的解释者可能会说，即使将怵惕恻隐之心解释为对美善人性的珍惜、惋惜之情是正确的，这一解释也与对怵惕恻隐之心的道德主义解释不相冲突，因为正是从因珍惜而生之惋惜之情中，可以分析出一种同情或怜悯的道德主义情愫。这一说法非常明确地点出了对四端说的道德主义解释的主要理由，但却忽略了更深层次的问题，即，在作为仁之端的怵惕恻隐之心背后，所要维护的恰恰是一个具有等差性质的人伦秩序。质言之，如果说四端说在儒家思想中主要着意于人的伦理践行作用（ethical agency）中的动机因素的话，那么，更为重要的是，在儒家思想中，不可能仅凭动机因素就获得对人的伦理践行作用的整全理解。以仁为例，仅从怵惕恻隐之心这一动机因素来理解仁的真实含义是远远不够的。仁的含义的另一面，实际上也是更根本的一面，恰恰是对人伦之理的认可，即孔子所谓"仁者，人也，亲亲为大"；孟子所谓"仁之实，事亲是也"（分别见《礼记·中庸》、《孟子·离娄上》）。只有将作为动机因素的怵惕恻隐之心和作为目的因素的人伦之理结合起来，才能获得对仁的一个较为整全的理解。换言之，仅仅从怵惕恻隐之心这一点来理解仁，是非常片面的。

对四端说的道德主义解释的一个更为严重的片面之处还在于，往往只谈作为仁之端的怵惕恻隐之心而忽略其他三端，或者说，虽然在叙述中谈的是四端，但在实际的理解中往往是将四端化约为一端。实际上，只要避免将仁、义、礼、智四端化约为仁之一端，而在仁、义、礼、智四端的差异与关联中把握之，对四端说的道德主义解释就漏洞毕现了，即使在此同意将作为仁之端的怵惕恻隐之心化约性地解释为纯粹自觉自愿的利他主义倾向也无济于事。伯纳德·威廉姆斯曾揭示出，在康德那里获得其经典性表达的道德概念就其理论意图而言，旨在维护这样一种平等观念：人人皆有道德的践行能力；而为了确保这一意图得到贯彻，必须采取两个缺一不可的理论步骤：其一，必须将道德践行能力完全落在践行者的意愿方面，以便使之免于意志之外的其他因素而可以向任何人开放；其二，还必须认定道德具有一种至高无上的尊严与重要性，也就是将道德价值认定为最高的价值，否则这种平等即使被认可也会变得没有多大意义。❶换言之，如果能够避免将四端化约为一端而在四端的差异与关联中把握四端的意义，那么，即使认为作为仁之端的怵惕恻隐之心就是纯然至善的同情心或怜悯心，也不可能认可对四端说的道德主义解释，因为这时候被解释为同情心或怜悯心的仁之端作为四端之一并不能涵盖其他三端的含义，从而在其他三端的牵制中无法被确立为最高的价值。实际上，羞恶之心、恭敬之心（或辞让之心）、是非之心同样从积极的方面来说都与人对天之正命的领

---

❶ 关于这一点参见威廉姆斯在《道德运气》一文中的分析，载 Bernard Williams, *Moral Luck*, Cambridge University Press, 1981。

会、对人性之美善的领会密切相关。简而言之，没有对天之正命的真正领会，没有对美善人性的真正领会，就不可能有真正的羞恶、恭敬、是非之心。更直截了当地说，心之四端实际上就是对天之正命的真正领会，对美善人性的真正领会。所谓"仁义礼智根于心"，显然并不是说人天生就具有同情他人的道德情感，而是说，人天生就是具备领会天之正命、领会人性之美善能力的天命在身者，人天生就是赞天地之化育者；或者依我们前面的诠释来说，人作为领受上天之恩典者具有展现恩典的内在能力，而这种内在能力也只能被理解为恩典展现自身的内在能力。仁义礼智首先是自我实现所需要的美德，是自我参赞天之正命、成就自身之美好生活所需要的美德，当然更是天所给予人的内在恩典。于是，在孟子"尽心"的教义中，"心"、"性"与"天命"就构成一个意义的循环：

> 孟子曰："尽其心者，知其性也。知其性，则知天矣。存其心，养其性，所以事天也。夭寿不贰，修身以俟之，所以立命也。"（《孟子·尽心上》）

由于"尽心"实际上是"事天"，而天命又是"於穆不已"的，所以，"尽心"就意味着人始终置身于天命的怀抱中而获得了一个毕生的远景。这样，"尽心"当然就不可能是一蹴而就的，也不是一个神秘的道德本体的当下呈现，而是表现为一种成德的艺术；需要实践的智慧，需要足够的教养和不断的学习。正是在这个意义上，孟子才将恻隐、羞恶、恭敬（或辞让）、是非之心称作仁、义、礼、智之端绪，而在论述德行之成就时诉诸仁熟义精："五里者，种之美者也。苟为不熟，不如荑稗。夫仁亦在乎熟之而已矣。"（《孟子·告子上》）就是说，"恻隐之心"作为"仁之端"，就像一粒纯美纯善的种子，要真正成就为德行，还需要不断地培养直至成熟方可。如果说德性之禀赋来自天命的直接给予，来自上天创造时的内在恩典，那么，德行之成就则是一种需要人不断探索和努力、而且还需要种种运气的艺术。从宇宙论的高度上来看，儒家的这一核心思想可以概括为：天地之化，赖人文而成；而人之所能，赖天地所赐。

总而言之，正如同对性善论的道德主义解释是错误的一样，对四端说的道德主义解释也是错误的。心之四端首先并不是某种指向他人的关怀之情，而是直接指向自我之终极关切、直接指向人自身之存有的切己之情。四端说留意于对天命的觉悟与认同，留意于正命与非正命的分判，从而也就是，留意于人性之美善，留意于对人的非凡的肯定。而这也正是人之为人、人区别于动物的功能性差异之所在：人是能思者，因为人具有"心之官"，换言之，人具有领会、承担、拓展、成就天命的能力。站在儒家立场上看，只有在领受了内在恩典这一宗教性的维度上肯定人，才无损于人性的美善，才不至于辱没了人的尊严。

自律的挪用

一 儒家伦理精神与自律道德

在牟宗三对儒家思想的理解与阐释中,"自律道德"是一个核心概念。这涉及牟宗三对儒家伦理精神的基本把握。在他最重要的著作之一《心体与性体》中,他曾说:"然衡之先秦儒家以及宋、明儒之大宗皆是以心性为一,皆主心之自主、自律、自决、自定方向即是理。……此即是吾人道德创造之真几性体。……从此性体之自主、自律、自决、自定方向上说应当,此方真能提得住、保得住道德上之'应当'者。此是真正理想主义的自律道德,亦曰方向伦理也。"❶ 尽管儒家思想源远流长,呈现出纷繁复杂的历史样态,但这并没有妨碍牟宗三对儒家伦理精神作出本质性的判断。"自律道德"的概念成为牟宗三理解和阐释儒家伦理精神的基本范式,几乎贯穿于《心体与性体》的每一章节。当然,需要澄清并强调指出的是,尽管我们常常能够体会到,牟宗三的思想与宋明新儒学、特别是阳明学更为接近、更为契合,比如像《心体与性体》这样的著作,主要讨论的是宋明新儒家的精神和思想世界,但是,不可否认,牟宗三对儒家伦理精神的根本判断来自对孟子思想的理解与阐释。可以说,对孟子思想的理解与阐释是牟宗三领会、重述、重建

---

❶ 牟宗三:《心体与性体》(上),上海古籍出版社1999年版,第97页。

他所谓的"文化意识宇宙"的关键。❶在《圆善论》中,牟宗三说得更为直接、明白:"孟子的基本义理正好是自律道德,而且很透辟,首发于二千年前,不同凡响,此则是孟子的智慧,虽辞语与思考方式不同于康德。"❷尤其值得注意的是这里的"首发"一词,它意味着,如果将中国与欧洲的文化传统一并考虑,那么,在牟宗三看来,自律道德的谱系应当回溯到孟子而不是康德。

  直观看来,牟宗三的这一论调只是一种学院式的"中国早就有"。这一论调的言说脉络可以分为以下三个步骤:首先,在现代欧洲思想世界里,具体而言,在康德那里,发现了自律道德的重要性;其次,由康德的自律道德反观中国文化的思想传统,将孟子及其继承者的基本义理判定为自律道德,进而也将儒家伦理思想的根本精神判定为自律道德;再次,将孟子判定为自律道德的首倡首发者,并进一步阐明孟子的自律道德与康德的自律道德的不同之处。在任何一个时刻,在任何一个领域,如果我们能够在自身文明的久远传统中发现某些有价值的且被异域文明所重视、所突显的东西,那么,这不仅无可厚非,或许还是值得欣慰的事情。更深层次的问题在于,在某一时段从某些方面看起来是好的东西,放在一个更大的传统或历史背景里就不一定是好的。就上述问题而言,不仅存在

---

❶ 在《悼念唐君毅先生》一文里,牟宗三提出了"文化意识宇宙"的概念。他说:"唐先生是'文化意识宇宙'中之巨人……吾这里所谓'文化意识宇宙'与普通所谓'文化界'不同。文化意识不同于文化。这一个文化意识宇宙是中国文化传统之所独辟与独显。它是由夏商周之文质损益,经过孔孟内圣外王成德之教,而开辟出。"见《道德的理想主义》,学生书局1992年版,第266页。"文化意识宇宙"的概念显然与牟宗三常常使用的"文化生命"的概念有密切的联系。如果这里的"生命"更多地关联于"心性",而"宇宙"更多地关联于"存有",那么,根据牟宗三的运思脉络,文化意识宇宙一定是奠基于文化生命之上的,换言之,文化意识宇宙是文化生命的宇宙论构想,是一个由历史文化所成就的精神世界。尽管牟宗三在这里同时提到了夏商周和孔孟,但孟子在道统中的关键性地位不容置疑。

❷ 牟宗三:《圆善论》,学生书局1985年版,序言。

着对孟子思想是否、或在何种意义、何种程度上可归为自律道德的质疑，也存在着对自律道德本身是否合理的质疑。❶

将自律与道德联系起来，在欧洲伦理思想史上是一个划时代的重大事件。在神圣世界与凡俗世界的精神张力中，欧洲人发明了自律的概念，遂成为欧洲进入现代的一个精神标志。欧洲现代道德哲学的基本特征是认为道德的根源并不外在于人类的本性，也就是说，道德在于人的自律。这差不多已经是我们耳熟能详的观点了。❷虽然强调人的自律在欧洲伦理思想史上其来有自，但真正将自律与道德直接挂钩的，乃是康德。康德将意志自律厘定为道德的最高原则，从而成就了他在实践哲学领域里的"哥白尼革命"。

在康德那里，自律的观念与自由的观念密切相关，也就是说，要理解自律的基本含义，必须关联于自由。由于自由并不是我们直观的对象，而作为有知性能力的存在者，人类的任何思考都离不开范畴，所以，要思考自由，首先必须找到合适的范畴。由于自由可用来表达一切有理性行为能力者的意志的特性，而有理性行为能力者的意志在其行为活动中表现为一种因果性，所以，康德认为，因果性是思考自由的合适范畴。这一点看起来似乎并不难理解：对于任何一件出于意愿的行为，我们总是可以将能够自由选择的意志理

---

❶ 对孟子思想是否可归为自律道德的质疑可以黄进兴、孙振青等人为代表，牟门弟子李明辉对这种质疑做了详细的回应，这一方面的争论可参见李明辉：《儒家与康德》，联经出版事业公司1990年版。在大陆哲学界关注这个问题较多的是杨泽波和郭齐勇。不过，大多数论者都没有脱离牟宗三的基本思路。对自律道德本身的合理性的质疑主要来自上世纪后半叶在西方学术界兴起的美德伦理学思潮，最著名的是威廉姆斯，可参见 Bernard Williams, "Shame and Autonomy," in *Shame and Necessity*, University of California Press, c1993; "Persons, Character, and Morality," in *Moral Luck*, Cambridge University Press, c1981。

❷ 关于自律概念在欧洲伦理思想史上的产生和流衍，可参考 J. B. Schneewind, *The Invention of Autonomy: A History of Modern Moral Philosophy*, Cambridge University Press, 1997。

解为行为的原因。正是通过有理性行为能力者的行为中所呈现出的这种特殊的因果性，康德找到了理解自由的锁钥。换言之，存在于有理性行为能力者的行为中的那种与意志相关联的特殊的因果性，就是康德所谓的实践意义上的自由。❶

康德指出，实践自由具有双重含义，我们可以分别从其消极意义和积极意义来理解。消极意义上的自由的核心含义是，有理性行为能力者的意志能够独立于感性冲动的强迫。为此，康德区分了两种不同的任意。感性冲动具有病理学意义上的强迫性，由这种强迫性的感性冲动所刺激起来的任意，康德称之为"动物性的任意"（arbitrium brutum）；而人的任意却是一种可以独立于感性冲动的"自由的任意"（arbitrium liberum），这当然是因为"人身上具有一种独立于感性冲动之强迫而自行规定自己的能力"。❷然而，消极意义上的自由并不能"深入到自由的本质"，❸因为很显然，"独立于感性冲动"只不过是从对抗阻碍的角度而言的。从积极的一面来看，自由的关键还在于人天生具有的"自行规定自己的能力"。这就是积极意义上的自由。积极意义上的自由的核心含义是，有理性行为能力者的意志能够自我立法。只有意志的自我立法才是有理性行为能力者摆脱动物性任意、真正主宰自己的积极体现。

意志自由的双重含义对应着意志自律的双重含义。从自律概念的来源看，尤其是考虑到基督教在西方历史上的独特影响，我们应当说，独立于其他任何外在的、并非通过自我立法而建立起来的权

---

❶ 此处只论及实践自由。对于作为实践自由之基础的先验自由以及这两种自由的关系，在下文中有所讨论。
❷ 康德：《纯粹理性批判》（A534/B562），邓晓芒译，人民出版社2004年版，第434页。
❸ 康德：《道德形而上学奠基》（4：446），苗力田中译本（译名为《道德形而上学原理》），上海人民出版社1986年版，第100页。

威(比如宗教的、政治的权威)的强迫,也是自律概念应有之义。❶也就是说,独立于感性冲动和外在权威的强迫,是自律概念的消极含义,而意志的自我立法是自律概念的积极含义。在康德对自律概念的理解中,还有一点必须强调。这就是自律概念所蕴含的法则的概念。我们知道,自律(autonomy)的概念是相对于他律(heteronomy)而言的。在自然中存在着法则(law),因为以自然的因果性为根据,存在着自然的必然性。康德指出,自然的必然性表现为一种他律,因为在自然事物(无理性存在者)的活动中,产生任何结果的原因并非自身。这种因果性的推论模式是"因为A,所以B",比如说,"因为太阳照,所以石头热"。依此类推,在实践中也存在着法则,因为以自由的因果性为根据,也一定存在着自由的必然性。但是,所不同者在于,自由的必然性表现为一种自律,因为根据其含义,这种必然性要求作为结果的行为必须体现出作为原因的自由意志。在康德看来,想要在行为中体现出自由的意志,就必须通过自我立法来规范行为。也就是说,唯有自我订立的法则,才能够保证一个有理性行为能力者的行为就是他自己的自由意志的体现,而他的自由意志就是他的行为的原因。这种因果性的推论模式是"因为我应这样做,所以我能这样做",比如说,"因为我应当诚实,所以我能够诚实"。这就是著名的"应当蕴含着能

---

❶ 人们常常提到卢梭的自律思想对康德的影响。在卢梭那里,由自我立法而来的公意作为政治权威性的唯一正当来源,显然也意味着将任何其他外在的权威排除在正当性之外。也就是说,独立于外在的、并非通过自我立法而建立起来的权威对于政治意义上的自律概念的重要性是不言而喻的(这也是当今"自律"概念被广泛使用、接受的一个原因)。尽管如此,卢梭也是从独立于感性、达致道德意义上的自由这一思路来刻画自律的。卢梭对道德自由和意志自律之相关性的清晰表达可见于《社会契约论》第一卷,第8章:"唯有道德的自由才使人类真正成为自己的主人,因为只有嗜欲的冲动乃是奴隶状态,而唯有服从人们自己为自己所规定的法律,才是自由。"何兆武中译本,商务印书馆1980年版,第30页。

够"。❶由此可见，康德明确提出自律的概念，与他引入因果性范畴下的法则概念密切相关。于是，在康德的自律概念里，包含着法则的概念，正如在他的他律概念里，也包含着法则的概念一样；换言之，因果性范畴下的法则概念——与近代科学思想、特别是物理学革命密切相关——实际上是康德自律概念的基础。这就是康德最终将意志自由、意志自律与普遍的道德法则（moral law）紧密联系起来的缘由所在。

道德的根本特性就在于自律，换言之，意志自律必须被理解为道德的最高原则。在这个意义上，只可能有自律道德，而不可能有他律道德；或者说，"自律道德"的说法包含着某种语义重复，而"他律道德"的说法就像"方的圆"一样，只能是一种矛盾修辞（oxymoron）。自律，从消极的方面来看，是指意志能够独立于外在权威和感性需要的宰制；从积极的方面来看，是指意志的自我主宰，自我立法。这就是康德对道德与自律的基本看法。牟宗三基本上继承了康德的这些看法，尽管他在挪用自律的概念诠释儒家思想之后又站在他所理解的儒家思想的立场上对康德的自律观念提出了批评。在牟宗三对儒家伦理精神的本质性判断中有两点非常重要：首先，将儒家伦理思想厘定为道德哲学，尽管是"道德的形而上学"，而且这里的"道德哲学"概念是西方现代意义上的；其次，将自律道德认定为唯一正确的主张，并将儒家伦理精神判定为自律道德。在我看来，这两点都是非常成问题的，会误导我们在理解儒家伦理精神、尤其是原始儒家的伦理精神时，走入歧途。

---

❶ 可以说，"应当蕴含着能够"是从人的自由禀赋中分析出来的。首先，必得通过自我订立的法则，才能体现人的意志自由，所以，"自由"蕴含着"应当"；其次，必得通过依照法则行事的能力，也就是服从"应当"而行事的能力，才能成就人的意志自由，所以，"应当"若要真正体现意志自由，就必然蕴含着"能够"。也就是说，承认意志自由乃是人之为人的根本特征，就必然承认"应当蕴含着能够"。

二　孟子论"仁义内在"

上文已提及，牟宗三断言儒家伦理精神乃自律道德，是基于对孟子思想的理解和阐释。他认为，孟子主张"仁义内在"，这表示孟子的思想是一种自律道德的主张。在《圆善论》中，牟宗三对《孟子·告子》和《孟子·尽心》作了全面疏解，其中非常重要的一个内容就是阐明孟子的"仁义内在"说。让我们首先对孟子的"仁义内在"说作一详细的分析，然后再来检讨牟宗三的相关看法。

《孟子》中有关仁义与内外的争论集中在《告子篇》中，主要有两处：

> 告子曰："食色，性也。仁，内也，非外也。义，外也，非内也。"孟子曰："何以谓仁内义外也？"曰："彼长而我长之，非有长于我也。犹彼白而我白之，从其白于外也。"曰："异於！白马之白也，无以异於白人之白也。不识长马之长也，无以异於长人之长与？且谓长者义乎？长之者义乎？"曰："吾弟则爱之，秦人之弟则不爱也，是以我为悦者也，故谓之内。长楚人之长，亦长吾之长，是以长为悦者也，故谓之外也。"曰："嗜秦人之炙无以异於嗜吾炙也。夫物则亦有然者也，然则嗜炙亦有外与？"
>
> 孟季子问公都子曰："何以谓义内也？"曰："行吾敬，故谓之内也。"曰："乡人长于伯兄一岁，则谁敬？"曰："敬兄。"曰："酌则谁先？"曰："先酌乡人。"曰："所敬在此，

长在彼,果在外,非由内也。"公都子不能答,以告孟子。孟子曰:"敬叔父乎?敬弟乎?彼将曰:'敬叔父。'曰:'弟为尸,则谁敬?'彼将曰:'敬弟。'子曰:'恶在其敬叔父也?'彼将曰:'在位故也。'子亦曰:'在位故也。庸敬在兄,斯须之敬在乡人。'"季子闻之曰:"敬叔父则敬,敬弟则敬,果在外,非由内也。"公都子曰:"冬日则饮汤,夏日则饮水,然则饮食亦在外也?"

从引文中可以知道,告子主张"仁内义外"。在先秦典籍中,除了《孟子·告子》,"仁内义外"的主张还可见于《墨子·经下》、《管子·戒》,以及近年出土的郭店楚简中的《六德》、《尊德义》、《语丛一》诸篇。对"仁内义外"的批评还可见于《墨子·经说下》。根据这些文献,我们大概可以断定,"仁内义外"的主张显然其来有自,在当时也非常流行,但是告子与孟子对这一主张作出了不同的反思。告子认可"仁内义外",并提出了自己独特的理解;而孟子不认可"仁内义外",也提出了自己质疑的理由。而且,绝非不重要的是,告子的辩难是针对孟子的"仁义内在"主张而提出的,也就是说,是因为告子不同意孟子的"仁义内在"主张,所以他才向孟子发难的。

首先需要澄清的是,尽管存在着理解上的差异与争论,但是告子与孟子对于伦理生活的实际内容有着共享的信念。双方都承认,就伦理生活的实际内容而言,"仁"基本上对应于"爱亲","义"基本上对应于"敬长"。告子举"爱吾弟不爱秦人之弟"的例证来说明"仁内",举"长楚人之长亦长吾之长"的例证来说明"义外"。绝无疑义的是,孟子不仅承认告子所举例证的真实性,而且也承认这些例证的合理性。孟子曾非常明确地说:"亲亲,仁也;

敬长，义也。"（《孟子·尽心上》）只此一处我们就可以非常清楚地看到，孟子对仁义各自对应的伦理生活的实际内容的理解与告子是完全一致的。也就是说，这些有关实际伦理生活的共同信念乃是孟子与告子发生理解上的差异与争论的前提。实际上，我们可以合理地猜测，"爱亲谓之仁，敬长谓之义"的实践信念对孟子和告子而言乃是一种传统的信念。他们各自对此提出不同的理解，就是各自对这种传统信念提出不同的反思。这一点也能够恰当地提醒我们，仁义作为伦理生活中的两种至关重要的美德，从根本上不同于那种抽象的道德法则，而是与实际的伦理生活紧密联系在一起的。

因为对"仁内义外"存在着不同的理解，所以，在仔细分析、疏理其具体含义之前，我们不能笼统地说孟子赞成或者是反对"仁内义外"。可以确定的是，一方面，孟子与告子一样，认可"爱亲谓之仁，敬长谓之义"这一来自习俗内容的实践信念；另一方面，孟子反对告子所主张的"仁内义外"观点。在郭店楚简中的《六德》篇中，呈现出一种对"仁内义外"的独特解释："仁，内也；义，外也。礼乐，共也。内立父子夫也，外立君臣妇也。……门内之治恩掩义，门外之治义斩恩。"从上下文可以看出，这里的"内"似乎是指"门内"，也就是"家门之内"，"外"似乎是指"门外"，也就是"家门之外"。几乎同样的说法见于《大戴礼·本命》与《礼记·丧服四制》："门内之治恩掩义，门外之治义断恩。"由于在其他地方（比如《孟子·告子》）的"仁内义外"主张似乎并没有将"内"与"外"理解为"门内"与"门外"，所以，这里就引出了对"内"与"外"的不同理解。"内"与"外"作为空间性的隐喻，其所指并不那么明晰。《六德》与《丧服四制》中的内外之别，显然是指两种伦理生活领域之别：家庭为内，家庭之外的宗族、国家乃至天下为外。这个意义上的"仁内义外"，显然是指,仁义作为两种主要的美德,在不同的伦理生活领域,其意义与重要性并不相同。具体而言,治理家庭内部的事务,要以仁为主;治理家庭外部的社会事务,要以义为主。那么,告子与孟子各自又会如何看待这个观点呢?一个合理的判断是,在某种程度上,告子与孟子都不会反对。当然,这样说需要进一步的解释。就告子而言,他不仅明确主张"仁内义外",而且从他所举例证似乎也可以看出,他对"仁内义外"的理解与《六德》、《本命》、《丧服四制》中对"仁内义外"的解释并不冲突,虽然并不完全一致。就孟子而言,如果不将这一观点概括为"仁内义外",也就是说,如果在此避免使用"内"与"外"这一对有争议的独特概念,仅仅着意于这一观点所表达的思想的内容,那么,孟子可能也不会反对❶。

对"内"与"外"的另一种传统的划分是关联于一个"我"的观念,也就是说,以"我"为界限而分内外:"内"即"我之内","外"即"我之外"。尽管这里的"我"仍然不够清晰,有待于进一步的解释,但是,从上引文献可以断言:在告子的"仁内义外"主张中,至少从字面上来看,内外是以"我"为界限而划分的;而孟子的质疑又是直接针对告子的主张的。正是这一点使得问题变得更加复杂了。尽管告子在解释与辩论中是以"我"为界限而划分内外的,但是,正如我们已经指出的,从他所举的例证来看,无论是"爱吾弟不爱秦人之弟",还是"长楚人之长亦长吾长",都与"门内""门外"之伦理生活领域的划分有密切关系。很显然,"爱吾弟"属于"门内之事","长楚人之长"属于"门外之事"。需要指出的是,这里的"吾长"当指家庭之外宗族之内的长辈,所以"长吾长"实际

---

❶ 王博提出了这种观点。他区分了三种仁内义外说,并认为孟子只同意第一种,也就是将"内"与"外"理解为"门内"与"门外"的仁内义外说。参见王博:《早期儒家仁义说的研究》,载《哲学门》,总第十一辑,北京大学出版社2005年版,第87页脚注27。

上也属于"门外之事"。这就出现了一个理解上的可能：…… "仁内义外"主张到底是以"门"为界限来划分内外呢，还是……的为界限来划分内外呢？若从告子所举例证来看，内外之别似乎就是门内门外之别；若从告子的解释中所使用的概念来看，内外之别则被理解为"我之内"与"我之外"之别。

当然，这个困惑可以合理地消除。从双方的辩论中我们可以看到，尽管告子所举例证似乎也相当一致地对应于以"门"为界限的内外之别，但是，就他的理解而言，他对于内外之别的划分是以"我"为界限的。也就是说，后一种理解更为恰当，更为合适，而且，需要指出的是，实际上，以"我"为界限来划分内外与以"门"为界限来划分内外并不是非此即彼（either/or）的关系。比如说，我们都知道，存在着这样的看法：在某种意义上，我就是我的世界。或者更具体地说，当一个人的自我认同与他或她的伦理生活的某种界限直接关联起来时，两种划分就可能重叠。在这个例子中，如果"门内"的伦理联系在最为重要的意义上构成我之为我，也就是说，家庭乃是构成自我认同的核心，那么，以"我"为界限划分内外就在这个意义上与以"门"为界限划分内外相互重叠了。我们不仅可以将这种看法合理地归诸告子，而且还可以指出一个同样合理的推断："仁内义外"说可能是一个根深蒂固的、广为流行的传统信念，尽管对这一观点存在着种种不同的理解，但是，以"门"为界限划分伦理生活的两个不同领域的思想与这一观点具有密切的关联，甚至可以说是这一观点产生的实践根基。❶由于孟子在一定程度上并不反对门内之治应以仁为主，门外之治应以义为主，所以，我们也可以断言，孟子与告子争论的焦点并不在此。

---

❶ 关于仁内义外说的广泛性，可以参考梁涛的观点，见《"郭店竹简与思孟学派"座谈会》，载《中国思想史研究通讯》，2005年第4期。

那么,孟子与告子所争论的究竟是什么呢?我们知道,孟子与告子最著名的争论是关于人性问题的。孟子主张"性善",前提是将"仁义"理解为人性所固有的:"仁义礼智,非由外铄我也,我固有之。"(《孟子·告子上》)而告子主张"性无善无不善",前提是将"食色"理解为"性",将"仁义"理解为并非人性所固有:"告子曰:'性,犹杞柳也;义,犹桮棬也。以人性为仁义,犹以杞柳为桮棬。'"(《孟子·告子上》)从这一语境可以很清楚地看到,孟子与告子关于仁义与内外的争论从属于他们关于人性的争论,具体而言,告子主张"仁内义外",是为了反对孟子"以人性为仁义"的观点,而孟子反对告子的"仁内义外",是为了说明"仁义"乃"我固有之"的观点。这就是说,告子是在反对孟子"以人性为仁义"的主张时诉诸"仁内义外"的传统观念的。这意味着,在孟子与告子有关仁义与内外的争论中,焦点在于仁义是否为人性所固有。这是我们理解这一争论的一个恰当的出发点。

让我们回到上引孟子与告子关于仁义与内外之争论的原始文献:"告子曰:'食色,性也。仁,内也,非外也。义,外也,非内也。'"乍看起来,告子在这里说到了两个问题:一是关于性;二是关于仁义与内外。但是,告子为什么要将这两个问题放置在一起呢?从语境的角度考虑,我们有理由提出这样的疑问。结合前面的分析,我们能够更为清晰地领会到,告子在这里的意图是要区分人性与仁义。他的意思是说,仁义有内外之别,而且只能从内外的角度来理解,而不能从是否为人性所固有的角度来理解,换言之,内外之别并非性有性无之别。告子这样说显然是有针对性的。告子试图说明,那种将"内"与"外"理解成"性之内"与"性之外"的看法是不妥的,也就是说,尽管以"我"为界限来划分内外是合理的，但是，这里的"我"并不等于"性"，"我之内"与"我之外"的分别并不等于"性之内"与"性之外"的分别。从孟子的言说中我们知道，孟子主张"仁义内在"的前提恰是将"我之内"与"我之外"的分别等同于"性之内"与"性之外"的分别。

为了回应孟子的辩难，说明"义外"的含义和合理性，告子使用了一个看起来非常一般的譬喻："彼长而我长之，非有长于我也。犹彼白而我白之，从其白于外也。"对告子的这一说法存在着一个可理解的脉络。如果敬长谓之义，那么，"长"之为"长"并非是因为"长于我"，而是因为"彼长"。因此，长者的"长"是一种客观的事实，就像白的事物的"白"是一种客观事实一样，二者都不是从"我"——也就是从"我之内"——来得到规定的。在此，"我白之"与"我长之"都只不过是对客观事实的认定而已：由于彼白，所以我白之；由于彼长，所以我长之，换言之，"我白之"只是"从其白于外"，"我长之"只是"从其长于外"。

而孟子对此提出了辩驳："异於！白马之白也，无以异於白人之白也。不识长马之长也，无以异於长人之长与？且谓长者义乎？长之者义乎？"首先需要说明的是，对这段话中的第一个"异於"存在着断句上的分歧。牟宗三在分析了在这个问题上的不同看法之后，认为可以将这两个字删去而不会影响语意。❶但是还有另外一

---

❶ 牟宗三说："此开头'异於'二字，朱注提及张氏以为是衍字，又提及李氏以为或有阙文。赵岐注则'异於白'点句，下接'马之白也无以异於白人之白也'。若如此，则行文语气太不整齐，不成语法，而且'马之白也无以异於白人之白也'语中之白字显然是形容词。但若不如此点句，则原文当读为'白马之白也无以异於白人之白也'，随上文'彼白而我白之'之'白之'来，如是此白马白人之白为动词，与下文语中长马长人之长为动词同，如此方可相对应而形成孟子之质问。但赵岐注之点句，则白为形容词，长为动词，与问语不相对应，语意不顺，故不从。若视为有阙文，则当如此补：（长之之长）异於（白之之白）。此虽可通，但不必要。因此，为简便起见，视为衍字而删之可也。盖语意已甚明矣。"见《圆善论》，学生书局1985年版，第12—13页。

种可能,即,这两个字既不是衍字,这里也没有阙文。由于"於"可以做语末助词,所以,可以在第一个"异於"之后直接断句(如本文所引)。❶这样,语意不仅通顺,而且更为明确,略作翻译如下:"不同啊!白马之白,同于白人之白。难道不明白长马之长,不同于长人之长吗?而且是说长者义呢,还是说长之者义呢?"

需要我们去理解并阐明的是,站在孟子的立场上,孟子对告子的反驳何以是一个成功的反驳。孟子在回应告子的陈述时提出了两个反问:(1)"白马之白也,无以异於白人之白也。不识长马之长也,无以异於长人之长与?"(2)"且谓长者义乎?长之者义乎?"首先来看反问(1)。辩论中的反问不同于一般的疑问句,只要不是出于反讽,这种反问总是能够清晰地呈现反问者的肯定性立场。在反问(1)中呈现出来的孟子的肯定性立场是:白马之白,同于白人之白;而长马之长,不同于长人之长。也就是说,孟子认为,告子所使用的譬喻不当。告子将"长"与"白"作了一个类比,通过说明"白"是"从其白于外",从而来说明"长"是"从其长于外",由此说明"义外",所以他说:"彼长而我长之,非有长于我也。犹彼白而我白之,从其白于外也。"而孟子则明确指出:不能像理解"白"那样来理解"长"。这是孟子反驳告子的关键所在。那么,"长"这样的概念与"白"这样的概念,到底有何不同呢?我们说,白马之白,之所以同于白人之白,是因为"白"是一个普遍化的概念,也就是说,"白"受限于一个事物域,"白之谓白",是从"白马"、"白人"等具体事物中抽象出来的;而"长"则不同,"长"是一个形式化的概念,它并不像"白"一样受限于一个事物域,而是一种纯粹的关系指示词。很明显,我们并不能够从

---

❶ 事实上已经有人这样断句了,参见裴学海:《古书虚字集释》(上),中华书局2004年版,第61页。

"马之长"、"人之长"中抽象出一个共同的"长",而是必得通过诉求某种关系才能够理解"长之为长"。或者说,"长"作为一种意义现象,属于意向性活动本身,而不是来自所意向的对象本身,正是长之者的意向内在地构成了长者之长;相比之下,"白"作为一种意义现象,并非来自意向性活动本身,而是关联于所意向的对象本身。需要提及,在"生之谓性"章的争论中,孟子恰恰也是对告子将"性"这样一个形式化的概念误解为像"白"这样一个普遍化概念的做法提出了质疑,从而成功地反驳了告子。❶应该说这是告子在概念理解上一贯存在的问题。

联系那段争论中所举的例子,我们可以说,正如白玉之白与白雪之白、白羽之白相同,而犬之性与牛之性、人之性却不相同一样,白马之白与白人之白相同,而长马之长与长人之长却不相同。如果说"白"作为一个普遍化的概念对应于某种不依赖于关系的客观事实,那么,"长"作为一个形式化的概念必须牵涉于长者与长之者之间的关系。或者说,长者与长之者之间的关系,内在地构成着长者之长,而白者之白却并非由白者与白之者之间的关系内在地构成。具体而言,长马之长一定是相对于幼马而言,长马之长来自于与幼马的对比;而长人之长也一定是相对而言的,看起来"长"与"白"一样都指涉客观的事实,但实际上,要认定"长"的事实必须回溯长者与长之者之间的关系。比如说,我的父母对我而言乃是长者,但对我的祖父母而言却不是长者。当然,这种相对性并不意味着长者之长没有客观性。长者之为长者不仅建基于长之者的认定,而更建基于一个实际伦理生活的共同视阈,换言之,长者之

---

❶ 胡塞尔提出了形式化与普遍化的区分,在疏理"生之谓性"章时,我已经阐述了他的这一思想,并凭借这一思想对那段辩论提出了更为恰当的解释。参见本书《道德的化约》部分。

长建基于长者与长之者的客观的关系。

　　至此，针对告子提出的"彼长而我长之，犹彼白而我白之"的论据，孟子做出了成功的反驳。孟子表明，告子这里对"长"（关联于对"义"的理解）这一概念的理解存在着错误，"长"并不像"白"一样是完全外在的、客观的，而是牵涉于长者与长之者的关系。反问（2）显然是更进一步的追问。既然"敬长谓之义"，既然长者是在与长之者的关系中才成为长者，那么，"义"之践履者，也就是"敬长"之践履者，就只能是与长者相对的长之者。不仅对长者的认定必须关涉于长之者，而且，"义"之德行乃是由长之者而发出，这意味着长之者本身有能力"敬长"，也就是，"义"之德行内在于长之者本身，或如《孟子注疏》云："长者在彼，长之者在我，而义自长之者生，非自长者生也。"告子本来希望通过说明"长"是"从其长于外"从而来说明"义外"，而孟子通过对告子所使用论据的成功反驳，指出了"义"的内在性，也就是说，在孟子看来，"义"，像"仁"一样，也是植根于人的本性之中的。

　　这是双方在这个问题上的第一个交锋。在遭到孟子的反驳之后，告子对"仁内义外"又提出了一个新的解释："吾弟则爱之，秦人之弟则不爱也，是以我为悦者也，故谓之内。长楚人之长，亦长吾之长，是以长为悦者也，故谓之外也。"首先需要我们注意，告子的新解释与双方第一个交锋之间存在着某种语境联系。告子本来想从"长"是"从其长于外"来说明"义外"，但孟子对此提出了反驳。在孟子的反驳中指出了这样一个论点：要理解"长"，必须诉求长者与长之者之间的关系，正是长之者对长者与他或她自身的关系的意向性领悟内在地构成着长者之长。而告子的新解释正是着意于长者与长之者的关系：爱吾弟不爱秦人之弟，长吾长亦长楚于我们能够看出，告子不仅听懂了孟子的反驳，甚而至于他的反驳所达到的……有效性，因为告子的新解释显然是以孟子的反驳为基础的。我们可以通过补充一些潜台词来还原他提出的新解释："（好的，就算我承认你说得对，只有从求长之者与长者之间的关系才能够理解长者之长，然而仁内义外还是有理由的。）我爱我自己的弟弟，但不爱秦人的弟弟，这里所着意的是我自己（的喜悦），故而说'仁内'；我敬楚人的长辈，也敬我自己的长辈，这里所着意的是长辈（的喜悦），故而说'义外'。"告子在放弃了"长"与"白"的类比论证之后，又一次向孟子提出了挑战。但是，告子的这段话常常被想当然地对待。实际上，这一挑战的锋芒所在，并不是那么显而易见的。表面上看来，主张"仁内义外"的告子与主张"仁义内在"的孟子双方的分歧在于告子在主张"仁内"的同时又主张"义外"，而孟子不仅主张"仁内"，而且也主张"义内"。这种说法当然不能算错，但是，这种说法并没能将双方分歧的实质与关键揭示出来。告子所质疑的，其实首先是孟子所持的内外观念，也就是说，更基本的分歧在于对"内"与"外"的不同理解。告子这里用"以我为悦者"来说明"内"，用"以长为悦者"来说明"外"，他的意思其实是说，内与外并不是指内在与外在，换言之，"仁内"并不是指"仁内在于人的本性"，而"义外"也不是指"义外在于人的本性"，而是说，有两种不同的伦理联系，相应地也有两种不同的美德，"仁"着意于"我"（的喜悦），对应于像兄弟这样的伦理联系，而"义"着意于"我之外的人"（的喜悦），对应于像长幼这样的伦理联系。这构成了对"仁内义外"的一种解释。

从告子的言说中我们可以勾画出他对孟子的批评的主要脉络：

自律的挪用

孟子反对"仁内义外",主张"仁义内在",他将"仁内义外"说中的"内"与"外"误解为"性之内"与"性之外",也就是说,孟子的"仁义内在"不等于"性之内","我之外"并不等于"性之外"。"我说,"仁"与"义"对应于不同类型的伦理联系,二者意的一个在内,一个在外。一言以蔽之,告子认为,孟子针对"仁内义外"说而提出的"仁义内在"说将内外问题与人性问题混为一谈,这种观点是错误的,因而也不能够用来说明仁义内在于人的本性。

针对告子提出的"仁内义外"说的新解释,孟子并没有正面回应,而是也使用了譬喻的方式来说明自己的立场:"嗜秦人之炙无以异於嗜吾炙也。夫物则亦有然者也,然则嗜炙亦有外与?"用现代汉语来说就是:"喜食秦人的烤肉与喜食自家的烤肉没有什么不同,事物也都是这样,那么,喜食烤肉难道也有什么不同吗?"

即使是这一反问的字面意义,也不是那么显而易见的。让我们对孟子的这一答语逐字逐句地做一语义分析。首先,何以谓"嗜秦人之炙无以异於嗜吾炙也"?将孟子这里隐含的论据陈述出来,会使他的观点更加明确。孟子这里的意思无非是,尽管"秦人之炙"与"吾炙"关联于不同的所有者,但是,一方面,秦人与我都是人,另一方面,"秦人之炙"与"吾炙"都是炙,这就意味着,就炙之为人所嗜而言,或者说就炙之口味而言,"嗜秦人之炙"与"嗜吾炙"没有什么不同。换言之,"嗜秦人之炙"与"嗜吾炙"都是"嗜炙",而口有同嗜则是其根本原因。这就是所谓"嗜秦人之炙无以异於嗜吾炙也"。其次,何以谓"夫物则亦有然者也"?此处的"然"显然是指前文对"炙"的言说,而此处的"物"则是由前文中的"炙"引申出来,也就是说,前文对"炙"的言说可适用于一般意义上的"物"。因此,孟子这里是将前文对"炙"的言说普遍化为对一般事物的言说:任何物类,就其能够成为人类的欲求对象而言,主要依赖于人类所具有的共同的欲求能力。最后,也是最要紧的,何以谓"然则嗜炙亦有外与"?既然已经说明,欲求总是植根于人的内在能力,而正是人类共同的欲求能力的发用——也就是共同的欲求活动——使得某一物类成为欲求的对象,那么,尽管欲求的对象是在外的,而且可能关联于不同的所有者,但也不能够说欲求本身是在外的,质言之,"嗜炙"之"嗜",只能从人的内在的欲求能力得到解释。

我们知道,"嗜炙"的例子是孟子为了回应告子而使用的一个隐喻,所以,最终需要领会的是隐喻的力量。很显然,"秦人之炙"与"吾炙"对应于"楚人之长"与"吾长",而"嗜"对应于"长"。根据以上的分析,我们能够概括出孟子对告子辩驳的要点:"长楚人之长"与"长吾长"就"长之"而言没有什么不同,尽管所长的对象不同,正如"嗜秦人之炙"与"嗜吾炙"就"嗜之"而言没有什么不同,尽管所嗜的对象不同;因此,也不能够说"长"是在外的,因为"长之"的能力内在于"长之者",正如不能够说"嗜"是在外的,因为"嗜之"的能力内在于"嗜之者"。在孟子看来,无论是"长楚人之长",还是"长吾长",关键都在于"长之者"的"长之"活动,而"长之"活动则植根于"长之者"内在的"长之"能力。如果"长之"活动体现的就是"义"的德行,那么,就不能说"义外",因为正是"长之者"的内在欲求能力的发用成就了"义"之德行。"义"之德行植根于人内在固有的欲求能力,也就是,植根于人性。从中可以看出,孟子的反驳并没有直接针对"爱吾弟不爱秦人之弟",而是直接针对"长楚人之长亦长吾长"。质言之,尽管"爱"与"长"有所不同,但是,

自律的挪用 **81**

二者都植根于人内在固有的欲求能力，也就是人性；就此而言，不能够说"仁内义外"，而是"仁义皆内"。"长楚人之长亦长吾长"其实并不是"以长为悦者"，而是与"爱吾弟"一样，也是"以我为悦者"，而"以我为悦者"的"悦"的根源在于人性。植根于人性的"爱"与"长"（或"敬"），也就是仁与义，都是"悦我心"者。这样，孟子又回到了他所坚持的"仁义"乃"我固有之"的观点。

　　需要指出的是，孟子强调"仁义皆内"，并不意味着他否认仁义之德行总是涉及外在对象。实际上，正是由内在的人性发乎其外，才造就了仁义之德行。在对《告子》篇"食色性也"章的疏解中，孙奭说："此章言事者虽从外，行其事者皆发于中，明仁义由内，所以晓告子之惑者也。"❶也就是说，"爱"与"敬"之能力在我之内，而"所爱"与"所敬"之对象当然在我之外，就"爱"与"敬"之能力而言，二者皆内；就"爱"与"敬"之事体或"所爱"与"所敬"之对象而言，二者皆外。告子的错误在于将"爱"与"所敬"对举，从而主张"仁内义外"。很明显，如果我们反过来将"所爱"与"敬"对举，还可能得出"仁外义内"的错误结论。其实在《墨子·经说下》对"仁内义外"说的批评中我们可以看到类似的论述："仁，爱也。义，利也。爱利，此也；所爱所利，彼也。爱利不相为内外。所爱所利亦不相为外内。其为仁内也，义外也，举爱与所利也，是狂举也。"尽管这里用"利"来解释"义"有别于强调"义利之辨"的儒家思想，但是，对"仁内义外"说的这个批评却是一针见血的。从这个角度我们还能注意到，告子主张"仁内义外"会导致一个非常严重的后果，那就

---

❶ 见《孟子注疏》，十三经注疏本，中华书局1980年版，下册，第2748页。

是仁义两橛，或者说仁义二本。❶

对这场辩论的解释，还存在一个问题：告子与孟子讨论的是仁义与内外的问题，背后涉及到双方对人性的不同看法，但是，孟子何以要用"嗜炙"的譬喻来回应告子的论点呢？我们已经指出，告子的立场是，孟子将人性问题与内外问题混为一谈，因而才出现了"以人性为仁义"的主张。我们也知道，"食色，性也"是告子关于人性的一个核心主张。由此可见，孟子诉诸一个与"食欲"有关的例子（"嗜炙"），与告子的人性主张直接相关。首先必须指出的是，我们不能够笼统地说孟子反对告子"食色，性也"的主张，事实恰恰相反，在某种意义上，孟子并不否认"食色，性也"的观点。孟子曾说："口之于味也，目之于色也，耳之于声也，鼻之于臭也，四肢之于安佚也，性也，有命焉，君子不谓性也。仁之于父子也，义之于君臣也，礼之于宾主也，智之于贤者也，圣人之于天道也，命也，有性焉，君子不谓命也。"（《孟子·尽心下》）这就是说，"食色"之欲与"仁义"之德皆来自天命，因而皆可归入人性的范围（既然承认"天命之谓性"），但是，君子立命存性，须将二者划分，也就是，将后者合理地归于"性"，而将前者合理地归于"命"。这就意味着，孟子在某种程度上认可告子"食色，性也"的观点。因此，孟子以"嗜炙"为例，其实隐含着对告子的更进一层的反驳：就算我承认"食色，性也"的观点，就算喜欢美味美色（食色之欲）可归入人性，但是，不能够说这里的"喜欢"（"欲求"）是外在的，尽管美味美色作为喜欢的对象（"所欲"）多

---

❶ 孟子在批评墨者夷之"爱无差等，施由亲始"的观点时说："且天之生物也使之一本，而夷子二本固也。"（《孟子·滕文公上》）他的意思是，兼爱之爱需有一本，爱亲之爱又需一本，二者缺乏统一的基础。如果认为"爱亲"（对应于"仁"）与"敬长"（对应于"义"）一内一外，则也难免于"二本"之谬。

种多样，个个不同；而且，根本上来说，是人类共同的品味使得某些东西成为美味美色。如果说味道与颜色是事物的性质的话，一方面，必须指出，这些性质依赖于人的感官能力，另一方面，味道之美与颜色之美却不能说是事物的性质，而是来自人类的共同品味。

孟季子与公都子的争论，基本上没有呈现出太多新意，但还是有一些独特之处，所以，仍然有必要对这一争论做一简单概括。首先，正是在对这一争论的叙述中，我们看到了对"义内"的一个非常明确的解释："行吾敬，故谓之内也。"这一解释和前文中我们对"义内"之意义的澄清是完全一致的。尽管"所敬"的对象是在外的，但"敬"的能力却是在内的，所以，主张"义内"，就是着意于使义之德行得以可能的人的内在能力。其次，孟季子从"敬兄但先酌乡人"的伦理生活事实出发，以"所长在彼"与"所敬在此"来区分"敬乡人"与"敬兄"，从而构成了他主张"义外"、反对"义内"的一种论说脉络。这里的"敬乡人"属"义"，"敬兄"属"仁"，很显然，这与告子在"爱吾弟不爱秦人之弟，长楚人之长亦长吾长"的陈述中对"仁"与"义"的不同刻画基本一致，尽管这里所使用的动词都是"敬"。由于彼与此是对应于外与内的，所以，"所长在彼"与"所敬在此"的区分就意味着"仁内义外"。这一论说当然就是导致"公都子不能答"的缘由所在。所以，孟子在这里所面临的挑战就是，如何站在"仁义皆内"的立场上，或者说，至少是在与"仁义皆内"不相冲突的立场上，来解释"敬兄但先酌乡人"的伦理生活事实的合理性。对此，孟子的回应也非常清楚。他通过平时"敬叔父"而不"敬弟"，但"弟为尸"时则"敬弟"的例子来说明，平时"敬兄"但饮酒时"先酌乡人"的理由在于："在位故也。庸敬在兄，斯须之敬在乡人。"这一解释中隐含的意义是，平时"敬兄"，酌时先"敬乡人"，其差异并不在于一者是"兄"，一者是"乡人"，而在于"兄"与"乡人"在时机化的实际伦理生活中"在位"的差异，也就是"庸"与"斯须"的差异。这也从一个方面表明，不同的伦理意蕴脉络蕴含不同的行为指向，而不同的时机是刻画这些差异的恰当方式。这一解释显然与"仁义皆内"的立场没有直接的关联，只是在一定意义上化解了来自反对立场的一种解释而已。❶ 于是，孟季子在听到孟子的回答后，就孟子所举之例继续发难："敬叔父则敬，敬弟则敬，果在外，非由内也。"仔细分析一下，孟季子这里的意思是，因为是叔父，所以才敬叔父，因为弟为尸，所以才敬弟，或者更明确地说，如果不是因为弟为尸，就没有理由敬弟了，这不就意味着敬在外吗？公都子的回答基本上也不错：所饮的东西当然是在外的，无论所饮的是"汤"还是"水"，但"饮"的能力却是在内的；同样，所敬的对象当然是在外的，无论所敬的是"叔父"还是"弟"，但"敬"的能力却是在内的。

综上所述，孟子论"仁义皆内"的要点在于强调，"义"与"仁"一样，都出自人性，但这样说并不意味着"仁"与"义"没有差异，只不过是说，"仁"与"义"之间表现出来的差异，并非一者在内一者在外的差异，而是不同的伦理意蕴脉络所导致的差异。不同的美德都在人性处有其根源，这一方面避免了"二本"的支离，另一方面也使美德的统一性得以可能。于是，一个能够统摄诸美德的、伦理意义上的"心"的概念，就呼之欲出了。不同的伦理意蕴脉络意味着不同的美善，需要不同的美德与之相应。这就要求"心"通过"思"（心之官则思）在时机化的实际处境中提出审

---

❶ 值得注意的是，这一解释会自然地引出对"庸"的意义的追问。另外，"庸敬"与"斯须之敬"的区别可以与"经"与"权"的区别相比较。

慎的综合。当然，无需多说，这里的心之思是实践之思，伦理之思。除了合理地承认美善的多样性之外，孟子还主张人类对美善之感受的共通性，即所谓"心之所同然"。从孟子与告子的争论中呈现出来的共通感思想，是孟子思想中的一个相当重要、但一直被忽略的主题。

从来就没有被注意到的是，孟子是通过趣味的共同性来阐述"圣人与我同类者"的观点的。为了将提出这一观点的完整语境呈现出来，有必要将《孟子·告子上》的第7章全部引述如下：

> 孟子曰："富岁，子弟多赖；凶岁，子弟多暴。非天之降才尔殊也，其所以陷溺其心者然也。今夫麰麦，播种而耰之，其地同，树之时又同，浡然而生，至于日至之时，皆熟矣。虽有不同，则地有肥硗，雨露之养、人事之不齐也。故凡同类者，举相似也，何独至于人而疑之？圣人与我同类者。故龙子曰：'不知足而为屦，我知其不为蒉也。'屦之相似，天下之足同也。口之于味，有同嗜也，易牙先得我口之所嗜者也。如使口之于味也，其性与人殊，若犬马之与我不同类也，则天下何嗜皆从易牙之于味也？至于味，天下期于易牙，是天下之口相似也。惟耳亦然，至于声，天下期于师旷，是天下之耳相似也。惟目亦然，至于子都，天下莫不知其姣也；不知子都之姣者，无目者也。故曰：口之于味也，有同嗜焉；耳之于声也，有同听焉；目之于色也，有同美焉。至于心，独无所同然乎？心之所同然者，何也？谓理也，义也。圣人先得我心之所同然耳。故理义之悦我心，犹刍豢之悦我口。"

看起来我们可以很轻易地对孟子的这一看法提出反驳，如果我们倾向于认为人的口味其实并不相同的话。但是，孟子在此所提出的观点意义重大。尽管像"圣人与我同类者"与"理义之悦我心，犹刍豢之悦我口"这样的名言常常被学者们所引用，但在具体的理解上，"圣人与我同类者"这个观点的真实意涵也非常容易被忽视。换言之，在许多情况下，单单引用观点而不及对观点的具体说明，会有断章取义之嫌。

虽然我们可以笼统地说，孟子的"圣人与我同类者"的观点建立在一个普遍人性的概念之上，但是，从引文中我们也能够看到，孟子对这一观点的具体说明是：不仅人的味觉、听觉、视觉"有所同然"（口有同嗜，耳有同听，目有同美），而且人的心觉也"有所同然"（"心之所同然者，谓理也，义也"，或可谓之"心有同善"）。看起来，"心觉"乃是一种与思想与知识有密切关系的独特的知觉（"心之官则思"），由此我们可以将"心觉"与一般的感觉区分开。首先需要澄清的是，笼统地说孟子这里主张的是感觉与心觉的共同性是引人误解的。孟子这里的意思主要并不是指人类的感觉与心觉是一样的，就好像说，我们每个人去品尝某坛醋都能够一致地感觉出酸。实际上，必须引入"趣味"的概念才能够真正理解孟子这里的意思，也就是说，无论是"口有同嗜，耳有同听，目有同美"，还是"心有同善"，说的都是趣味的共同性。而趣味的共同性只能来自趣味的共通性。因此，这样来表述孟子的主张可能更为恰当：我们对于悦口的、悦耳的、悦目的乃至悦心的东西的感知都是共通的。要主张趣味的共通性，就不能不提到"共通感"的概念。实际上，我们可以说，上引文献中所呈现出来的恰恰是孟子的共通感思想。

趣味有好坏之分，主张趣味具有共通性，其意思是说，人对于趣味之好坏的感觉与知觉是共通的。人人都能够品尝出某坛醋的酸味，这丝毫不涉及趣味的问题；人人都能够品尝出某坛醋的美味，这就隐含着一个趣味判断。趣味要能构成判断，必须以共通感为前提，换言之，对趣味之好坏的感知具有共通性，其基础就是共通感。但是，共通感真的存在吗？人类的趣味真的一致吗？我们常常看到的似乎相反：无论是在同一个共同体之内，还是在不同的共同体之间，都存在着趣味上的巨大差异：不仅在味觉、听觉、视觉等感觉方面是如此，而且在对美善的感知上也是如此。要恰当地理解共通感的意义，关键的一点在于，不能够简单地诉诸经验的普遍性来解释趣味的共同性。趣味判断之所以可能，并不是建立在实际的共同经验之上，而是建立在某种具有祈使力量或规范力量的可能性之上。也就是说，共通感并不是指每个人的实际趣味具有共同性，用康德的话来说，奠基于共通感的趣味判断"包含着一个应当"，"它不是说，每个人将会与我们的判断协和一致，而是说，每个人应当与此协调一致。"❶需要强调的是，正如我们上文已经提到的，趣味的共同性只能来自趣味的共通性。所谓"共通性"，实际上就是指"可传达性"，也就是说，共通感所谓的趣味的共同性实际上来自趣味的可传达性，趣味的可传达性乃是趣味能够构成判断的关键因素。❷

至于趣味判断中祈使力量或规范力量的来源，或者更一般地说，共通感本身的来源，存在着两种不同的说明：一是诉诸人的感知倾向的共通性；二是诉诸共同体对人的感知倾向的影响的一致

---

❶ 康德：《判断力批判》（5：239），邓晓芒译，杨祖陶校，人民出版社 2002 年版，第 76 页。

❷ 我想，这也是前辈学者将"sensus communis"译为"共通感"而不是译为"共同感"的缘由所在，换言之，中译的"共通感"是深得要领的。

性。前者基本上是一种人类学的说明,就像孟子那样,一个普遍人性的概念可以被用来说明人的感知倾向的共通性,换言之,将之归于人的类特征。当然,这种可以恰当地称之为哲学人类学的观念也可以合情合理地加上一个宗教性的或神学的前提,比如说,如果将"天命之谓性"的思想考虑进来,我们就可以合情合理地说,共通感根本上说来自于天命。又比如说,在西方,斯多葛派的共通感概念就有某种"自然正当"(或译"天赋人权")的意味,而18世纪德国路德派新教牧师厄廷格尔则将共通感归之为"上帝的恩典"。❶ 康德对共通感的理解在某种意义上也是采取了人类学的进路,因为他认为共通感"出自我们认识能力自由游戏的结果",更明确地说,是人类的想象力与知性"这两种内心能力的相称"。❷ 这种进路的问题在于,仅从人的感知倾向的共通性来说明共通感的来源,即使不是有所欠缺,也是在某些方面有所忽视的。这一点典型地表现在康德对共通感的理解中。正如伽达默尔所批评的,康德对共通感的理解有"抽象化"、"彻底主体化"之嫌,因为康德否认趣味判断具有任何认识意义,这就意味着说,共通感以及奠基其上的趣味判断无关乎客观对象,无关乎真理与知识,仅仅在于主体的认识能力在情感层面上的自由协调活动。❸

为了更为有效地说明趣味的一致性,许多思想家倾向于将共通感的概念与共同体的概念紧密地联系在一起。比如说维柯,他通过共通感来理解民族;比如说阿伦特,她通过共通感来说明政治空间的公共性。而伽达默尔则强调共通感原本的伦理意味,他说:"人

---

❶ 参见伽达默尔:《真理与方法》,洪汉鼎译,上海译文出版社1999年版,第27、37页。
❷ 康德:《判断力批判》(5:238),邓晓芒译,杨祖陶校,第74、75页。
❸ 伽达默尔:《真理与方法》,洪汉鼎译,第54页以下。

的道德的和历史的存在,正如它们在人的行为和活动中所表现的,本身就是被共通感所根本规定的。"❶ 非常值得一提的是,伽达默尔将共通感的概念追溯到亚里士多德,将之作为对"人天生是一种政治的动物"的一个注解,具体而言,共通感的意义不仅体现在亚里士多德的"城邦"概念对于实践生活的重要性上,而且更重要的体现在亚里士多德对实践之知(phronesis)与理性之知(sophia)的著名区分上。这一看法的关键之处在于将共通感或者说趣味判断中的祈使力量或规范力量与共同体的实践生活紧密地联系起来了,换言之,社会习俗的存在乃是共通感的前提条件,而实践之知作为与社会习俗的存在直接相关的一种知识,正是以共通感为基础产生出来的。这样,社会习俗的存在、共通感与实践之知就恰当地构成了诠释的循环。这就意味着,以共通感为基础的实践之知乃是一种知,也就是说,具有认识意义,是某种类型的真理与知识的真正来源。当然,必须强调指出的是,这种实践之知之所以不同于理性之知,乃在于其临时性与或然性。实践之知并非对于永恒事物的认知,而是在变动不居的实际生活处境中呈现出来的、关联于行动之具体情境的或然性知识,也就是说,实践之知的认知对象是就其本性而言总在不断变化着的、与社会习俗的存在密切相关的实践事务。这样,对美善的认知就只能是临时的、或然的。亚里士多德反对柏拉图的"美善理念",其关键就在于此(因为理念在柏拉图那里恰恰要被归于永恒事物)。正因为如此,伽达默尔指出,奠基于共通感的趣味在西方历史上本来就是一个"伦理概念","描述一种真正的人性理想",与"完美的人"、"教化社会"等概念密切相关;也正因为如此,伽达默尔将亚里士多德的伦理学归入那种以美

---

❶ 伽达默尔:《真理与方法》,洪汉鼎译,第28页。

好的趣味为核心意旨的伦理学。❶

　　在对共通感的来源的两种说明之间，存在着明显的张力。人的类特征与诉诸共同体看起来极为不同，前者关联于人性的普遍性，无论这种人性是来自自然，还是来自上帝，后者关联于共同体的独特性，尤其是在承认文化多元的事实的情况下。伽达默尔指出，罗马古典作家的共通感概念具有明显的批判意味，"这些古典作家面对希腊的文化而坚持他们自身政治和社会生活传统的价值和意义。因而这是一个具有批判性的声调，一个旨在反对哲学家理论思辨的批判性声调。"❷诉诸人的类特征看起来能使共通感合理地超越任何共同体的界限；诉诸共同体看起来能使共通感合理地破除由抽象化带来的普遍性迷雾，而且似乎更为明确地解释了共通感中的祈使力量或规范力量的客观来源。实际上，既然我们已经指出，趣味的共同性并不是指经验意义上的普遍性，而是来自趣味的共通性或可传达性，那么，这种张力就不仅是可理解的，而且也能够是积极的。这里的关键问题是，我们不应将共同体看作是现成的。这不仅意味着共同体的实践生活总是变动不居的，而且也意味着，共同体其实就是共通体，她在对美好趣味的不断培育、陶养过程中逐渐走向成熟。共通感造就真实的共同体，共同体维系共通感的真实境域。

　　在孟子那里，我们看到的显然是前一种思路。孟子是用感觉的"有所同然"来引出心觉的"有所同然"的，也就是说，感觉的"有所同然"基本上是被孟子当作更容易被说明的共识来看待的。心觉的有所同然看来并不显然，所以需要通过与感觉的有所同然相类比加以说明。由此，我们可以概括出"圣人与我同类者"这一观

❶ 伽达默尔：《真理与方法》，洪汉鼎译，第44、51页。
❷ 伽达默尔：《真理与方法》，洪汉鼎译，第28页。

实内涵:圣人与我,在感觉与心觉上都是"有所同然"的,换言之,人类的感觉与心觉都是"有所同然"的;若要追究这种种"有所同然"的缘由,则须诉诸普遍的人性。用"趣味"的概念来说明"悦我心"的"理义"看起来有点怪异,但这只不过是因为,在现代,"趣味"的概念已经退化为一个美学的概念了。尽管用"趣味"的概念来说明"理义"能够从独特的视角将其真实的内涵呈现出来,但是,为了避免引起不必要的误解,我们可以采取另一种方式来表述孟子的主张:人类对于美善的感知具有共通性乃至共同性,换言之,人类具有共通的乃至共同的伦理旨趣。这一观点对于理解孟子乃至儒家的伦理思想至关重要。对于像牟宗三那样以道德主义的眼光来看待儒家思想的人来说,在此的诠释策略是,挪用康德意义上的道德兴趣(moral interest)或道德愉悦(moral pleasure)概念来理解孟子的"理义之悦我心"。❶ 对此,必须指出的是,这种理解仍然是将人伦之理化约为抽象道德,换言之,"理义之悦我心"中的"理义"并不是抽象的道德之理,而是以具体、切己的人伦之理为基础的,因而"理义之悦我心"中的"悦"也不同于康德意义上的道德兴趣或道德愉悦,而是以真实、切己的天伦之乐为基础的。

三 "仁义内在"与自律道德

牟宗三认为,孟子的"仁义内在"说最能表明儒家是主张自律道德的。他不仅肯定自律道德,而且在道统的高度上肯定自律道

---

❶ 康德区分了病理学上的兴趣(pathological interest)与道德兴趣,也区分了病理学上的愉悦(pathological pleasure)与道德愉悦。

德,将之作为道统确立的一个要义:"'仁义内在'并非易明。……一如西方论道德,康德前皆是他律,至康德始主自律。在中国,自孟子首主仁义内在以斥告子之义外,此后唯象山阳明能继之而不违,并能明白而中肯地道出其所以然。其余如伊川与朱子便已迷失而歧出,其余虽不违,亦未能如象山阳明之深切著明乎此也。可是如真不明白'仁义内在',便亦不能真确立'性善'。"❶将自律道德作为儒家精神的根本特征,这一看法引起了一些外部批评,但在儒家学者内部获得了广泛的承认,产生了很大的影响,甚至被誉为是"当代中国思想界对儒学最具开创性的诠释"❷。

挪用道德自律的概念来阐释"仁义内在",似乎不需要太多的论证,因为只要将"仁义"对应于"律",也就是道德法则,将"内在"对应于"自",也就是自由自主,上述阐释看起来就顺理成章了。于是,"仁义内在"就被理解为人自己主动地、自由地以道德规范自己。正是以这一核心的"洞见"为基础,牟宗三引入了事实与价值、知识与道德的区分来解释《孟子·告子》中关于仁义与内外的两段争论。

对于告子与孟子的争论的第一个回合,牟宗三指出,其关键在于,白马白人之白是事实问题,是关于马与人的知识,而长马长人之长则是价值问题,是对于马与人的道德态度:"显然对于老马,我虽以老马视之,有怜恤意,但却无尊敬意,而对于长者之以长者视之,却有尊敬意。此中并不能无异也。此显然与对彼白马白人而白之不同。对彼白马白人而白之是事实问题,而尊敬长者则是道德上的应当问题。"❸这一解释看似有理有据,实则大谬不然。首先,

---

❶ 牟宗三:《圆善论》,学生书局1985年版,第19页。
❷ 李明辉:《儒家与康德》,联经出版事业公司1990年版,第12页。
❸ 牟宗三:《圆善论》,第14页。

自律的挪用

牟宗三在这里没有理解孟子驳语的含义。如上文所述,孟子这里的意思是强调,像"白"这样的概念与"长"(在另一个争论中是"性")这样的概念根本上不属于同一类概念,我们能够说"白马之白无以异于白人之白",但不能够说"长马之长无以异于长人之长",正如我们不能够说"犬之性无以异于牛之性,牛之性无以异于人之性"一样。究其原因,乃在于白马白人之白是普遍化的概念,而长马长人之长则是形式化的概念;前者通过具体的内容得到明确的限定,而后者实际上是一种关系的指示。牟宗三在这里杜撰出"怜恤"与"尊敬"的差异来说明"长马"与"长人"之差异,纯属臆解。长马之长与长人之长的区别并不在于一个作为道德主体的人对待一匹老马与对待一个老人的不同的道德态度,而是说,要理解长马之长与长人之长,就必须分别追问使得长马成为长马的那种长幼关系,使得长人成为长人的那种长幼关系。长马之长之所以不同于长人之长,是因为使得长马成为长马的那种长幼关系不同于使得长人成为长人的那种长幼关系。其次,认为长马长人之长无关乎知识的看法,也是没有道理的。形式化的概念本身也构成一种知识的或真理的形态。当我们说"这匹马是一匹老马"或"这个人是一位老人"时,难道这不就是关于这匹马或这个人的一种知识性陈述吗?难道这不就是关于这匹马或这个人的一种或真或假的判断吗?再次,事实与价值的区分是西方近代以来出现的一种内在于西方伦理世界的历史性反思,贸然地将之应用到先秦时期的中国思想家身上,非常不合适。这里的关键不在于可能有时代错误,也不在于"以西释中"的方法论问题,而在于事实与价值的区分本身所隐含的东西。事实与价值的区分并不仅仅是一个逻辑问题,像休谟所提出的那样,实际上,事实与价值的区分意味着生活世界的分裂。无论对于一个人而言,还是对于一个民族而言,"是"与"应当"

一起来。……个人或这个民族再也无法将自身的存在与本质统……而只能表现为一种……盾，再也不是作为一种积极的推动力量，代价。……状态，最终只能以本质的彻底丧失为

对于告子与孟子争论的第二个……牟宗三甚至不认为孟子的辩驳是成功的。对于孟子所举"嗜炙"之例，牟宗三提出了异议："孟子此例亦只是以一般常情而论。其实嗜炙既是口味问题，亦不必有同嗜，此同嗜之同并无必然性。"❶这是一个非常轻率的评价，表明牟宗三没有领会"圣人与我同类者"的真实内涵，错失了孟子的共通感思想。不能够真正理解孟子所主张的美善的共通性或共同性，就不能够真正理解"理义之悦我心"中的"理义"。对于告子的观点，牟宗三概括、评价说，"其要点只在义随客观事实而定，故谓之外。客观是什么，我就应当说它是什么。这种应当之义是由客观事实而定，亦可以说由认知之知识而定，亦可以说是'义者宜也'之义，例如冬天宜于裘，夏天宜于葛，凡此皆无道德的意义。仁义本来是道德的事，但告子实在论的态度，讲来讲去，却把道德意义的'义'讲没了。"❷显然在牟宗三看来，孟子与告子在这里争论的焦点仍在于知识与道德的区别，或者说事实与价值的区别。从上文的疏理可知，孟子其实并不反对仁义之德行、事功有其客观的一面。无论是体现为"爱亲"的"仁"，还是体现为"敬长"的"义"，恰恰都是以某种客观事实（"亲"或"长"）为基础的。我之所以孝敬我的父母，首先是因为他们是我的父母，我是他们的儿子，同样，我之所以关心我的朋友，首先是因为他或她是我的朋友。忽略这里的"是"所指涉的客观事实，主张一种没有存有之根

---

❶ 牟宗三：《圆善论》，第15页。
❷ 牟宗三：《圆善论》，第15页。

基的道德关怀，恰恰不符合孟子乃至儒家的……孟子实际上是要说明，就"仁义"作为美德而言……有其根基，不能因为仁义之德行、事功发于外，……之德行完全无关乎客观的存由此走向另一个极端，仿佛……意味着"仁"与"义"这两种美德的有。如果说共同的人性……某种共同性，那么"仁"与"义"之间的差异则更多地来自二者所对应的"客观存有"的差异。牟宗三将孟子的思想完全内在化的解释是不妥的，可以合理地设想，"义者宜也"的看法一定会得到孟子的同意，他所引用的"义者宜也"的训释也不能简单地理解为"冬天宜于裘，夏天宜于葛"之类的"应当"。应当（ought to be）恰恰是存有（to be）的一种展现方式，必须通过追问自我之本真所是（authentic being），追问自我之构成性美善（constitutive goods），才更够对伦理生活中的"应当"有真知。

对于孟季子与公都子的争论，牟宗三再一次用知识与道德、事实与价值的区分来解释之。尽管对于这些争论的解释的一致性从一个侧面表现出牟宗三思想的连贯性，但误解终究是误解。牟宗三指出，孟季子之所以在遭到孟子的辩驳后还继续坚持"义外"的观点，"盖因为他视叔父为一客观伦常关系中之存在"。应该说这一概括是完全正确的。但是，他接着评价说，孟季子的问题在于他将伦常中包含的价值问题误解为事实问题："殊不知即使是伦常，亦本诸人类的道德心灵而如此规定亲亲之杀……这是人道价值层之事……心灵不能洞见于价值层之事之何由立，永不能瞭然于义内。"[1]对此，一方面我们可以这样回应：殊不知即使是道德心灵，亦必循伦常之客观存有而行事；另一方面，说亲亲之杀、尊贤之等

---

[1] 牟宗三：《圆善论》，第18页。

是由道德心灵所规定，这是本末倒置的。对于公都子最后的回答，牟宗三认为是"不伦不类"。实际上，如上文所释，公都子的譬喻性回答意在从"饮食"与"所饮所食"之间的区别说明"敬"与"所敬"之间的区别，可以说与孟子在与告子争论中"嗜炙亦有外与"的反问基本上是一致的。

现在让我们来分析一下，牟宗三为什么要引入事实与价值、知识与道德的区分来解释《孟子·告子》中关于仁义与内外的争论。由于自律总是相对于他律而得以确立的，所以，牟宗三在将孟子的"义内"解释为道德自律的同时，也将告子的"义外"解释为道德他律。引入事实与价值、知识与道德的区分，就是为了进一步说明孟子与告子观点的区别在于前者主张自律道德，后者主张他律道德。

在康德的道德哲学中，自律与他律的区别的关键在于意志的法则是由意志本身决定还是由意志的对象来决定，前者得出的是定言命令，后者得出的只能是假言命令：

> 如果意志不是从其准则与其自定的普遍法则相符合处去寻求决定意志的法则，从而也就是，意志走出自身从其对象的性质中去寻求法则，那么，其结果总归是他律。在这种情况下，不是意志给予自身以法则，而是对象通过与意志的关系给予意志以法则。这种关系，无论是基于欲好（inclination），还是基于理性的表象，所能给出的只不过是假言命令：我应当做某事，是因为我意愿另一事。相反，道德命令，也就是定言命令，则说：纵使我不意愿任何其他事，我也应当如此如此做某事。……因此，后者必须从一切对象中抽离出来，使对象不至

影响意志，以便实践理性（意志）不至限于料理与它异在的利益，而是径直表现其自身作为最高立法者而发布命令的权威性。❶

由意志本身来决定意志的法则，则意志欲求何种对象必须经过自定的法则的检验。在这种情况下，自定的法则相对于欲求的对象具有优先性。由意志的对象来决定意志的法则，反而是法则的制定依赖于意志的欲求对象。在这种情况下，欲求的对象是法则得以制定的基础。要根据欲求的对象来制定法则，就必然需要关于对象的知识。于是，所谓他律，实际上就是根据关于对象的知识而制定法则。正是在这个意义上，牟宗三才将事实与价值、知识与道德的区分与他律与自律的区分对应起来。他曾非常明确地说："就知识上之是非而辨之以决定吾人之行为是他律道德。"❷由此可见，牟宗三通过知识与道德、事实与价值的区分来刻画告子的"义外"主张与孟子的"义内"主张之间的差异，就是为了说明告子的主张乃是他律，孟子的主张乃是自律。

然而，根据我们前面的梳理可以知道，孟子"仁义皆内"的持论有其特殊的问题意识和语境，其含义并不等同于自律道德。孟子论证"仁义皆内"的语脉是：正如仁之德在人性处有其根基一样，义之德在人性处也有其根基。孟子力主"仁义皆内"，就是为了阐明"仁"与"义"两种不同的美德在人性处都有其根基，这是二者的共同之处。这一点可以合理地扩展为一个普遍化的命题：凡是

---

❶ Immanuel Kant, *Groundwork of the Metaphysics of Morals*, 4：441, in *Practical Philosophy*, trans. & ed. Mary. J. Gregor, Cambridge University Press, 1996, p. 89-90. 译文参照了牟宗三、苗力田、唐钺的译本。

❷ 牟宗三：《心体与性体》（下），上海古籍出版社1999年版，第361页。

能被称之为美德者,皆在人性处有其根基。由于伦理活动是多样的,所以,能够成就伦理活动的美德也是多样的。成就一个人的美德,也就是通过美德的培养来成就一个人,质言之,成德之教就是成人之教。而人格是需要某种统一性的,于是就会要求成就人格的美德具有某种统一性。换言之,如果各种美德无法统一甚至彼此冲突,那么,就无法造就一个完整的人格。因此,美德的多样性作为一个事实引出了一个必须回答的问题:多种不同的美德如何统一起来?可以说,孟子力辩"仁义皆内",阐明不同的美德具有共同的人性根基,正是着意于美德的统一性。如若赞成告子的"仁内义外"说,势必就难以捍卫美德的统一性。

事实上,我们能够非常明确地看到孟子对这个问题的解决方案。在儒学史上备受关注的"思孟五行说"就是为了说明美德的统一性。仁、义、礼、智、圣,"五和谓之德",这一思想见诸马王堆帛书和郭店楚简的《五行》篇。这意味着,子思启用了立意高雅的五行说来解释美德的统一性。仁、义、礼、智、圣都要"形于内"方可称为"德之行",五者皆形于内,统一于心,达到"五和",才能称为真正的"德"。孟子显然继承了子思的这一思想,但他并没有满足于直接从五行思维来理解美德的统一性,而是更进一步,诉诸不同美德的共同的人性根基来理解美德的统一性。荀子说"子思唱之,孟轲和之",显然这一唱一和还是有所不同的。

直观来看,牟宗三的致误之处在于,他将仁与义都笼统地理解为道德法则,从而将"仁义内在"理解为自律道德。实际上,很明显,仁与义都不是道德法则,而是具体的德目。道德法则预设一个能够自我立法的道德主体,可以进一步分析为二:一个是道德主体的概念,一个是法则或者说律法的概念。如果我们考虑到"道德主体"的特殊时代与文化背景（在康德那里可能要追溯到基督新教的伦理信念），那么，我们就很难认可在儒家思想里存在着一个类似的"道德主体"；退一步，即使我们认为在儒教思想中能够分析出一个道德主体的概念，也很难认可在儒家思想里存在着一个类似的"律法"的概念；再退一步，即使我们能够在流传久远、分支繁多的儒家思想中找到一个可以与"律法"相匹配的概念，也很难将之作为儒家伦理思想的核心概念。而且，康德式的道德主体概念与儒家所倡导的伦理践行者概念相去甚远。从儒家立场上看，康德式的道德主体概念意味着对自我的一种理论抽象，这种抽象所导致的后果是，本真的自我——毋庸赘言，这是一个处于真实而具体的人伦关系中且既经过了自我的认同、又得到了他者的承认的自我——反而在道德的遮蔽下无法真正呈现。比如，如果说我孝敬我的父母意味着我的本真存在的话，那么，关键的问题在于，我并不是出于道德的理由才孝敬我的父母的。

另外，在孔子与孟子的言论中，还有几处常常被牟宗三及其后继者引用来证明儒家伦理精神是自律道德：

子曰："仁远乎哉？我欲仁，斯仁至矣！"（《论语·述而》）

颜渊问仁。子曰："克己复礼为仁。一日克己复礼，天下归仁焉。为仁由己，而由人乎哉？"（《宪问》）

孟子曰："……仁义礼智，非由外铄我也，我固有之也，弗思耳矣。故曰：求则得之，舍则失之，或相倍蓰而无算者，不能尽其才者也。"（《孟子·告子上》）

孟子曰："求则得之，舍则失之，是求有益于得也，求在我者也。求之有道，得之有命，是求无益于得也，求在外者

也。"(《孟子·尽心上》)

孔子讲"我欲仁,斯仁至矣",又讲"为仁由己",与孟子讲"仁内"其侧重虽不尽相同,但根本上是一致的。孔子试图说明,每个人都具有成就美德的内在能力,而意愿即可使之发用。孟子则将成就美德的内在能力明确地落实于人性,又将成就美德的意愿明确地落实于人心(心之官则思,思则得之,不思则不得也)。相比之下,孔子的立意显然更为原始、浑沦,孟子的阐发更像是对孔子思想的进一步解释,而且,孟子阐发出来的心性结构在很大程度上规定了后世儒学的言说走向。秉承牟宗三的观点,李明辉说,孔子的"这两段话中即涵著'自律'底概念,因为唯有建立在自律原则上的道德法则才能符合'应当涵著能够'底要求"。❶在康德那里,必须理解自由的概念,才能理解"应当蕴含着能够"。作为一个有理性的、具有自由意志的存在者,人有义务遵从自我所立的法则从而体现人之为人,这里包含着"应当";作为一个有理性的、具有自由意志的存在者,人也有能力遵从自我所立的法则,从而成就人之为人,这里包含着"能够"。但"应当蕴含着能够"的一个更为原始的前提却是,以理性或自由意志为其本质特征的人,首先是一个有能力自我立法的存在者,这里包含着一个更高的"能够"。正是这个更高的"能够"规定了人之为人,并要求着人去体现、成就人之为人。因此,在康德那里,关于"应当"与"能够"的关系实有两个层面:在实践自由的层面,是"应当蕴含着能够";在先验自由的层面,则是"能够蕴含着应当"。❷确切地说,后者

---

❶ 李明辉:《儒家与康德》,第35—36页。
❷ 关于康德思想中实践自由和先验自由的区分与联系,参见 Martin Heidegger, *The Essence of Human Freedom: An Introduction to Philosophy*, trans. Ted Sadler, Continuum, 2002.

才是所谓"道德的形而上学基础"。质言之,实践自由层面的"应当"与"能够"都要以先验自由层面的"能够"为基础。这样,"唯有建立在自律原则上的道德法则才能符合'应当涵著能够'底要求"的说法恐怕就要落空了,因为这里的这个"能够"根本上来说并不是基于对应于道德法则的"应当",而是与这里的"应当"一道,共同基于另一个更高的、存有论意义上的"能够"。或者说,在"能够蕴含着应当"中的"应当"并不必然采取道德法则的形式,而康德将人的实践能力与律法主义的形式直接结合在一起,显示出特殊的伦理生活背景。无须多说,律法主义在犹太—基督教文化中有其渊源,而与儒家文化较为疏隔。因此,用"道德自律"来诠释"我欲仁,斯仁至矣"与"为仁由己"的要点仍然在于,将"我"诠释为一个有自由意志的立法者,将"仁"诠释为由"我"所立的道德法则。❶

"求则得之,舍则失之"的说法,在《孟子》的《告子》篇和

---

❶ 我们不能说,牟宗三完全没有注意到将"仁"理解为普遍法则的不妥,但他始终未能意识到这种粗率的诠释所带来的严重后果。比如他曾说:"就孔子的仁说,他是依其具体清澈精诚恻怛的襟怀,在具体生活上,作具体浑沦的指点与启发的。我们不能说在这具体浑沦中不藏有仁道之为道德理性、之为道德的普遍法则之意,因而亦不能说这混融隐含于其中的普遍法则不是先验的,不是对任何'理性的存在'(Rational being)皆有效的。不过孔子没有经过超越分解的方式去抽象地反显它,而只在具体清澈精诚恻怛的真实生命中去表现它,因而仁之为普遍的法则不是抽象地悬起来的普遍法则,而是混融于精诚恻怛之真实生命中而为具体的普遍,随着具体生活之曲曲折折而如水银泻地、或如圆珠走盘、边润一切而不遗的这种具体的普遍。它的先验性与超越性也不是反显地孤悬在那里的先验性与超越性,而是混融于真实生命中的内在的先验性,具体的超越性。"见《心体与性体》(上),第100页。说"孔子的'仁'是落实于真实生命的具体生活的"当然是对的,但是,牟宗三在这里强调这一点并不是要表明儒家与康德的义务论思路有着根本的不同,而是为了证明儒家比康德更进一步,不仅在形而上的高度上确立道德法则的先验根据与客观根据(道体与性体),而且同样在形而上的高度上确立道德法则的主观根据(心体)。换言之,他的逻辑仍然是康德式的:首先是道德法则,然后是道德法则的真正落实于心。

《尽心》篇两次出现,而以后一种论说更为详细、完备。根据语境可知,孟子将美德的"求"与"得"与富贵的"求"与"得"相比较,最终还是为了说明美德的人性根基:仁义礼智为本性所固有,所以求则得之,舍则失之。孙奭在对《尽心》篇中"求则得之,舍则失之"章的疏解中说:"此章言为仁由己,富贵在天者也。孟子言仁义礼智性之所有。如就性而求之则得之,舍而不求则亡。是则仁义礼智,求之有益于得者也,是求之在我者也。以其仁义礼智,有生之初,性固有者,是为在我者也。是为天爵也。求之有道,则修其天爵而人爵从之故也。既修其天爵,而人爵或有不得者,是或得或否,是得之有命也。是则人爵求之无益于得也,是求之在外者也。以其人爵非身所专,故为在外者也。"❶在《圆善论》中,牟宗三对《尽心》篇中的这段论说作出了自己独特的疏解。❷对此,我将略作陈述和分析。

　　首先,对于所求而得的对象,牟宗三认为"孟子所隐指的"有二:"仁义礼智之本心以及这本心所发的仁义忠信之德。"❸大略而言,这种解释并没有错,但若要仔细较真则不见得没有问题。"仁义礼智"乃心之四端,不可称为四端之心。孟子明白地说:"心之官则思,思则得之,不思则不得。"也就是说,"求则得之"中的"求"具体而言就是"思"。如果"心"司"思"之功能,亦即司"求"之功能,那么,按照牟宗三的说法,"仁义礼智之本心"就同时既是求者,亦是所求者。这种理解在形而上的意义上固然可能,但并不能够完全契合于孟子的思想。孟子虽然既谈性又论心,但在他那里,心与性之间的差异还是明显而有意义的。抹杀孟子思

---

❶ 见《孟子注疏》,十三经注疏本,中华书局1980年版,下册,第2764页。
❷ 牟宗三:《圆善论》,第146页以下。
❸ 牟宗三:《圆善论》,第147页。

想中心与性之间的差异，会掩盖孟子思想的本来面目。实际上，通过"心之思"即可求得的只能是人天性中就禀有的美德。孟子的论说与上引孔子的论说虽然不尽相同，但在一定意义上可以说，二者分享了同样的语境。孔子和孟子都指出，美德植根于人的内在能力，所以要想成就美德关键还在自己。心官之思是有益于仁义礼智诸德之求得的。

其次，牟宗三认为，孟子的这段话"显然同于"孔子所说的"我欲仁斯仁至矣"，而与之相反，却"不能说'我欲富贵斯富贵至矣'"。为此，他引用了孔子论及富贵的一段话："富而可求也，虽执鞭之士，吾亦为之。如不可求，从吾所好。"（《论语·述而》）❶在解释孔子的这段话时，他还指出，"'可求'是'可求而得'之意，'不可求'是'不可求而得之'之意，并不是说富贵根本不可欲求。求是可以求的，但求之而不必其得，是即'求无益于得也'"。❷在解释孟子"求之有道，得之有命，是求无益于得也，求在外者也"这段话时，牟宗三挪用了康德的道德哲学概念。他说："这种求固不可妄求，即使求之有道，尽其道而求，依道德原则之正而求，亦不能决定其必得。因为道德原则于这方面之得不得，依康德词语说，是综合关系，非分析关系。若依孟子词语说，即是'得之有命'；得或不得皆是'命'所决定，非道德原则所能决定。"❸之后他又更进一步以感叹的口吻说，在道德事务方面，"康德之所说完全同于孟子，而且他们都有充分之意识。求之在我者与求之在外者之言何其若何符节也！此足见实理所在心同理同

---

❶ 孔子论及富贵的另外一则重要语录是："富与贵，人之所欲也；不以其道，得之不处也。贫与贱，人之所恶也；不以其道，得之不去也。"（《论语·里仁》）
❷ 牟宗三：《圆善论》，学生书局1985年版，第147页。
❸ 牟宗三：《圆善论》，第148页。

也。中西哲学会通之道亦于此得之矣。"❶ 类似的诠释也见于《实践理性批判》的译注中:"服从道德底箴言(命令),即服从道德法则,这是没有巧法可言的。故关于这方面的手段或方法是不需要被教导的。命令你服从,你就应该服从。如果你愿意做,你就能做。你若不愿,亦无巧法使之你愿。是即孔子所谓'我欲仁斯仁至矣',亦孟子所谓'求则得之,舍则失之,是求有益于得也,是求之在我者也'。但去满足幸福底箴言,这很少可能,这是孟子所谓'求之在外'。"❷ 在义务论的架构之内,康德根据理性与感性的划分而区分了道德与幸福。道德对应于人的理性存在,而幸福对应于人的感性存在。如果很难确定孟子思想有义务论的架构,也就很难断言"求之有道"中的"道"就是康德所谓的"道德法则"。同样,如果很难确定康德对理性与感性的划分与孟子的思想相契合,也就很难断言康德对道德与幸福的区分与孟子对"求之在我"与"求之在外"的区分是一回事。一个明显的差异是,康德通过上帝和灵魂不朽的认定最终保证了德福一致,而在孟子那里,德福一致是无法得到保证的。究其原因则在于,双方的"德"与"福"的观念并不相同。质言之,在孟子那里,既没有康德那样的道德观念——"求之在我"并非指道德法则具有自律的特征,而是指美德植根于

---

❶ 牟宗三:《圆善论》,第149页。
❷ 见牟宗三译:《康德的道德哲学》,学生书局1983年版,第178页。这个译注所对应的康德的正文关乎道德命令与幸福规矩的区分:"道德的定言命令,每个人的能力在任何时候都足以承受,至于以经验为条件的幸福规矩,则绝少如此,甚至仅就一个单一的意图而言,也远非每个人力所能及。原因在于,在前一情形下,它只取决于必定是真正而纯粹的准则,但在后一种情形下,它还取决于实现一个欲求对象的力量和自然能力。每个人应当自求幸福这样一个命令是愚蠢的;因为人们从不命令每个人去做他已经不可避免地自动要做的事情。人们只须给他规定手段甚或提供手段,因为他并不是愿望什么就能做什么的。但在义务的名义下以道德命令人,则是完全合理的;因为首先道德规矩如果和欲好冲突,则并非每个人都乐意服从它,其次,关于他如何能够遵守这条法则的手段,在这里是用不着教授的;因为在这样一种关系里面,他愿望什么,他就能做什么。"儒家思想中恰有"自求多福"的说法。

人的内在能力，也没有康德那样的幸福观念——"求之在外"并非仅指被剥离出来的感性的满足操持在外，而是指向一切外在于人自身的因素。

秉承牟宗三的康德主义诠释思路，李明辉将孟子所谓"求在外者"与"求在内者"的区别理解为康德所谓自然的因果性与自由的因果性的区别。❶然而这又是一种似是而非的解释。因果性是用来解释"产生"活动的一个范畴。使一事物得以产生的就是这个事物的原因，而原因所产生的就是关联于这个原因的结果。康德对自然的因果性与自由的因果性的区分针对的就是两种不同层次因而也可以说是两种不同类型的"产生"活动。❷一种是感知界的"产生"活动，原因与结果在时间中构成一个决定的链条，导致一事物产生的原因与作为该原因之结果的该事物并不同一。这样的因果性就是自然的因果性，对应的是自然法则。另一种是理知界的"产生"活动，原因与结果的关系并不是时间序列中的关系，导致一事物产生的原因与作为该原因之结果的该事物统一于该事物的存有。这样的因果性就是自由的因果性，最终归于在《纯粹理性批判》中被概括为"绝对自发性"的先验自由。任何一个事物的产生都有其自性，这就是先验自由的核心含义，因而也规定了自由的因果性的核心含义。也就是说，那个内在于事物自身的原因与作为结果的事物本身所构成的因果关系，就是自由的因果性。需要注意的是，康德的先验自由理念首先是一个宇宙论的概念。❸对于宇宙中任何一个存在者，不光是人，也包括自然界的存在者，先验自由以及如此

---

❶ 李明辉：《儒家与康德》，第36页。
❷ 康德：《实践理性批判》（5：94），韩水法译，商务印书馆1999年版，第102页以下。
❸ 康德：《纯粹理性批判》（A445/B473），邓晓芒、杨祖陶校，第374页以下。

理解的自由的因果性都是有效的。质言之,自然的因果性对应于作为感知对象的存在者,而自由的因果性则关涉作为理知对象的存在者。由于同一个存在者既可以被作为感知对象而看待,也可以被作为理知对象而看待,所以自然的因果性与自由的因果性可以无矛盾地应用于同一个存在者。藉此,我们能够说,一事物的产生既有其作为感知对象的原因,也有其作为理知对象的原因,前者归于自然的因果性,后者归于自由的因果性。❶只有在具体落实到"人"这一宇宙中的特殊存在者的时候,先验自由才体现为实践自由,自由的因果性才体现为自我立法自我遵守的自律;也只有在这个时候,我们才能够说,自由的因果性对应的就是道德法则。

孟子对于"求在外者"与"求在内者"的区分与康德对于自然的因果性与自由的因果性的区分并不相同。首先,孟子的这个区分始终内在于人的领域,因而不能被应用于其他事物,而康德对自然的因果性与自由的因果性的区分是宇宙论意义上的,可以应用于人,也可以应用于一般的存在者。其次,即使是落实到人的领域,孟子强调"求则得之,舍则失之"的"求在内者",是为了说明美德的修养必须通过心之思而从人性处去求索,而康德所谓自由的因果性则用来说明道德法则的自律根源。在美德与律法之间存在的巨

---

❶ 从历史的眼光看,我们可以说,康德对自由的必然性或自由的因果性的独特理解,有一个遥远的先声。让我们来比照一下亚里士多德对生产与实践的区分。生产的目的是外在于生产活动本身的产品,相对应的是技艺智慧,而实践的目的就是实践活动本身,相对应的是实践智慧。亚里士多德通过"目的"的概念来区分生产与实践,而康德则用因果性的概念来区分自然的必然性和自由的必然性。以科学的态度对待可变的自然,实际上就是从技艺的角度来理解自然,或者说,从生产的角度来理解自然。绝非偶然,古希腊人会将自然看作是最高的技艺。因此,康德在自然的必然性与自由的必然性之间所作的区分,与亚里士多德在生产与实践之间所作的区分,存在着某种明显的对应关系,尽管在亚里士多德的思想里没有康德那样的对感知对象与理知对象的区分。至少二者在理解实践的独特性质时表现出某种一致。实践作为人的活动,从目的的角度来看,没有外在于自身的其他目的;从因果性的角度来看,除了实践者的意志之外没有其他外在的原因。

大差异，使我们无法将二者等同起来。再次，"求之有道，得之有命"的"求在外者"，也不同于康德所谓的自然的因果性。质言之，人是否能够求得富贵，这并不是一个关于自然的因果性的问题。自然的因果性强调的是自然的必然性和自然法则，而"得之有命"中的"命"并不能被等同于自然的必然性或自然法则，或许这里恰恰包含着一个偶然性的观念。即使是用必然性来取消偶然性，那也只是一种特殊视角下的科学性解释，很难说是孟子的思想。

实际上，通过分析，我们能够理解孟子对"内求"与"外求"的区分的关键。首先，当我们使用"求"这个字的时候，就表明在"求者"与"所求者"之间存在着某种距离，也就是说，"求者"对于"所求者"尚未得之。其次，只有在所求者本来就属于我的情况下，我才能够保证得与不得的结果操持在我的求与不求，也就是说"求有益于得"；只有在所求者本来就不属于我的情况下，我才能够说"求之有道，得之有命"，也就是说"求无益于得"。因此，只有对于那些本来就属于我但我又尚未得之的东西，我才能够说"求则得之，舍则失之"。那么，什么才是本来就属于我但我又尚未得之的东西呢？孟子的回答显然是，我的尚未发用、尚未呈现的本性，也就是说，处于潜能状态的人性。只有针对处于潜能状态的人性，我们才能够说"求则得之，舍则失之"。这里的"求"与"得"都只能在潜能现实化的意义上得到恰当的理解。当然，根据孟子的阐述，这里的"求"首先是"心求"，也就是"思求"，这里的"得"首先是"心得"，也就是"思得"，这个解释不仅符合"德者，得也"的训释，而且也呼应"德"、"性"并称的说法。

更进一步，这里的"心求"或"思求"是指完全操持在我的、与美德之成就密切相关的选择，或者说择取、择求，也就是孔子所谓"择其善者而从之，择其不善者而改之"的"择"。当孟子说仁义内在于人性，其意思并不是说仁义作为某种现成的东西存在于人性之中，对仁义的"求得"仿佛就像将某种现成的东西拿出来一样，而是说，人禀自天命的内在能力（天命之谓性）是成就仁义之美德的基础。于是，关键的问题就是，是否愿意并能够将这种得自天命的内在能力发挥出来，从而成就仁义之美德。而对于有美德的行为的意向来说，只要愿意，就能够。因此，这里包含着一种关涉到自我之所是的内在的选择。这种选择与对外在的物的选择不同。比如说，我选择买一台某一品牌的冰箱，其结果是我拥有了一台该品牌的冰箱。这是对物的选择，无关乎自我。但关乎美德的内在选择殊为不同，这种选择内在地展现自我，或者可以说成就自我，其结果是使自我以独特的方式呈现，直言之，我如此如此地选择，我就成为如此如此的人。由于这种选择之得失操持在求舍之间（"求则得之，舍则失之"），而且关乎自我之呈现，所以说，这种选择是一种内在的选择。因为不同的内在选择呈现出不同的自我，导致了不同的结果，所以，正是在这个意义上说，这种选择也是一种"求"，也有其"所求"与"所得"；而其"求"与"得"内在地统一于人的存有过程，也就是说，没有外在于人的存有的其他结果。

　　要真正理解这种关乎美德之成就的内在选择能力，必须将这种选择之"求"同一般意义上的欲望之"求"和希望之"求"区别开来。首先，欲望之"求"为人类和动物所共有，对应于感官，如美食美色等，概括而言，就是孟子所论及的"口之于味也，目之于色也，耳之于声也，鼻之于臭也，四肢之于安佚也"等感官欲求；而我们知道，选择之"求"的司职要靠心，所谓"心之官则思"。其次，在希望之"求"中，所求的对象可以是不可能的事情，比如长生不老，我们总是可以希望；但是，我们却不能选择长生不老，也就是说，选择之"求"中所求的对象一定是在选择能力的范围之内的。❶而具体到这种关乎美德之成就、自我之展现的内在选择，所求者就是内在于自身的天赋能力。此外，中文中的"求"不仅指内心的欲求，而且也指包括手段在内的欲求之过程。这样，就内心的欲求意向而言，选择之"求"、欲望之"求"与希望之"求"表面上看起来差不多，但是，所不同之处在于，选择之"求"由于"求"者在自身之内（心），所求者是内在于自身的天赋能力（性），从而求则得之，欲求行为本身并不欲求不同于这种行为的其他结果；欲望之"求"与希望之"求"虽然"求"者也在自身之内（前者是口、目、耳、鼻等，后者或可谓意），但所求者并不内在于自身，所以，欲求行为本身并不能够保证欲求得到满足。这时，欲求的满足是操持在外的，比如，求性欲之满足或求长生不老，都不在求者自身的能力之内。于是我们可以将三种不同的"求"分成两类，一种是内求，一种是外求，或者说，一种是求诸己，一种是求诸外。后者当然就是孟子所谓的"求之有道，得之有命"，前者当然就是孟子所谓的"求则得之，舍则失之"或孔子所谓的"我欲仁，斯仁至矣"。这种特别的内求实际上是人对自身提出的展现自我的内在要求，是人是其所是、成其所成的内在意向。这里蕴含着对人的高贵性的一种理解，蕴含着一个高贵的自我的概念。❷而对于那种"求之有道，得之有命"的"求诸外"，根本不及人的是其所是与成其所成，换言之，不及人的存有。富贵当然是可以欲求的，也就是说，是可以希望的，但由于富贵并不属于我，

---

❶ 选择的关键在于为与不为，而不在于能与不能。孟子曾经明确区分了二者："曰：'不为者与不能者之形何以异？'曰：'挟泰山以超北海'，语人曰：'我不能'，是诚不能也。为长者折枝，语人曰：'我不能'，是不为也，非不能也。'"（《孟子·梁惠王上》）

❷ 我们可以从许多方面看到孟子对人的高贵性的理解，比如孟子对天爵与人爵的分别。其中最根本的一点是，人因禀天命之性而贵。

所以，是否能够得到富贵却只能归诸命了；但无论是否能够得到富贵，都无关乎自我之所是，无关乎一个禀天命而有的高贵自我。

那么，既然谈到"只要愿意，就能够"，这与康德的"你愿望什么，就能做到什么"又有什么两样呢？看起来我们可以将康德的意志自由也理解为一种内在的选择的自由，也可以将孟子的"心之官则思，思则得之，不思则不得"理解为类似于康德所云的意志自由。但是，孟子是将选择的自由与美德关联，仅就行为的意向而谈选择的自由，最终是为了成就人的美德从而成就人，而康德则将意志的自由与道德法则关联，直接针对行为本身而谈意志的自由。二者的意义及其在各自理论架构内的措置并不相同。在孟子那里，人天生就有能力成就美德，而这种能力首先就表现在内在选择的能力上。正确的选择以及正确的行为意向虽然是导向仁义之美德、成就仁义之美德的关键，但只是美德之成就的开端，美德的完成尚有一个不断修养、陶冶的过程。在康德那里，意志自由这一"理性的事实"必须通过道德法则才能得到认识，或如康德所言："自由是道德法则的存在理由，道德法则是自由的认识理由。"❶这样，意志自由首先并不是为了成就美德，而是为了成就道德法则，而且，自由意志与道德法则之间的关系是分析的，不存在一个从自由意志为开端达到道德法则的过程，这里只有检验而没有修养。

四 儒家伦理：美德还是律法？

自律的概念关系到康德对道德的根本理解，是康德道德哲学中

---

❶ 康德：《实践理性批判》序言，韩水法译，商务印书馆1999年版，第2页脚注。

牵一发而动全身的一个核心概念。鉴于自律道德的思想有其特殊的历史文化背景,所以,挪用自律的概念来解释包括孟子在内的原始儒家的伦理思想,不仅会造成理解上的一些问题,而且会改变其整体面目。实际上,经过牟宗三的康德主义改造,原始儒家伦理思想几乎可以说是面目全非了。

众所周知,康德那种以自律为核心概念的道德哲学是义务论的典范,而自我立法是自律的主要意涵,因此,自律道德的背后其实是一种律法主义思想,换言之,律法的概念成为这种伦理思想的主导概念。必须指出的是,康德在道德问题上采取律法主义的立场,一方面是由于他以因果性范畴来理解自由,从而以因果性范畴之下的法则概念为基础而提出了道德法则和道德自律的概念,另一方面也在于,在作为康德思想产生的特殊背景的犹太—基督教的宗教律法主义中能够找到康德式的道德律法主义的思想渊源。麦金太尔就曾针对康德的道德哲学而直言,现代义务论的道德判断只不过是"神法概念的幽灵"而已。❶按照《旧约》的说法,摩西十诫是上帝赐给犹太人的神圣律法,也就是上帝的神圣命令或神圣旨意。按照《新约》的说法,耶稣的登山宝训并不是要破坏律法,而是要成全律法的,由此,登山宝训也常被称为"爱的律法"。将这种服从上帝的命令或律法的思想作为一种道德理论,就是道德理论中所谓的神命论(Divine Command Theory)。在这个意义上说,作为清教徒的康德采取法则的概念来理解道德和自然(道德法则和自然法则)绝非偶然。特别是,康德所提出的绝对命令看起来是人作为理性存在者向自己发出的道德命令,实际上正是对神命论的现代改造,尽管康德在建构自己的义务论体系之时曾非常明确地批评神命

---

❶ 麦金太尔:《追寻美德》,宋继杰译,译林出版社2003年版,第139页。

论，将神命论排除在道德之外。❶ 自律道德的背后，其实是神律道德。对于一个信徒来说，当神圣的律法已经铭刻在内心，也就是说，良知已经能够直接呈现，即使律法的权威有一个外在的来源，这时也已经内在化了。在这种情况下，从律法的来源看，是他律，从遵守律法的动机看，则是自律。因此，黑格尔非常明确地将康德的道德哲学与基于摩西律法的犹太教精神相联系，并与耶稣的登山宝训相对比。而在谈及虔诚的教徒与康德式的自律道德践行者之间的区别时，他一针见血地说："并不在于前者让自身变成奴隶，而后者却保持了自由之身，而是在于，前者的主人在自身之外，而后者的主人在自身之内，且同时仍是他自身的奴隶。"❷ 实际上，黑格尔的这 评论已经揭穿了自律的真相。另外，我们还可以看到，像保罗·蒂利希这样的神学家，站在基督教的立场上，对自律道德也多有批评，而是明确提出神律（theonomy）的概念，将神律理解为自律与他律的统一。❸ 而身为犹太人的伊曼纽尔·勒维纳斯，更

---

❶ 康德的理由是，从上帝命令我们做某事这个事实永远无法推出我们应当做某事，换言之，必须合理地说明，为什么我们应当做上帝所命令的事情。这就意味着，康德虽然不承认神命论具有道德的合理性，但是，他所做的并不是完全推翻神命论，而是通过改造神命论而为神命论找到理性的辩护，也就是为之提供道德的合理性证明。康德对神命论的批评可见于 *Groundwork of the Metaphysics of Morals*, 4：443, in *Practical Philosophy*, trans. & ed. Mary. J. Gregor, Cambridge University Press, 1996. p. 91：若以 "绝对完善的神圣意志" "为道德体系的基础，则与是道德直接相悖的"。在同一页，康德又说，道德感概念和一般意义上的完善概念（关联于上帝的神圣意志）尽管都不能够为道德奠基，但是二者也不会削弱道德，因此，如果要他在二者之间作一取舍，那么，他 "将选择后者，因为它至少使问题的裁决离开感性，并引导到纯粹理性的法庭上"。

❷ 黑格尔：《基督教精神及其命运》，载《黑格尔早期神学著作》，贺麟译，商务印书馆1988年版，第308页，译文稍有改动。这一节的标题正是："耶稣的道德训诫：（a）登山宝训与摩西律法和康德伦理学的对比"。关于黑格尔对康德自律概念的批评，本文参考了亨利·阿利森：《康德的自由理论》，陈虎平译，辽宁教育出版社2001年版，第276页以下。

❸ 保罗·蒂利希：《系统神学》第一部（《理性与启示》），见《蒂利希选集》（下），何光沪译，上海三联书店1999年版，第983页。就此而言，牟宗三将基督教的神律道德归于他律道德，并非持平之论而实有轻率之嫌。

是反对康德的主张,认为道德就意味着他律,而且还是绝对他律。❶ 如果以命令为核心概念的道德主张必须有一个命令的发出者,那么,康德以绝对命令为核心的道德主张就是残缺不全的,正如后来安斯康姆所批评的。❷

澄清了康德道德哲学与犹太—基督教律法主义的渊源关系,我们方能明白康德为何将以法则为本位的义务论作为道德之当然。于是,进一步的问题就是,既然我们都知道,在儒家思想中,"德"的概念远比"法"的概念更重要,那么,将儒家伦理思想判为以法则为本位的义务论是否恰当?质言之,儒家伦理思想的根本特征是以法则为本位的义务论,还是以美德为本位的美德伦理学?关于义务论与美德伦理学的根本性差异,可从以下三个方面来论述。❸

首先,义务论与功效主义(Utilitarianism)一样,对行动的关注甚于对作为行动者的人的关注;而美德伦理学则相反,对作为行动者的人的关注甚于对行动的关注。换言之,前者着意于行事之规矩,后者则着意于成人之教导;前者关注行为之正当与不当,后者

---

❶ 可参考 Emmanuel Levinas," Freedom and Command," in *Collected Philosophical Papers*, trans. Alphonso Lingis, Duquesne University Press, 1987。尼采曾经站在批判的立场上认定道德的他律性质,在《论道德的谱系》中,他说:"'自律'与'道德'是互相排斥的。"见 *On the Genealogy of Morals and Ecco Homo*, trans. Walter Kaufmann & R. J. Hollingdale, Random House, Inc., 1967, p. 59:"'autonomous' and 'moral' are mutually exclusive." 尼采非常看重自律的概念,将之与超人的概念密切相关,因而自律在他那里完全是在超道德的意义上使用的,或者说,自律对应的是主人道德而非奴隶道德。很显然,舍勒的人格自律的概念深受尼采的影响。关于尼采的自律概念,可参考 Keith Ansell-Pearson," Nietzsche on Autonomy and Morality: the Challenge to Political Theory," in *Political Studies* (1991), XXXIX。关于舍勒的人格自律概念,参见马克斯·舍勒:《伦理学中的形式主义与质料的价值伦理学》,倪梁康译,生活·读书·新知三联书店2004年版,第603页以下。

❷ G. E. M. Anscombe," Modern Moral Philosophy," in *Virtue Ethics*, ed. Roger Crisp & Michael Slote, Oxford University Press, 1997.

❸ 参见 Marcia W. Baron," Kantian Ethics," in *Three Methods of Ethics: A Debate*, Blackwell Publishers, 1997, p. 34。

关注人格之美善或丑恶。试看康德对普遍的道德法则的论述："要这样行动，使得你的意志的准则任何时候都能同时被看作一个普遍立法的原则。"❶这里直接谈论的是行动的准则，而对于准则的概念，康德也说得清楚，准则就是"行动的主观原则"，是"主体行动所依据的一个原则"。❷这表明，康德的义务论思想直指行动而非行动者。而在儒家伦理思想中，核心的问题则是"成人"。所谓"成人"，就是成就人的品格，以求得人格的完善：

> 子路问成人。子曰："若臧武仲之知，公绰之不欲，卞庄子之勇，冉求之艺，文之以礼乐；亦可以为成人矣！"曰："今之成人者，何必然？见利思义，见危授命，久要不忘平生之言；亦可以为成人矣！"（《论语·宪问》）

这里的"成人"一般释为"完人"，或曰"人格完备之人"，指一般所谓的"成人"（人的成就与完善）的目标。从孔子的答语中我们可以看到，成人是儒家伦理思想的首要目标，而成人的方略则在于美德的培养，换言之，成人之教就是成德之教。因此，从这一点来看，儒家伦理思想应归于美德伦理学，而不是义务论。

不过，这里尚有必要考虑另外一种可归之于存在主义的观点。我们已经提到，康德通过因果性范畴来把握实践概念，并强调实践者的自由意志对于实践的重要性，也就是说，在实践中，除了实践者的意志之外没有其他外在的原因；而这一点在一定程度上类似于亚里士多德对实践的内在目的的强调：与生产活动以生产出其他事

---

❶ 康德：《实践理性批判》（5：30），邓晓芒译，杨祖陶校，第36页。
❷ Immanuel Kant, *Groundwork of the Metaphysics of Morals*, 4：422, in *Practical Philosophy*, trans. & ed. Mary. J. Gregor, Cambridge University Press, 1996, p. 73.

物为其目的不同的是，实践活动没有外在于自身的其他目的。这种绝非偶然的类似性必然会促使我们去直面这样一种看起来在许多方面都具有合理性的观点：人就是人的行动，只有通过人的行动我们才能够知道人是什么，或者说，人怎样行动，就成为怎样的人，人的存有与人的行动是一回事。❶如果要回答"人是什么"的问题，必须且只能通过对人的行动的考察和分析才能得到，那么，以更关注人的行动还是更关注人的存有来区分义务论与美德伦理学就是很成问题的。但是，将人的存有等同为人的行动还有似是而非之处，尚待进一步澄清，即使这里的"存有"被合理地理解为一个动词。若要对行动进行恰当的分析，必须将时间理解为基本的境域，因为行动总是在时间中展开，在"此时此刻"的这个当下展开。当我们将"存有"作为一个动词来看时，我们也能够以同样的方式来理解人的存有从而说出同样的话：若要对人的存有进行恰当的分析，必须将时间理解为基本的境域，因为人的存有总是在时间中展开，在"此时此刻"的这个当下展开。但是，所不同的是，作为一个承担着自身之完整性的人，其存有是单数的（being），其存有的过程要求着一种连续性，而正是这种连续性构成了人的完整性，回答了"我是谁"这个直指人的存有的核心问题。相比之下，人的行动却是复数的（actions），可以用来指涉人的存有的片断，也可以用来指涉人的存有的局部，还可以用来指涉人的存有的全部。因此，如

---

❶ 海德格尔在《关于人本主义的书信》（见《路标》，孙周兴译，商务印书馆2000年版）中就持这种观点。海德格尔开门见山地说，这篇文章的主旨是"对行动的反思"，后又明确指出，人本主义的问题就是人是什么的问题；实际上，他是将人的行动与人的存有看成是一回事。对此的分析可参见 Jean-Luc Nancy, "Heidegger's 'Originary Ethics'," in *Heidegger and Practical Philosophy*, ed. Francois Raffoul and David Pettigrew, State University of New York Press, 2002。此外，无论是康德，还是海德格尔，他们对"行动"概念的理解有一个共同点，就是非常一致地回溯到古希腊的"实践"（Praxis）概念。

果我们将"人的存有与人的行动是一回事"这句话理解为"一个人的行动的全部就构成其存有",大概不会错。问题是,对人的行动的单一分析与对人的存有的整体分析并不是一回事:在对人的行动的分析中,只需要考虑行动本身的前因后果;而在对人的存有的分析中,必须考虑贯穿诸多行动的存有的整体性。换言之,即使我们拈出更一般的"事件"(event)概念作为统摄人的行动与人的存有的类概念,将人的存有也看成是单一的事件,那么,二者也只能被看作是不同类型的事件。

于是,尽管人的行动可以体现人的存有,人的存有与人的行动密切相关,但是,将人的存有完全等同于人的行动在某些根本的方面是非常不妥当的,至少有化约之嫌,甚至可以说是错误的。这就意味着,在人的行动与人的存有之间所做的区分是有效的,不能简单地将人的存有化约为人的行动,也就是说,义务论与美德伦理学的第一个区分是有效的。在此我们还将明确回应与此一化约有关的两种非常有影响的观点。一种是海德格尔的观点。站在现象学的立场上,海德格尔将时间理解为存有的基本境域,从而将人的行动与人的存有看成是一回事。对人的存有的时间性分析就是所谓此在的存有论(ontology of Dasein),或曰基础存有论(fundamental ontology),而且海德格尔并不反对将这种存有论理解为一种原始伦理学(originary ethics),并在此立论上提出了对亚里士多德伦理学的批评,认为后者拘泥于希腊人发明的形而上学思维从而未能达到现象学的高度故仍需解构,尽管正是从亚里士多德的《尼各马科伦理学》中他发现了"诠释学处境的迹象"。❶时间性的此在分析尽管

---

❶ Martin Heidegger, "Phenomenological Interpretations in Connection with Aristotle: An Indication of the Hermeneutical Situation," in *Supplements: From the Earliest Essays to Being and Time and Beyond*, translated by John van Buren, State University of New York Press, 2002.

也会考虑到自我的完整性（为此海德格尔诉诸人对死亡的忧惧和人的曾经所是），但却不能够等同于人的存有问题。这是因为，时间性的此在分析将目光集中于当下，基本上是一种"当下即是"的模式，换言之，从人的存有的当下体现来把握人的存有，而如果我们还要坚持，人的实际生活应当是一个相对长远的生活谋划，在其中，将来、现在与过去都密切相关，换言之，应当将人的存有理解为一个从生到死、贯通终生的生活过程，那么，一个本真的当下可以体现出人的存有，但对当下的任何一种分析尚不能代替对作为一个过程的人的存有的分析。从伦理学的角度来看，海德格尔的这种化约最明显的一个缺陷在于无法谈论修养问题。任何一个当下，都只是一个当下，而修养必然涉及到时间的持续，以求美德的日进无疆，因此，对人的存有的当下化分析（即时间性的此在分析）无法展开修养的主题。由此也可以看出，海德格尔的时间观仍然具有瞬间主义的嫌疑，这种瞬间主义将时间瞬间化，其实质仍然是通过一个数学化的点来理解时间，尽管这个点可能是一个动态的、自身离散着的活点，将来与过去也闪现其中。与此相关，这种化约的另外一个缺陷在于，从伦理学的角度来看，美德一定是一种稳定的品质，而对人的存有的当下化分析根本无法触及这种稳定性。因此，当我们看到海德格尔引入时间性的维度将亚里士多德的"美德"概念解释为"本真而充分展开的去蔽之可能"[1]时，一方面不得不赞叹他的洞察力，另一方面，也能够感受到他的这种现象学的诠释与伦理学的理解之间存在的距离。

另一种观点由于出现在伦理学领域，因而在伦理学界更为著名。在尼采的强烈影响下，威廉姆斯提出了一种针对一切"伦理理论"的批评——这种批评被学界冠以"伦理学中的反理论倾向"。

---

[1] Martin Heidegger, *Plato's Sophist*, trans. Richard Rojcewicz and André Schuwer, Indiana University Press, 1997, p. 33.

对于伦理事务的看法，如果是在具体的历史文化处境中实际生活着中的人所坚持的，他称之为"伦理思想"（ethical thought），如果是哲学家从抽象的哲学立场上建构起来的，他称之为"伦理理论"（ethical theory）。简而言之，伦理理论对应于伦理探究中的理论化倾向，这是一种通过抽象化的哲学来解释并建构人的伦理观念的理论企图。威廉姆斯概括说，一切伦理理论的基本特征是建构具有普遍性（universality）和无倾向性（impartiality）的道德原则，作为检验和导出具体的道德判断的根据。这种导出过程具有明显的演绎特征：将基本的道德原则作为大前提应用于实际的伦理事务，通过实践三段论式的道德推理，得出具体的道德判断。威廉姆斯认为，哲学的抽象性决定了由哲学建构起来的伦理理论必定脱离人的实际生活，因而哲学的立场反倒对于我们的伦理思考会增加很多障碍。这正是他将自己最重要的著作标以"伦理学与哲学的局限"的命意所在："我想说，我们能够以各种各样的方式进行伦理思考——除非我们的历史文化处境使之变得不可能，但是，哲学很少能够决定我们应当如何进行伦理思考。"❶ 威廉姆斯的这一批评打击面很大，仅从他自己的论述来看，不仅针对康德的道德形而上学理论、契约主义的道德理论（他以托马斯·斯坎伦为例）、密尔等人的功效主义理论，而且也针对自摩尔开始的一切冠以元伦理学的理论。甚而至于，他的这一批评还能针对亚里士多德的伦理学，因为毕竟，一种目的论的思想和一种关于人的形而上的生物学的理论在亚里士多德的伦理学中占据着重要地位。❷ 因此，如果威廉姆斯对亚里士多

---

❶ Bernard Williams, *Ethics and the Limits of Philosophy*, Harvard University Press, 1985, p. 74.
❷ 玛莎·纽斯鲍姆就提出这样的质疑：威廉姆斯的这一批评"能否给亚里士多德那样的理论留下空间"？见 Martha Nussbaum, "Tragedy and Justice," in *Boston Review*, October/November, 2003。

德的伦理学"多有赞同"（正如玛莎·纽斯鲍姆所言），那么，威廉姆斯的这一批评就是一把双刃剑，其锋芒会反过来损伤他自己的立场。如果威廉姆斯的立场走得更远，彻底放弃亚里士多德的目的论和形而上的生物学，那么，他就只能像海德格尔那样，诉诸一种历史主义（historicism），或者是一种更为彻底的情境主义（contextualism），把一切都交付给具体的历史文化处境，甚至是一个本真的瞬间。❶为了使这种历史主义区别于虚无主义，还必须捍卫历史的合理性。❷当然，在海德格尔的思路上，对历史的合理性的捍卫根本不需要诉诸论证，而被直接地认为是当然的，或者用现象学的术语来说，人的存有具有历史性，且只能将这一点理解为人的生活的实情（facticity）。❸总之，威廉姆斯的反理论倾向过于极端，若要保持其思想的一贯，就无法信守人的生活的统一性和完整性，从而会将人的生活的稳定基础抽掉，将美德赖以成就的稳定基础抽掉。

其次，义务论与美德伦理学的根本性差异表现在基本术语的不同上。义务论的基本术语是正当与不当、职责与义务，美德伦理学的基本术语则是美善与丑恶、有德与缺德。这种区分并不意味着两

---

❶ 实际上，海德格尔在《关于人本主义的书信》中对亚里士多德以来的"伦理学"的批评与威廉姆斯的反理论倾向非常接近，由此他还拈出"原始伦理学"（originary ethics）的概念来对抗西方传统学科中的"伦理学"概念。耐人寻味的是，海德格尔做出这一判断的背后隐含着亚里士多德的一个著名观点：伦理学作为一门实践科学只能对应于与变动不居的实践事务相关的实践之知（Phronesis），而不能对应于以永恒事物为认知对象的理性之知（Sophia）。
❷ 毋庸置疑，历史主义常常与虚无主义密切相关，常常充当虚无主义的救命稻草。在这一点上，最为典型的是卡尔·马克思的理论。
❸ 这一点可以解释，为什么海德格尔会对卡尔·马克思的历史观念大为赞赏，甚至超过了对胡塞尔的评价（见《关于人本主义的书信》）。问题是，与其说人的存有的根基只能建立在历史的漂浮物之上，还不如说人的存有失去了根基。由此可以窥见历史主义与虚无主义的隐秘联系。此外，尽管海德格尔在《存有与时间》中就基本上放弃了早期频繁使用的"实情"概念，但这一概念在他的思想中一直起着重要作用。

种伦理学进路在术语的使用上存在着非此即彼的选择。在义务论思想框架内，当然也有美德的位置，只不过在这里美德必须通过义务才能得到恰当的说明。比如康德，将美德规定为"尽义务之准则力量"或"与内在自由之原则相一致的自我约束"。[1]因为义务的概念被看作是伦理学的根本概念，所以，美德尽管仍是一个有效的概念，但却不是伦理学的基本概念，必须将之关联于作为基本概念的义务才能得到合理的理解。一个有美德的人就是一个行为正当、能够尽自身之义务的人。同样，在美德伦理学的思想框架中，也有正当或义务的位置，只不过在这里义务必须通过美德才能得到恰当的说明。美德伦理学的倡导者认为，行为的正当性并非来自某种法则，而是来自有美德的践行者。一个有美德的人自然能够做出正当的行为，自然能够知道如何尽自己应尽的义务。因为美德，或与之相应的美善的概念，被看作伦理学的基本概念，所以，正当或义务尽管仍是一个有效的概念，但必须将之关联于作为基本概念的美德或美善才能得到合理的理解。我们知道康德在说明作为绝对命令的道德法则时曾经举过一些例子，比如他认为"不许说谎"乃是一条符合理性要求的道德法则。然而孔子却视"言必信，行必果"为"硁硁然小人"之举，即使列为士之其次之次尚有犹豫之意（《论语·子路》）；而孟子进一步正面解释说："大人者，言不必信，行不必果，惟义所在。"（《孟子·离娄下》）这构成了鲜明的对比。尤其从孟子的语录中可以看出，若把儒家所说的"义"理解为某种普遍法则，则相当扭曲。概而言之，儒家伦理思想乃是一种以美德为本位、以成人为旨归的伦理学，与康德式的义务论相去甚远。如果我们进一步将"不许说谎"的道德法则与犹太—基督教传

---

[1] Immanuel Kant, *The Metaphysics of Morals*, 6: 394, in *Practical Philosophy*, trans. & ed. Mary. J. Gregor, Cambridge University Press, 1996, p. 524-525.

统中的摩西十诫(第九条)联系起来,那么,差异就更为清楚。将说真话抬到上帝之命令的高度,不可谓不重。在儒家伦理思想中,首先强调的是"朋友有信",也就是说,"信"尤其是对应于朋友这一伦的一种特别的美德,其次,当然也可以说,诚信是人之为人的一种美德。然而,无论就朋友一伦而言,还是就人之为人而言,这里的"信"是作为一种需要根据自身之所是与实际处境进行斟酌权衡的美德,而不同于那种普遍命令,无论是康德道德哲学中出于理性的普遍命令,还是犹太—基督教思想中出于上帝的普遍命令。

  康有为在将儒教改造为孔教的过程中曾经提出了一个著名的观点,他认为,《礼记》中的《儒行》篇是孔子为儒者所制作,犹如佛家的戒律或基督教的十诫。❶即使我们认可儒者都应当按照《儒行》篇中孔子的教导行事,这种类比仍有其不恰当之处。《儒行》篇记载的是孔子答鲁哀公问儒之行,孔颖达称为"孔子说儒十七条"。但只要看一看这十七条的具体内容,就很容易将之与戒律或戒命的思想区分开来。孔子在此篇中并没有指出作为儒者应当遵守的戒律,而是结合实际生活描述了儒者之为大丈夫的人格形态,计有自立、容貌、备豫、近人、特立独行、刚毅、出仕、忧思、宽裕、举贤援能、任举、规为、交友、尊让等方面的德操。"十七条"皆言"儒有",有的东西当然只能是德行了。因此,这里的"行"实有操行、德行之意味,指向儒者的人格成就和积极修为,而与佛家或基督教的戒律、戒命思想大异其趣。陈来在陈述了《左传》中记载的"五教"("父义、母慈、兄友、弟恭、子孝")之后评论说:"如果在舜的时代确曾命契颁布五教,其文化意义则不在摩西十诫之下。"❷

---

❶ 转引自汪荣祖:《康有为论》,中华书局2006年版,第58页。
❷ 陈来:《古代宗教与伦理——儒家思想的根源》,生活·读书·新知三联书店,1996年版,第301页。

这种评价同样将儒教置于与犹太—基督教的比较性视野之中，但用词显然更加谨慎。实际上，利玛窦早就注意到了儒教的这一非常不同于基督教的特征："虽然这些被称为儒家的人的确承认有一位最高的神祇"，但从中"没有发现……必须遵循的戒律，或任何最高的权威来解释或颁布教规以及惩罚破坏有关至高存在者的教规的人"。❶

再次，义务论与美德伦理学对于伦理或道德生活中行为动机的解释很不相同。前者认为，道德行为的动机在于对义务的遵从，也就是义务感；后者则认为，与践行者自身之所是密切相关的欲望和目的乃是行为之动机所在。康德明确指出，对道德法则的敬重，乃是理解义务的关键："所谓义务，意指出于对道德法则的敬重而行动的必然性。"❷对道德法则的敬重根本上来说是对立法者——作为理性存在者的人，也是作为目的的人（目的王国的公民）——的敬重。因而这里的敬重完全是理性的，自愿的，不掺杂任何来自外在事物的恐惧或强迫。不过，我们显然很容易想到理性的敬重心与宗教的敬畏心之间的联系。康德只不过是把犹太—基督教思想中对上帝的敬畏转化成了对道德法则的敬重，也就是我们常说的将戒命式的他律转化成道德的自律。原来的立法者是上帝，现在的立法者变成了理性存在着的人自身。这种转变的核心内容当然是将不理性的"畏"的成分剔除掉，而剩下能够通过理性得到解释的"敬"。在这一点上，原始儒家伦理思想中当然保留着明显的"畏"："君子有三畏：畏天命，畏大人，畏圣人之言。小人不知大命而不畏也，

---

❶ 利玛窦、金尼阁：《利玛窦中国札记》，何高济、王遵仲、李申译，中华书局1983年版，第102页。

❷ Immanuel Kant, *Groundwork of the Metaphysics of Morals*, 4：400, in *Practical Philosophy*, trans. & ed. Mary. J. Gregor, Cambridge University Press, 1996, p. 55.

狎大人，侮圣人之言。"（《论语·季氏》）但更大的差异在于，儒家伦理思想中的敬畏之心并不表现为对神圣戒命的遵从。儒家思想中对天命的敬畏与犹太—基督教思想中对上帝的敬畏不仅在形式，而且从内容上都有着很大的不同。❶即使后来的儒家继承者在新的思想基调下将敬畏转化成敬重，也不可能、不应当像康德那样诉诸对道德法则的敬重。

在当代西方英美学界，一些主张复兴美德伦理学传统的学者对包括义务论在内的现代道德哲学在伦理行为动机方面存在的问题提出了非常尖锐的批评。在《现代伦理理论的精神分裂症》一文中，迈克尔·斯托克尔（Michael Stocker）直指伦理行为的动机问题。一开篇他就说，现代伦理理论只注重对道德理由的说明和论证，而对伦理生活中的动机和动机结构缺乏检讨。他更将理由与动机之间的严重脱节与极不协调称为"现代伦理理论的精神分裂症"。他从实际的伦理生活出发设计了一个案例来说明这一点：

> 假设你在医院里，正从长时间的疾病中逐渐恢复。当史密斯再次来看望你的时候，你正处于十分郁闷、烦躁、无所适从的状态之中。此时，你会比以往更加确信地认为，他是个好伙伴，是个真朋友——他穿过整个城镇，花了这么多时间来鼓励你，等等。你情不能已地表达了你的赞扬和感谢，可他却抗议道，他一直是在尽力地做他所认为是自己义务的事情、他所认为是最好的事情罢了。开始时你还以为他是在通过自谦、减轻道德负担的方式而讲客气。可是谈得越多，你就越清楚地发现，他讲的是真话，并没有客气的意味：他来看你，实质上并

---

❶ 在下文中将对这一点展开论述。

不是因为你，并不是因为你是他的朋友，而是因为他认为这是他——也许是作为一个基督教兄弟或共产党同志——应尽的义务，或者只是因为他知道，没有人比你更需要鼓励，而且没有人比你更容易被鼓励。❶

我们可以进一步设想，当正在养病的你知道了史密斯来看望你的动机之后会多么地沮丧。你肯定希望，一个朋友来看望你，是因为他认为，你们是好朋友，你们之间有着深厚的友情，这友情关乎你们彼此的存有，而不是因为什么关乎人类的抽象的道德义务。一般来说，动机是主观的，而理由是客观的，二者应当是协调一致的。动机与理由的严重脱节最终还是要落实在理由的问题上，也就是说，只要我们能够斩钉截铁地肯定某种动机是值得维护的，那么，就一定是理由出了问题。换言之，当一种提供道德理由的实践理性远离了我们的美好情感，为了保护我们的伦理生活，我们就有理由反对之。实际上，不必对这个案例再做进一步的分析，很容易就能够看出，如果我们都像史密斯那样，完全出于冷冰冰的义务行事，那么，我们将会生活在一个绝对无法接受的世界里。也许康德的目的王国就是这样一个道德的但没有一点儿人情味的冷酷世界。我相信，大多数人都不会愿意生活于其中，因为那样的道德不仅无关乎我们的本真存有，甚至会离间我们的真挚情感。

威廉姆斯曾举了一个意味稍有不同的案例。设想一个人面临一个伦理的抉择：救一个陌生人还是救他的妻子。这时候他认为救自己的妻子能够得到正当的辩护，也就是说，能够成为一个有理由的

---

❶ Michael Stocker, "The Schizophrenia of Modern Ethical Theories," in *Virtue Ethics*, ed. Roger Crisp and Michael Slote, Oxford University Press, 1997, p. 74. Reprinted from *Journal of Philosophy*, 73 (1976), p. 453-66.

道德抉择。不过,"有人(比如他的妻子)总会希望,他的动机思想如果全部表达出来应当是说,那是他的妻子,而不是说,那是他的妻子,且在那种情况下,救自己的妻子是可被允许的"。❶救妻子的动机若只能在道德上允许的层面得到正当性辩护,则是难以令人满意的,至少难以令妻子满意。这同样表明了出于普遍义务的道德动机与我们实际的伦理生活相去甚远。

从伦理行为的动机来看,儒家伦理思想只能被理解为一种美德伦理学。把握儒家伦理思想中的动机因素当从"情"入手。人所禀赋的美善天性发而为好恶之情,这就是所谓的性情。然而,对于圣人之外的一般人而言,这种发乎天性而有的好恶之情并非一蹴而就,而是需要一个长期的学习和陶冶过程。就连孔子都说自己虽然十五岁就"志于学",但到了七十岁方能"从心所欲不逾矩"(《论语·为政》)。这一学习的过程当然就是美德的培养过程,因此,就其改造人、成就人的内在效果而言,美德就体现于稳定的性情。❷由此我们能够理解孔子何以说"唯仁者能好人,能恶人"(《论语·里仁》)的话。人们常说儒学是一种变化气质、陶冶性情的学问,可谓的论。

伦理生活中人的行为动机表现于性情,从而也就是,表现于美德,这正是儒家伦理思想中的一个要义。以最重要的"仁"德为例。从情的角度我们常把"仁"理解为"爱",因而有"仁爱"之名。对于儒家所讲的仁爱,我们知道,其中一个非常重要的特点是强调爱有差等。然而爱有差等也常常被误解,尤其是那种受现代人

---

❶ Bernard Williams, "Persons, Character and Morality," in *Moral Luck*, Cambridge University Press, 1981, p. 18.
❷ 在西方美德伦理学传统中,美德常常被直接规定为通过修养而达致的稳定的性情(disposition)。

本主义误导而无视于客观存有所导致的误解，更不易被人觉察。比如下面这样一种对爱有差等的理解：因为我爱我的父母胜过爱一个路人，所以我给予我父母的爱大大不同于我给予一个路人的爱。这种理解彰显出了仁爱中的差等因素，然而却是一个倒果为因的解释。情感并不是现成的，如果我们不做更深入的探究而将情感直接理解为伦理行为的理由，势必会掉入情感主义的泥淖中去。❶因此，恰恰需要去探究的首先是情感的来源和基础。实际上，爱有差等就是着意于此。理解爱有差等的一个关键在于，情感的亲疏远近建基于客观存有的差异。换言之，爱之所以有差等，是因为所爱之对象就其存有而言有其客观的差异：这是我的父母，那是一个路人。❷正因为如此，这种有差等的人伦之爱既建基于客观的存有，因而构成伦理行为的客观理由，又符合实际生活中的人的情感，因为情感并不与客观的存有相违逆。概而言之，在此，无论是作为伦理行为之客观理由的人的理智，还是作为伦理行为之主观动机的人的情感，最终皆以客观的存有为根据，并以守护客观的存有为当务。

以上的简短分析足以表明，在儒家伦理思想中，伦理行为的客观理由与主观动机是内在一致的，具体而言，二者统一于客观的存有。我们可以恰当地将之称为伦理观念的存有论基础。那么，我们能够将"仁爱"理解为面对普遍的道德法则而生的一种纯粹的道德义务感吗？我们能够将康德式的那种冷酷的绝对命令与儒家这种既

---

❶ 对现代西方伦理学中的情感主义思潮的深刻分析和精彩批评当数麦金太尔。见麦金太尔：《追寻美德》，宋继杰译。
❷ 秉承胡塞尔，海德格尔明确指出，必须从关系的角度去理解一个事物的"存有"（being），也就是"其所是"。那种从实体之属性的角度来理解"存有"的看法是派生的（即使是本质属性），违论现代科学主义思维中对"存有"的理解。用胡塞尔的话来说，"本质"只能是一个形式化概念，而不是一个普遍化概念。

自律的挪用　**127**

切近日用伦常而通人情,又遍及宇宙万物而达天理的仁爱美德相提并论吗?实际上,一个非常明显的事实是,那种躐等之爱根本不尊重客观的存有,并不将仁之理、爱之情建基于客观的存有。有人说,康德的义务论思想合理但不合情,儒家伦理思想合情但不合理。这种看法仍然站在前者的立场上,因为其中的"理"是无视于客观存有的"理"。这种看法所揭示出来的情理之间的不协调一致实际上就是现代道德哲学的根本症候。若以客观的存有为终极的基础,那么,我们会发现,有差等的人伦之爱实际上是一种合情合理的伦理主张,而康德式的义务论思想则既不合理也不合情。换言之,如若将儒家伦理思想理解为康德式的义务论,那么,将会使儒家伦理思想也患上"现代伦理理论的精神分裂症",甚至进一步走向变态式的道德狂热。实际上,这正是牟宗三挪用康德的自律观念诠释儒家伦理思想的一个严重后果。不过,牟宗三明确地意识到了康德道德哲学中情与理的不一致,而且这一点也成为他批评康德的一个关键之处,但是,由于他从根本上接受了康德的义务论观念,也就是说,接受了康德式的无视于客观存有的道德之理,所以,在他强调儒家思想中情理之间的一致性的时候,就不得不以道德之理为鹄的而论情了,以此作为解决存在于伦理理由与动机之间的精神分裂症的办法。将康德式克制意味较强的自律观念进一步转换为主动意味更强的自愿观念,就是这种解决办法的具体表现。❶因为天理被转换为道德之理,所以人情也必须被转换为道德之情。这种做法的最终结果只能是情理皆失,因为天理丧则人情亦难以为继。

此外,孟子强调"由仁义行"与"行仁义"的区别,这曾被

---

❶ 牟宗三多次用"自愿"来表达他所理解的儒家式的自律。关于道德情感在儒家和康德思想中的不同意义和不同地位,是李明辉论述的一个重要主题。由于这个问题涉及对良知的理解,我将在《良知的僭越》一部分中详细讨论。

一些人用来证明儒家主张伦理行为的理由与动机的一致性,甚至还有人用来说明自律与他律的区别。对此,可有两点申说。孟子的这一论调出现在评价舜的语境中:"人之所以异于禽兽者几希,庶民去之,君子存之。舜明于庶物,察于人伦,由仁义行,非行仁义也。"(《孟子·离娄下》)首先,不能将"由仁义行"与"行仁义"理解为判断儒家伦理思想的是非标准。孟子这里的"由仁义行"是对他心目中的圣王舜的评价,意味着成德之路上的一个很高的等级,于是,这里的"行仁义"并非指在伦理生活中信奉了错误思想的人,而是意味着成德之路上的一个相对较低的等级。对此,朱熹的注解非常明确:"物理故非度外,而人伦尤切于身,故其知之有详略之异,在舜则皆生而知之也。由仁义行,非行仁义,则仁义已根于心,而所行皆从此出。非以仁义为美,而后勉强行之,所谓安而行之也。此则圣人之事,不待存之而无不存矣。尹氏曰:'存之者君子也,存者圣人也。君子所存,存天理也;由仁义行,存者能之。'"其次,可能有人会想到,根据成德之不同等级,可以勾勒出伦理行为的理由与动机之关系的不同模式:只有在圣人的等级上,二者才能完全一致;而在低于圣人的等级上,比如说在君子的等级上,二者不能完全一致,而是存在着明显的张力甚至对立。因此,那种认为伦理行为的理由与动机之间存在"精神分裂症"的说法不免有耸人听闻之嫌,因为那样的话,君子也难免存在"精神分裂症"了。然而,这种看法是似是而非的。理由与动机的一致性根本上来自于以客观的存有为终极的基础。"现代伦理理论的精神分裂症"的根源也在于此:正是因为以理性为根据的道德不再以客观的存有为基础,而在人的情感中却保留了对客观存有的尊重和认可,所以才有理由与动机之间的精神分裂症的产生。无论是以情就理还是以理就情都可以看作是对这种精神分裂症的现代解决思路，然而却是注定要失败的思路，因为其仍然无视于客观的存有。质言之，存在于伦理行为之理由与动机之间的精神分裂症并不取决于理由与动机之间存在着某种张力，而是取决于存在什么样的张力。如果理由与动机之间的不一致在二者都不被改变的情况下是根本上不能够被克服的，那么，精神分裂症就一定存在。相反，如果这种不一致在二者都不被改变的情况下可能被克服，那么，这种不一致就只能被理解为成德之路上修养不够完善的表现，而不是理由与动机之间的精神分裂症。

以上的分析足以表明，只能将儒家伦理思想归入美德伦理学而非义务论。❶牟宗三挪用与犹太—基督教传统有密切渊源的自律概念来解释儒家，就是将古典儒家原本的美德伦理置换为具有鲜明现

---

❶ 美德伦理学与义务论之间的区别可以从许多角度来看，在此我只就其核心而做扼要分析。比如说，从美德的目次来看，古典美德伦理学中的一些美德在现代义务论和功效主义的思想中被废黜了，不再作为美德，而是被认为是非道德的（non-moral），其中最著名的是明智，康德力辩明智与道德的区别，不仅将明智排除在道德之外，而且将明智与道德对立起来，而在亚里士多德那里，明智可以说是伦理学中最重要的美德。此外，儒家与亚里士多德代表着中西美德伦理学的两大传统，二者之间存在着深刻的差异；由于我们在此着意于美德伦理学与义务论之间的差异，所以对儒家与亚里士多德伦理学之间的差异并未提及。对于二者之间的差异，可参见麦金太尔与万俊人之间的思想对话。在"Incommensurability, Truth and the Conversation Between Confucians and Aristotlians About the Virtues"（in *Culture and Modernity*, E. Deutsch ed. The University of Hawaii Press, 1991；中译文《不可公度性、真理和儒家及亚里士多德主义者关于美德的对话》由彭国翔译，载《孔子研究》，1998 年第 4 期）一文中，麦金太尔强调了儒家与亚里士多德在美德概念以及整个伦理思想上的差异；有感于此，万俊人写了一篇文章《儒家美德伦理及其与麦金太尔之亚里士多德主义的视差》（载《中国学术》2001 年第 2 期，总第六辑，刘东主编；英译文"Contrasting Confucian Virtue Ethics and MacIntyre's Aristotlian Virtue Theory," trans. Edward Slingerland, in *Chinese Philosophy In an Era of Globalization*, ed. Robin R. Wang, State University of New York Press, 2004），对麦金太尔的观点提出了一些不同看法；麦金太尔又针对该文写了一篇回应性文章"Once More on Confucian and Aristotlian Conceptions of the Virtues: A Response to Professor Wan"（in *Chinese Philosophy In an Era of Globalization*, ed. Robin R. Wang, State University of New York Press, 2004；中译文《孔子与亚里士多德的美德概念的再讨论》由岳秀坤译，载《中国学术》2002 年第 1 期，总第九辑，刘东主编），对双方提出的一些主要观点进行了再次讨论。

代特征的法则伦理，因而是对儒家伦理思想的一种现代扭曲。然而，牟宗三的挪用绝非空穴来风。我们不也常常听到有人说，注重义务是儒家伦理思想的一个显著特征。既然阿奎那能够将基督教的神命论思想与亚里士多德的美德伦理学结合起来，那么，我们也有必要进一步探究，在儒家伦理传统中是否存在或可能存在一种以义务为核心的思想形态？或者从另一个角度来看，儒家伦理传统中的某种思想形态与义务论是否存在某种特别的亲缘关系？

我们已经指出，就其原始的形态而言，义务总是表现为命令。将命令作为一个事件来看，可以分析为以下几个环节：命令者、命令行为、命令的内容、听命者以及听命行为。比如就犹太—基督教传统的神命论思想而言，神就是命令者，神对人颁布律法，就是命令者的命令行为，律法的内容就是命令的内容，人作为听命者甘愿遵从律法，就是听命者的听命行为。义务就来自于听命者的听命行为，当然前提是首先必须有命令者的命令。命令的内容也就是义务的内容；而听命者能够心甘情愿地听命，就产生了义务感。就原始儒家的宗教—伦理传统而言，与此相关的当然是天命的思想。天命之命，最初当然就是命令的意思。从字源学的角度来看，命从口从令，实际上与令同义。而且在儒家思想文献中也不乏相关的证据，比如说在《春秋穀梁传·庄公元年》中有这样一段话："人之于天也，以道授命；（天之）于人也，以言授命。不若于道者，天绝之也；不若于言者，人绝之也。"董仲舒在《春秋繁露·顺命》中又几乎原封不动地引用了这段话。天以言授命的思想，可能是"天命"最初的含义，但在儒家思想的形成和流衍中并不占主导地位。我们所熟悉的倒是一个由孔子明确阐述出来的相反的看法："天何言哉！四时行焉，百物生焉，天何言哉！"（《论语·阳货》）孟子也认为天并不"谆谆然命之"，在回答万章的发问时他以同样的口吻说：

"天不言，以行与事示之而已矣。"（《孟子·万章上》）也就是说，天命是儒家最原始、最正统的思想，但这一思想并不意味着天直接通过言语来命令人。

那么，天究竟如何命人呢？在论及天人关系的时候，不能不谈到"德"与"性"的观念。众所周知，在商周时期天命观念的转变过程中，"以德配天"思想的出现是一个非常重要的事件。上天给予某些特殊的人以特殊的禀赋，这些特殊的禀赋就是所谓"德"。德者，得也，得之于天者也。有德者承担着保民而王的更高的天命，这即是"敬德保民"之义，亦即所谓"旦聪明，作元后，元后为民父母"之义。因此，这里的"德"并非现代意义上的"道德"之"德"，而是指人得之于天的种种卓越的禀赋——从引文中我们就可以很明显地看到，聪明才智也包括在"德"的范围之内。而上天只保佑那些将天命之德发用于外者，所谓"皇天无亲，惟德是辅"。因为"德"来自于天，所以敬德就是敬天，将"德"发挥出来也就是听从天命，此之谓"以德配天"。可以看出，"德"的观念的出现，使听命于天的思想发生了一个重要的突破：天命既不缥缈而玄远，亦不表现为明确的命令，而是通过赋予人以德而给人以启示。天命之德后来演变成了天命之性，明确的表达当然就是《中庸》一开篇的"天命之谓性"。"德"与"性"义同，故《中庸》中并称为"尊德性"；所不同之处在于，在"以德配天"的语境中，大概只有少数人才能够从上天获得卓越的"德"，但在"天命之谓性"的语境中，任何一个人都有天生为人之"性"。这一思想转变对儒家的形成至关重要，其中，孔子对于这一转变是决定性的，而子思和孟子则是孔子最明确的继承者和完善者。通过"尊德性"来领会、听从天命，天命就成为一种恩典，因为德性乃美善之资，天给予人以德性就意味着人自天而得美善，于是，听从天命实际上也就成了接受恩典。而且,由"德"进到"性",意味着天命之恩典不只是给予少数人,而是给予每个人。德性观念的出现使得儒家的天命论走向了美德伦理的进路,而不同于犹太—基督教传统,在神命论思想之下开出的是法则伦理的进路。❶

然而,我们从前文对作为一个事件的命令的分析中还是能够窥见命令概念与儒家思想的某种形态相契合的一些蛛丝马迹。比如说,当我们想到"君命臣死,臣不得不死"或"父母之命,媒妁之言"或"天命不可逃,夫命不可违"等成语时,命令概念在伦理生活中的重要性昭然若揭。绝非偶然,这些成语指向在儒家思想史上有很大影响的三纲说:君为臣纲,父为子纲,夫为妻纲。而将义务的概念视为儒家思想之核心的观点,正与三纲说相联系。按照一般的理解,三纲说就是要确立伦理关系中的命令与服从的关系:君是命令者而臣是服从者,父是命令者而子是服从者,夫是命令者而妻是服从者。这样,我们可以概括出三纲说的两个基本特征:一是以命令与服从的概念为主旨来说明三纲说的本质。如果我们可以判定三纲说就是儒家伦理学中的义务论思想的话,那么,义务就来自于命令与服从。二是三纲说规定了单方面的义务,也就是服从者的义务。三纲说的这两个特征在现代以来为许多人所熟悉,尤其是那些熟悉谭嗣同对三纲说的著名攻击的人。然而,仔细分析一下就可以知道,三纲说,或者至少是如是理解的三纲说,与原始儒家的伦理思想多有扞格。首先,就第二个方面来说,只规定单方面的义

---

❶ 麦金太尔指出,作为美德伦理学之典范的亚里士多德也强调对法律的尊重,之后他进一步总结说,"一个将其生活展示为直接指向一种共同美善的共同体,必须同时依据美德和法则来阐明其伦理生活"。见《追寻美德》,宋继杰译,第214页。在儒家思想中,法则伦理的对应物如果有的话只能是"礼"。在此意义上,孟子将"礼"理解为一种美德是非常独特的,我们似乎可以将之类比于康德所说的义务感,也就是对义务的敬重。然而,必须指出,在儒家,礼恰恰是可以随时损益的。因此,与特殊时代、特殊语境密切相关的礼与普遍性的律法有着根本的不同。

务意味着，作为命令者的君、父、夫，因为是命令者，因而对伦理关系中的服从者一方臣、子、妻，并没有伦理上的义务。不难看出这一结论的谬误之处。儒家强调的是"君君，臣臣，父父，子子"，这不仅提出了对臣、子的要求和期许，而且也提出了对君、父的要求和期许。换言之，君有君道，臣有臣道，父有父道，子有子道。如果我们使用"义务"一词来解释君臣父子之伦理关系的话，那么，很显然，君对于臣，父对于子，都是有义务的。君之为君，是相对于臣而言的，父之为父，是相对于子而言的，夫之为夫，是相对于妻而言的。儒家并没有君可以不君但臣不得不臣、父可以不父但子不得不子、夫可以不夫但妻不得不妻的伦理主张。其次，也是更为重要的，就第一个方面来说，实际上，命令与服从的概念并非儒家理解伦理关系的主旨。孔子对此已经有明确的反思：

> 曾子曰："若夫慈爱、恭敬、安亲、扬名，则闻命矣。敢问子从父之令，可谓孝乎？"子曰："是何言与，是何言与！昔者天子有争臣七人，虽无道，不失其天下；诸侯有争臣五人，虽无道，不失其国；大夫有争臣三人，虽无道，不失其家；士有争友，则身不离于令名；父有争子，则身不陷于不义。则子不可以不争于父，臣不可以不争于君；故当不义，则争之。从父之令，又焉得为孝乎！"（《孝经·谏诤》）

类似的言论在记载于《荀子·子道》中：

> 鲁哀公问于孔子曰："子从父命，孝乎？臣从君命，贞乎？"三问，孔子不对。孔子趋出以语子贡曰："乡者，君问丘也，曰：'子从父命，孝乎？臣从君命，贞乎？'三问而丘不

对,赐以为何如?"子贡曰:"子从父命,孝矣。臣从君命,贞矣,夫子有奚对焉?"孔子曰:"小人哉!赐不识也!昔万乘之国,有争臣四人,则封疆不削;千乘之国,有争臣三人,则社稷不危;百乘之家,有争臣二人,则宗庙不毁。父有争子,不行无礼;士有争友,不为不义。故子从父,奚子孝?臣从君,奚臣贞?审其所以从之之谓孝之谓贞也。"

这里讨论的谏诤问题,不仅存在于君臣之间,而且存在于士友之间、父子之间。孔子明言"子从父命"不得为孝,"臣从君命"不得为贞,根本在于"审其所以从之之谓孝之谓贞也"。这足以说明,儒家不以命令与服从为主旨理解伦理关系。前文已经指出,儒家的天命论与犹太—基督教传统中的神命论不同,并未导致神圣律法的观念,因而其伦理思想的核心概念并非与律法主义密切相关的义务,而是美德。正因为如此,即使天命的思想落实于伦理关系,美德仍是理解儒家伦理思想的核心观念。即使身处古代中国社会的语境中,我们能够说,臣以君为天,子以父为天,妻以夫为天,但这并不意味着臣、子、妻在事君、事父、事夫的过程应当绝对服从。

因此,如果我们把三纲说看作是天命论落实于伦理关系时的一个变种,那么,我们就找到了儒家式的义务论思想的来源。伦理关系中的不对等性为命令与服从提供了可能,然而仅仅是命令与服从远不足以成就伦理生活。伦理关系中当然存在义务,但却不仅限于义务。这一点从现代的伦理关系中也可以看出。比如说,现代法律一般规定父母有抚养子女的义务,子女有赡养父母的义务。然而,这并不意味着父母与子女之间的伦理关系仅限于法律所规定的基本义务。相反,如果父母与子女之间只剩下抚养与赡养的基本义务,我们还会说,那不仅表现了亲情的疏离,更是伦理的丧失。因此,在义务的层次上理解伦理关系，是将伦理关系律法化——在中国思想史上也就是儒家伦理经过法家的改造——的后果。这种律法化的改造或许有其政治哲学上的积极意义，但如果将之理解为伦理关系的本质的话则意味着一种贬低，尤其是涉及那些与自我身份认同息息相关的伦理关系的时候。

就理解人的伦理生活而言，责任（responsibility）的概念比义务（obligation）的概念更为重要。尽管这两个概念在汉语中常常混淆使用，但二者仍有明显的不同之处。一个显而易见的语言学事实是：我们说"责任重大"，而不说"义务重大"。由此可以看出，责任并不能够通过明确的内容得以穷尽，于是有大有小；而义务就是义务，总是很明确的，于是没有程度上的大小。也许我们可以将义务理解为最基本的责任，也就是所谓的底线（the minimal），但责任一定超出义务的范围。责任的大小往往与责任者的能力密切相关，比如，我们总是赋予精英以更多的责任；而义务则是一律的，与个人的能力差异基本上没有关联，比如，赡养父母这一法定的义务，无论穷人还是富人，无论城市人还是农村人，都在适用范围之内。

澄清责任与义务这两个概念之间的差异，能够使我们对于我们的伦理生活的理解更加清晰。仍以父母与子女的伦理关系为例。很显然，我们不能说一个尽了法定义务的儿子或女儿就是一个履行孝道的典范。子女对于父母的孝，仅仅止于法定的义务当然是远远不够的，相反，作为责任而非义务来理解的孝是无限的。存在于基本的义务与无限的责任之间的距离无疑是很大的。在此我们提到了"孝道"一词，当然是非常自然而正当的。但是，值得注意的是，"孝道"恰恰不能被理解为"孝的法则"，也就是说，这里的"道"恰恰不能被理解为法则。义务指向伦理关系中的底线要求，而责任涵涉伦理关系中的积极面向。义务要求人不应该如何如何,因此义务的履行保证人之为人的最低水平,但责任会对人提出更高的期许,你能够这样这样,意味着你会成为这样这样的人。义务规范人之所不应为、不应是,责任成就人之所能为、所能是。由于美德关乎人的存有和生活的积极面向,所以,在以美德为核心的伦理思想中,责任的概念更为契合而义务的概念远远不够。即使敏锐如贺麟,发现了三纲说中不同寻常的绝对性之精神特质,对于义务与美德之不同进路也熟视无睹。[1]牟宗三在这个问题上的毫无察觉,可能与他所承受的中西文化之间的张力有关,也与他所涉猎的西方哲学的特殊资源有关。

---

[1] 众所周知,在著名的《五论观念的新检讨》(发表于1940年5月1日《战国策》第3期,后收入《文化与人生》,商务印书馆1988年版)一文中,贺麟对三纲说中蕴含的绝对性的伦理识度——他称之为"对理念尽忠"——做出了非常卓越的诠释。然而,这种诠释仍将义务的概念作为理解儒教伦理思想的核心,而且也将如是理解的儒教式义务概念类比于康德式绝对命令概念。此外,从相对与绝对的差异来刻画五伦与三纲的区别,这种诠释也并非没有问题。在《五伦观念的再检讨》一文中,我专门讨论了贺麟该文的得失,见《中国儒学》第三辑,中国社会科学出版社2008年版。

良知的僭越

一 实践理性充其极与儒学的历史性开展

在《心体与性体》综论部分，牟宗三借助对康德哲学的批判性吸纳，通过将"实践理性充其极"提出一个他称之为"道德的形而上学"（moral metaphysics）的思想构架。在他看来，最能表象儒学之精神特质的，莫过于这一思想构架。要而言之，实践理性——亦被他称为道德理性——充其极包含三义：一是道德理性"当身之严整与纯粹的意义"，其中之关键在于自律，二是道德理性"因宇宙的情怀，而达至其形而上的意义"，三是达至本体的道德理性在践履工夫中的当下呈现。❶牟宗三更借用佛教思想史上的"云门三句"来刻画这三义，并提出这三义构成"圆教的基本义理模型"：道德理性之纯粹意义即截断众流句，道德理性之形上意义即涵盖乾坤句，道德理性之呈现意义即随波逐浪句。经此改造过的"牟门三句"，构成牟宗三主义儒学的基本教义，为他的追随者和后继者所坚持。

牟宗三对康德的评价和对儒学传统的历史诠释，皆不离此基本教义。首先，实践理性充其极的思想，本身就是在与康德的对话中提出的，本身就包含着对康德道德哲学的衡定。牟宗三认为，康德的道德底形而上学（metaphysics of morals）在西方哲学史上首次明

---

❶ 牟宗三：《心体与性体》（上），上海古籍出版社1999年版，第100页。

确揭示了道德理性的纯粹意义,这是值得肯定的,但是,康德囿于其基督教文化背景和知性思维的局限始终未能将实践理性充其极,在形而上学领域中只建构了道德神学,对于道德的形而上学虽在理论上有所预示但却无法真正完成之,转而企图以审美判断来沟通道德界与自然界,换言之,康德只在实践理性充其极的第一义上表现了他的真知灼见,而始终不及第二义和第三义。❶与康德的对话也关系到牟宗三对知性思维和以知性思维为基础的科学的适当肯定,而这又构成他所倡导的儒学之第三期开展的主要课题。

其次,实践理性充其极的思想,其理论归宿在牟宗三对宋明儒学的理解,因而也是牟宗三诠释宋明儒学的理论基础。他提出,以道德的形而上学衡之,宋明儒学实可分为一统二系。由濂溪、横渠而至明道,以主观面与客观面的互相统摄而点明心体与性体的合一,开出的正是实践理性充其极的圆教模型,这构成宋明儒学之新统。之后则分化为三系:五峰、蕺山一系是"从客观面到主观面",以"逆觉体证"和"以心著性"二义,"直承明道之圆教而开出";象山、阳明一系则是"从主观面到客观面",虽在客观面"不甚能挺立"而"使人有虚歉之感",但终以"一心之朗现、一心之伸展、一心之遍润"而达至圆满;伊川、朱子则以"顺取之路"析心、性为二,在性体天理处主"即存有而不活动",在人心工夫处重格物致知,不仅难以达至圆满更流于他律道德。而且,五峰、蕺山一系与象山、阳明一系是"一圆圈的两来往",作为纵贯系统而成为宋明儒之大宗,伊川、朱子一系则是歧出转向,作为横摄系统而成为宋明儒之别子为宗。❷

---

❶ 牟宗三:《心体与性体》(上),第153页。
❷ 牟宗三:《心体与性体》(上),第42页以下。我们可以根据思想的不同进路而将三系分别称之为道学一系、心学一系与理学一系。由此也可看出,牟宗三的分系有其思想史的意义,即使我们不同意他分系的基本依据。

最后，实践理性充其极的思想，也是牟宗三诠释先秦儒学以及先秦儒学与宋明儒学之关系的理论基础。在牟宗三看来，儒家的道统虽上承自尧、舜、禹、汤、文、武、周公，但实经由孔子而得以真正挺立，以《论语》、《孟子》、《中庸》、《易传》为主要传承文本的先秦儒学所开出的成德之教的弘规即是一以心性为根本的道德哲学，也就是内圣之学，而宋明儒学的中心问题，"首在讨论道德实践所以可能之先验根据"，也就是以心性为主要关切的本体与工夫问题。更具体地说，先秦儒学所开出的成德之教的弘规是道德的形而上学的原始模型，其中道德实践的主观根据（心）、客观根据（性）和存有论上的本体（天）构成了一种紧密的意义联系，三者虽未合一但已预示了合一的可能与必要，此即孔子所谓"践仁知天"，孟子所谓"尽心知性知天"，《中庸》所谓"天命之谓性，率性之谓道"，《易传》所谓"乾道变化，各正性命"，而宋明儒学正是在心、性、天合一的方向上发展了先秦儒学，完成了道德的形而上学，此亦其所以为新之故。❶至于外王之学，也就是儒家政治哲学，虽有尧、舜、禹为理想的寄托，但在先秦儒家"即未达定型之境，只有一大体之倾向"，到宋明儒学仍"贡献甚少"，仍"只在朦胧之发展中"，只能有待于以开出存有论之知性层面为主要课题的儒学之第三期开展。❷

儒学开展之三期说最值得肯定的地方在于其兼顾精神与制度，且在分期的时间上对应于夷夏之辨的主题，但就其具体内容而言，仍然存在着非常严重的问题。儒学开展之三期说实际上是将儒学的开展刻画为一个内圣与外王步调极不一致的历史进步过程：第一期被认为是儒学开展的一个原始阶段，无论在内圣方面还是外王方面

---

❶ 牟宗三：《心体与性体》（上），第14页以下。
❷ 牟宗三：《心体与性体》（上），第4—5页。

都只是初具模型；第二期被认为是内圣方面的完成与外王方面的无所作为；于是，第三期的使命就被刻画为在充分肯定第二期之进展的前提下力求达至外王方面的完成。❶很明显，只要像牟宗三自己所做的那样承认精神自身的展开表现为一个历史的过程，而这个历史的过程也就是精神在客观领域中得以落实的过程，那么，将内圣与外王的主题分列并单方面地谈论完成——无论是内圣方面的完成还是外王方面的完成——就缺乏正当性。退一步讲，即使我们考虑到理论言说的方便和分类的必要而承认将内圣与外王区别开来具有学理上的正当性，那么，真正需要面对和解释的问题恰恰是，内圣与外王何以在步调上表现出如此巨大的不一致，且不说将精神的内在化过程理解为内圣方面的完成是否成问题。实际上，将内圣与外王分列叙述，本身就是中国文化在现代处境下精神分裂的症候。这种表面上看起来是"花开两朵，各表一枝"的分列叙述所能达到的只不过是中国文化精神在分裂状态中的自我认识，而要真正克服之则首先需要对这种分列叙述进行彻底的反思。❷

就此而言，牟宗三依实践理性充其极的进路而建构起来的道德的形而上学体系作为现代新儒家所取得的最高思想成就在很大程度上可以说是中国文化在现代以来所遭遇的精神危机之中所达到的最高的自我认识。毫无疑问，这种最高的自我认识在争取承认的斗争中尽管还不能摆脱苦恼意识的阶段，但已是相当地难能可贵了。不过，无论对之如何评价，全面的检讨都是非常必要的。概而言之，牟宗三以道德的形而上学命名的儒学思想，就其作为对历史儒学的

---

❶ 此即牟宗三的"三统之说"：道统的肯定、学统的开出与政统的继续。关于牟宗三的儒学第三期开展的分析，见本书《历史的嫁接》部分。
❷ 目前中文学术界广为流传的心性儒学与政治儒学的区分亦是这种精神分裂状态的具体表现。

诠释基础而言，主要表现在三个互相关联的方面：首先是借助康德意义上的善良意志而将儒家思想中原本所指不同的心、性、情三者合而为一个实体化的善良意志，又将这个实体化的善良意志——即心性良知——与存有论上的天或天道本体合而为一；其次是借助康德关于智的直觉和物自身的有关思想，在形而上的层面上论述包括儒、道、佛在内的中国哲学相对于西方哲学（在他那里主要是康德哲学）的独特之处、也是高明之处；最后是发挥佛学传统中的圆教思想，并将之与康德对圆善问题的论述关联起来，进一步刻画儒、道、佛、耶诸教在圆满问题上的不同看法，从而最终分判诸教。对此，我们可以提出很多疑问，比如说，将良知心性与宇宙本体合而为一是否意味着良知的僭越？将智的直觉理解为一种"无知之知"而相应地将物自身理解为一个非事实性的价值概念是否意味着最终流于虚无主义或至少是归宗神秘主义？将原本来自佛学传统的圆教思想与康德意义上的圆善问题关联起来是否恰当？最后，以判教的方式解决中西问题是否能够守住儒家的根本立场？

二 心性与本体

牟宗三会通中西的一个理论要点是用康德意义上的善良意志（good will）来诠解儒家思想传统中的良知心性。善良意志是康德道德哲学的核心概念，要恰当地理解这一概念必须刻画其整体的理论脉络。《道德形而上学奠基》是公认的康德道德哲学的纲领性著作，实际上，从该书的三个分章标题中我们就可以明确地看出康德道德哲学的三个依次递进的不同层次：通俗的道德哲学、道德形而上学和实践理性批判。❶兹论列如下。

在《道德形而上学奠基》第一部分一开篇，康德就以首出庶物的语势谈及善良意志的道德价值："在这个世界上，甚或在这个世界之外，一个善良的意志是唯一能够被认为具有无条件的善的事物。……善良意志之所以为善，并不因其所能促成的善果，亦不因其在达至预定目标时所能给出的善功，而仅仅因其善意，就是说，它是自在的善。"❷在接下来的行文中，康德继续指出，纯粹的意志之善具有"绝对的价值"，虽不是"唯一、完全的善"，但相对于其他的善而言"必定是最高的善"，且其他的善必定以其为条件。❸康德对此并没有给出论证，因为他认为这是"普通理性就能够一致同意"的道德知识，而善良意志亦是"自然的健康理智本身所固有"，就是说，在此可以方便地诉诸常识而不需要论证。从普通理性的道德知识转至哲学的道德知识的关键在于如何正确地理解行为的道德价值。通过对"包含着一个善良意志概念"的义务概念的语义考察和语用分析，康德指出，行为的道德价值（moral worth）并不在于其是否合乎义务，而在于其是否出于义务。由此康德得出了关于道德的三个命题：（1）具有道德价值的行为只能出于义务，而非欲好；（2）一个出于义务的行为，其道德价值并不在于其所要达到的目的，而是在于其所被决定的准则，也就是说，并不依赖于行为

---

❶ 参见邓晓芒：《康德道德哲学的三个层次》，载《云南大学学报》2004 年第 4 期，后收入氏著：《康德哲学诸问题》，生活·读书·新知三联书店 2006 年版。

❷ Immanuel Kant, *Groundwork of the Metaphysics of Morals*, 4：393-394，in *Practical Philosophy*, trans. & ed. Mary. J. Gregor, Cambridge University Press, 1996，p. 49-50. 本文对康德实践哲学著作的引用主要以这个英文译本为依据，同时参考了以下几个比较通行的中译本：《道德形而上学奠基》的唐钺译本、牟宗三译本和苗力田译本，《实践理性批判》的关文运译本、牟宗三译本、韩水法译本和邓晓芒、杨祖陶译本，《道德形而上学》的张荣、李秋零译本。

❸ Immanuel Kant, *Groundwork of the Metaphysics of Morals*, 4：394，4：396，in *Practical Philosophy*, trans. & ed. Mary. J. Gregor, p. 50，p. 52.

目标的实现，而是不顾欲望的任何目标仅仅依赖于行为得以发生的决意原则；（3）义务就是由敬重法则而来的行为的必然性。❶

明乎行为的道德价值在于其出于义务，在康德看来这是通俗的道德哲学就能达到的层次。在《道德形而上学奠基》第二部分，康德主要讨论了何以从通俗的道德哲学转至道德形而上学。这其中的关键在于将道德严格而纯粹地奠基于理性之上。❷康德指出，通俗的道德哲学虽能从出于义务的动机处把握道德行为，但在理解道德

---

❶ Immanuel Kant, *Groundwork of the Metaphysics of Morals*, 4：398-400, in *Practical Philosophy*, trans. & ed. Mary. J. Gregor, p. 50, p. 53-55. 此处这样表述的第一个命题是我通过上下文的理解概括出来的，康德明确陈述了第二和第三个命题，并指出第三个命题是从前两个命题得出来的："出于义务的行为完全抛开了欲好和随之而来意志的任何目标的影响，于是，能够决定意志的只剩下客观层面上的法则和主观层面上对此实践法则的纯粹敬重，也就是遵循此法则的准则，即便此法则有损于我所有的欲好。"另外，我建议将"inclination"译为"欲好"，而不取学界已有的译法，理由如下：首先，在《道德形而上学奠基》第二部分的一个注释里（4：413），康德将"inclination"界定为"欲求能力对感觉的依赖"，在《道德形而上学》的导言部分（6：212），康德将"inclination"界定为"习惯性的欲求"，这是我们理解"inclination"的主要文本根据；其次，韩水法认为"inclination"是指"与生俱来的自然倾向"，于是他将之译为"禀好"，意即用"禀"来表达"与生俱来"，用"好"来表达"自然倾向"，这一理解大概来自"inclination"的词典式定义，从康德对"inclination"的界定来看显然是有问题的，而且，这一理解实际上和牟宗三的理解没有多大差别，尽管他对牟宗三将"inclination"译为"性好"提出了异议；再次，如果说经过某种特殊的——尤其是跨文化的——诠释能够将"inclination"与自然禀赋相联系的话，那么，尽管"性好"可以成为翻译"inclination"的一个选项，但还是易生不必要的纠缠：比如说，考虑到儒家思想语境中的"性"，如果说"inclination"主要与气质之性有关从而构成将之译为"性好"的一个理由的话，那么，问题在于，气质之性虽亦是性，但与天命之性相比，尚有"君子谓命不谓性"之说，就此而言，"禀好"显然比"性好"还要好一些，因为中文的"禀"往往与"气"连在一起使用，故有"禀气"或"气禀"的说法；最后，"inclination"还有两个更为平实的译法，一个是唐钺、苗力田等人采用的"爱好"，一个是张荣、李秋零等人采用的"偏好"，但二者不仅难以清晰地表达出"inclination"的感性特征，而且主动意味强，都不如"欲好"更能传达出"欲求能力对感觉的依赖性（欲）和欲求的习惯性（好）。

❷ 康德曾说，形而上学就是"一个出自纯粹概念的先天知识体系"，就是说，形而上学在康德这里被关联于出自纯粹理性的先天知识。引文见 Immanuel Kant, *The Metaphysics of Morals*, 6：216, in *Practical Philosophy*, trans. & ed. Mary. J. Gregor, Cambridge University Press, 1996, p. 371. 在《纯粹理性批判》中，康德多次提到他对形而上学的看法，可参看下文的相关叙述。

动机时又往往诉诸善良意志之外的其他事物,从而在道德认知上产生出"一种由混凑的观察和半生不熟的原则所拼成的令人生厌的杂拌"。❶ 为了避免这种只适合于浅人胃口的现象而能够真正捍卫道德的尊严,必须将道德哲学"奠基于形而上学",也就是说,全部的道德概念,都必须"完全先天地坐落于理性,根源于理性"。❷ 实际上在第一部分阐述善良意志时,康德就提出一种自然目的论的观点,来说明实践理性的真正使命就是产生善良意志。❸ 在第二部分,康德的阐述更进一步,也更为明确:由于意志——按照原则而行事的能力——是有理性存在者的根本特征,而法则对行为的规导又以理性为必需,所以,意志的存在实际上表明纯粹理性自身就具有实践能力,换言之,意志不外乎就是实践理性。❹

如果意志除了接受理性的规定之外,还不能免于欲好的影响,那么,实践理性规导下的善行就成为客观上必然、但主观上偶然的行为了。在这种情况下,实践理性的规定就表现为命令,因为客观上必然的法则相对于主观上偶然的动机具有强制性。因此说,"命令并不适用于言说上帝的意志,或一般所谓的神圣意志:在此没有'应当'的问题,因为意志自身就必然地与法则相一致了。命令作为一个公式,只适用于表达意志的客观法则与有理性存在者其意志在主观上的不完善性之间的关系,比如说,与人的意志在主观上的不完善性之间的关系。"❺ 实践理性的规定在人这种不完善的理性存在者那里表现为命令,这一点也决定了实践理性的命令有别于任

---

❶ Immanuel Kant, *Groundwork of the Metaphysics of Morals*, 4:409, in *Practical Philosophy*, p. 64.
❷ Immanuel Kant, *Groundwork of the Metaphysics of Morals*, 4:411, in *Practical Philosophy*, p. 65.
❸ Immanuel Kant, *Groundwork of the Metaphysics of Morals*, 4:396, in *Practical Philosophy*, p. 52. 在《判断力批判》中,这种自然目的论的观点被以更深入、更细致的方式展开。
❹ Immanuel Kant, *Groundwork of the Metaphysics of Morals*, 4:412, in *Practical Philosophy*, p. 66.
❺ Immanuel Kant, *Groundwork of the Metaphysics of Morals*, 4:414, in *Practical Philosophy*, p. 67.

何着意于手段的有条件命令（hypothetical imperative）而必然是无条件的（categorical），且对这种无条件的绝对命令的陈述只能是"一个先天综合的实践命题"。❶于是，康德给出了绝对命令的公式化表达："要只按照你同时也能意愿其成为一条普遍法则的准则而行事。"❷

很明显，绝对命令的公式是且只能是检验性的，这正如它是且只能是纯粹形式的。因此问题就是，如何将这个公式应用到一些具体的行为准则而履行其检验功能？换言之，如何在一些具体化的语境中理解这个公式中的"你能够意愿"？康德充分意识到这个问题的重要性，于是他提出了这个公式的一个变式。如果依据其内容把这个公式称作绝对命令的普遍法则公式（The Formula of Universal Law）的话，那么，康德在此提出的这个公式的变式就可以被称作绝对命令的自然法则公式（The Formula of the Law of Nature）："要如此行事，就像你行为的准则通过你的意志成了一条普遍的自然法则一样。"❸至于从普遍法则公式转换到自然法则公式的理由，康德后来在《实践理性批判》中以"纯粹实践判断力的拟型"为标题进行了专门的说明，其要点如下：首先，在规则中被普遍断言的东西要具体地应用到行为上必须通过实践判断力；其次，实践判断力所面临的特殊困难在于，具有客观必然性的实践法则完全来自超感

---

❶ Immanuel Kant, *Groundwork of the Metaphysics of Morals*, 4：420, in *Practical Philosophy*, p. 72. 康德在此处作注，阐述了其中的理由：首先，纯粹理性的实践将意志和行为客观必然地联结起来，这意味着作为纯粹理性之实践规定的道德命令是先天的；其次，由于人并不具有一个完善的意志，所以，纯粹理性的实践在将意志与行为联结起来的时候，并不是从一个先在的意志分析地推导出一个行为的意愿，也就是说，作为纯粹理性之实践规定的道德命令是综合的。

❷ Immanuel Kant, *Groundwork of the Metaphysics of Morals*, 4：421, in *Practical Philosophy*, p. 73.

❸ Immanuel Kant, *Groundwork of the Metaphysics of Morals*, 4：421, in *Practical Philosophy*, p. 73. 关于这一公式及其变式的名称，参见 Allen W. Wood, *Kant's Ethical Thought*, Cambridge University Press, 1999, p. 78.

性的世界，但必须将实践法则应用于其中的行为却发生在感性世界，而实践法则又不能像理论理性规导下的自然法则那样，依靠想象力所提供的图型，"将法则所决定的纯粹知性概念先天地呈现给感觉"；再次，实践判断力的"一个有利前景"在于，将感性世界中的一个可能行为归于实践法则之下，并不涉及这个行为在感性世界中得以发生的可能性，因为在此起作用的虽然也是属于纯粹知性概念的因果性，但是不同于自然因果性的自由因果性，就是说，"法则对意志的单纯决定是将因果性概念与一些构成自然联接的那些条件完全不同的条件联接起来"；最后，既然实践法则在自身应用于自然对象的问题上除了知性之外没有任何其他可依赖的认识能力，那么，实践法则就只有作为一条仅就其形式而言的自然法则而具体地呈现于感性对象，康德称之为纯粹实践判断力的拟型。❶

康德认为，通过自然法则公式，绝对命令就可以直接地检验发生在感性世界中的具体的行为准则，这也就是说，道德法则被当作一条自然法则，从而具备了经验判断的基础。比如在康德所举的例子里，一个人可能为了自己的利益而有意许下不准备兑现的假诺言，但他不能够意愿这种许假诺的做法成为一条普遍的自然法则，因为如果那样的话，许诺就变得不可能了，而"为了自己的利益而许假诺"这一行为准则也就落入了自行取消的境地。

绝对命令的自然法则公式着意于实践理性对准则之形式方面的

---

❶ Immanuel Kant, *Critique of Practical Reason*, 5：67-71, in *Practical Philosophy*, trans. & ed. Mary. J. Gregor, Cambridge University Press, 1996, p. 194-198. 牟宗三对康德在"纯粹实践判断力的拟型"标题下的这个说明非常重视，认为这个说明"甚为精微奥妙"，并对之做了一个详细的疏释，同样也立足自身的立场对康德的说明提出了批评，参见《康德的道德哲学》，牟宗三译注，学生书局1983年版，第229—243页。另外，牟宗三将康德此处的"typic"译为"符征"，认为若将之译为"范型"或"模型"则易生误解，其说有理，但"符征"一词，有僻违之嫌，故我建议将之译为"拟型"，取其类比于"图型"之义。

规定，实践理性对准则之质料方面的规定，则关联于目的，因为目的正是一个行为的质料因素。在这一方面，实践理性的正当作为是将一个仅从实践理性而来的客观的自在目的作为"一切主观目的的最高限制条件"。这个客观的自在目的当然只能从实践理性分析地得出，因而只能是有理性的存在者本身，也就是区别于无理性的存在者的人格。❶这就是说，任何主观目的都不能违背这一客观的自在目的，而且，一切主观目的之所以具有实践上的可允许性和正当性，正是因为这些主观目的是作为有理性的存在者的目的而被欲求的。这就从与目的之表象的关联中得出了绝对命令的另一个公式化表述："你要这样行事，永远都要把你人格中的人性以及任何一个他人人格中的人性同时用作目的，而绝不只是用作手段。"❷

很明显，无论是自然法则公式，还是自在目的公式（The Formula of Humanity as End in itself），实际上都着意于理性自身的实践能力，也就是，有理性的存在者应当且能够在其存在中自我肯定、自我维护、自我襄助，而不是自我否定、自我拆台、自我挫败。由自然法则公式和自在目的公式引申出意志的第三条实践原则，作为"意志与普遍实践理性相谐和的最高条件"，此即"每个有理性存在者的意志都是普遍立法意志的理念"，亦即自律的理念。❸这里，第三条实践原则是以一个理念的形式表达，但也可以将之改写为命令的形式，因此这也就是绝对命令的第三个公式化表述，可称之为自我立法公式（The Formula of Self-legislation）。❹自律的理念，或

---

❶ Immanuel Kant, *Groundwork of the Metaphysics of Morals*, 4: 428, in *Practical Philosophy*, p. 79.
❷ Immanuel Kant, *Groundwork of the Metaphysics of Morals*, 4: 429, in *Practical Philosophy*, p. 80.
❸ Immanuel Kant, *Groundwork of the Metaphysics of Morals*, 4: 431, in *Practical Philosophy*, p. 81. 康德这里的论述是，只有将每个有理性的存在者的意志同时作为立法的意志，才能保证立法的普遍性和有理性存在者之为自在目的。
❹ 艾伦·伍德称之为自律公式（The Formula of Autonomy）。

者说自我立法公式,着意于有理性存在者相互之间的平等承认,意味着实践理性对准则的完整规定,从而也蕴含着一个目的王国的理念,即"多个有理性的存在者在共同客观的法则规导下的系统性联盟"。❶

随着自律理念的提出,道德形而上学层次上的建构性分析也就达到了顶峰,因为在其理论脉络中,意志自律就是"道德的最高原则"。在此康德还专门分析了基于意志他律概念之上的那些以假乱真的道德原则,指出无论是经验的幸福原则,还是理性的完善概念(可以是存有论的,也可以是神学的),都不能为道德奠定真正的基础,而且都会陷入二律背反,尽管幸福层面的道德感概念和一般的完善概念本身都不会损害道德。于是,剩下的问题就是,意志自律作为一个先天综合的实践命题,是如何可能的?这就从道德形而上学的层次转到了实践理性批判的层次,因为这个问题只能在后一个层次上展开,而在前一个层次上是无法解决的。

实践理性批判是围绕自由概念展开的。这当然是因为"自由概念是阐明意志自律的关键"。在《道德形而上学奠基》一开始康德已经表明,凭借普通的理性,我们就能够认识到居于我们心中的道德法则,也就是说,道德法则是被我们"直接意识到的",是直接呈现于我们心中的"理性事实"。顺此,康德进一步指出,"由于理性将道德法则呈现为不让任何感性条件占上风的、真正完全独立于

---

❶ Immanuel Kant, *Groundwork of the Metaphysics of Morals*, 4∶433, in *Practical Philosophy*, p. 83. 目的王国的理念也清楚地显示出在康德的实践哲学中道德与政治的合理分际与紧密联系。众所周知,康德道德哲学意义上的自律概念深受卢梭政治哲学意义上的自律概念的影响。实际上,我们能够看到,康德是将自律奠基于形而上学,就意志与其内部的关系而言为道德的自律,就意志与其外部的关系而言则为政治的自律,这也正对应于康德在后来的《道德形而上学》一书中在法权论与美德论的划分下所提出的内在自由与外在自由。

感性条件的决定根据,所以,道德法则就径直导致自由概念"。❶就是说,道德法则为我们先天地所知,于是"自由的可能性"也为我们先天地所知,因为自由正是道德法则的条件。❷但是,通过对自由意志的概念分析,只能"把道德及其原则推导出来",而不能得出作为综合命题的绝对命令。于是,就需要一个"与双方都有关系的第三者",确切地说是"自由显示给我们且我们对其具有先天理念的第三种知识",以便"将两种知识互相联系起来"从而使综合得以可能。这里的"第三种知识"正是在实践理性批判的部分里重点阐述的一个主题,即实践兴趣(practical interest)。❸

---

❶ Immanuel Kant, *Critique of Practical Reason*, 5:29-30, in *Practical Philosophy*, p. 163.

❷ Immanuel Kant, *Critique of Practical Reason*, 5:4, in *Practical Philosophy*, p. 140. 正是在此处,康德做了一个非常重要、因而也常被引用的注释:"当我现在把自由称为道德法则的条件,而在随后的著作里面又声称道德法则是我们能够最初意识到自由所凭借的条件时,为了使人们不误以为在这里遇到了前后不一致,我只想提醒一点:自由诚然是道德法则的存在理由,道德法则却是自由的认识理由。因为如果道德法则不是预先在我们的理性中被明白地思想到,那么,我们就绝不会认为我们有正当理由去认定某种像自由一样的东西(尽管这并不矛盾)。但是,假使没有自由,那么道德法则就不会在我们内心找到。"

❸ Immanuel Kant, *Groundwork of the Metaphysics of Morals*, 4:447, in *Practical Philosophy*, p. 95. 在上引《康德道德哲学的三个层次》一文中,邓晓芒错误地以为这个"第三者"就是自由概念。此外,康德这里将主观准则和客观原则综合为道德法则的思路与《实践理性批判》中自由范畴表的第一组(即"量"的划分)是对应的。在阐述自由范畴表时康德曾说:"比如,从上表及其第一组人们立刻就知道,人们在实践的考量中必须从何处着手:从每个人建基于其欲好之上的准则开始,从对某一类有着某些一致欲好的有理性存在者都有效的规范开始,最后从对一切有理性存在者都有效的法则开始,而不管其欲好。"(5:67)邓晓芒在《康德〈实践理性批判〉中的自由范畴表解读》一文中对康德的自由范畴表做了出色的研究,但在相关理解上仍然存在一个非常明显的错误,即他把自由范畴表第一组第二项"客观的、按照原则的规范"理解为法权或明智:"这就是功利主义者和合理利己主义者所考虑的出发点。他们所建立的自由范畴已经是有'规范'的,即'法权',其中已经暗示了一点道德含义了。但在康德看来这还不是纯粹的道德,只是实践智慧或'明智'而已。"实际上,康德这里的"规范"就是指从自由意志可以分析地得出来的实践原则。邓晓芒的错误源于他未能正确理解上引文中"从对某一类有着某些一致欲好的有理性存在者都有效的规范开始"一语,康德这里的意思只不过是说人这类有理性的存在者,同时作为感性的存在者在某些欲好上也存在着一致性。该文载《哲学研究》2009年第9期。

在康德的论述中,兴趣是指"可偶然决定的意志对理性原则的依赖",相对于欲好之为"欲求能力对感觉的依赖"以及作为欲好之表现的需要,所以,兴趣只存在于"并非时时与理性相符合的意志",比如人的意志,而不可能存在于神圣意志,比如上帝的意志;进而,存在于人的意志的兴趣又被分为两种:一种是对行为本身的兴趣,是意志对理性原则本身的依赖,此即实践兴趣,康德也称之为道德兴趣(moral interest);一种是对行为对象的兴趣,是意志为了欲好的缘故而对理性原则的依赖,就是说,在这种情况下理性只就如何满足欲好之需要而提供实践规则,康德称之为病理学兴趣(pathological interest)。❶从实践兴趣的存在可以推知以下三点:首先,人的意志可被偶然决定,这表明人作为感性的存在者生活在一个感性的世界,因而在欲求方面表现为对感性的依赖;其次,人作为理性的存在者能够设想自己生活在一个理智的世界,从而在意志方面要求自己完全按照理性的原则行事;第三,人同时作为感性存在者和理性存在者——也就是有限的理性存在者——双栖于感性世界和理智世界,而正是后一种身份——与此相关,自由被设定为一切有理性存在者之意志的固有性质——使人有能力让自身的感性存在服从于理性存在,就是说,使人有能力让自身可被欲好及其需要所决定的意志服从于理性原则,并表现出对理性原则的依赖。质言之,与自由互为条件的道德法则必然地要求实践兴趣。

康德对实践兴趣的更为详细的阐述,是在《实践理性批判》之"纯粹实践理性的动力"部分。因为只有出于义务的行为才有道德价值,所以,"道德法则对意志的直接决定"就是行为道德价值的

---

❶ Immanuel Kant, *Groundwork of the Metaphysics of Morals*, 4:414, in *Practical Philosophy*, p. 67, footnote. 在后文的一个脚注(4:460)中,康德又将实践兴趣和病理学兴趣分别称之为对行为的直接兴趣和间接兴趣,或理性的兴趣和经验的兴趣。

根本所在，这就要求，"行为的客观决定根据必须始终同时是行为唯一充分的主观决定根据"。❶道德法则对意志的直接决定，主观地呈现出来就是"一种施于情感上的否定作用"，即"拒斥感性的冲动，阻止与道德法则相抵触的欲好"，因而也就是一种情感，我们可以合理地称之为道德情感。道德情感所起的抑制和否定作用归根到底是"对自负的完全平伏"，因而也就是谦卑。❷除了对于不正当欲好所能起到的否定作用，道德法则还有一种肯定力量，即它在人心中确立自身正当统治时的自我肯定力量。这一点使道德法则本身成为人敬重的对象。因此说，以道德法则为充足根据的道德情感，在肯定的意义上就表现为对道德法则的敬重，而对道德法则的敬重，也就不是趋向道德的一种另外的动力，而正是"在主观上被视为动力的道德本身"。❸于此，康德总结说，道德情感——也就是对道德法则感兴趣的能力——是我们能够完全先天地认识到、且其必然性也能够被我们洞察到的唯一情感。

获得了有关实践兴趣或道德情感的先天知识，就可以回答绝对命令如何可能的问题了。对此，康德说："绝对命令之所以可能，就

---

❶ Immanuel Kant, *Critique of Practical Reason*, 5: 71-72, in *Practical Philosophy*, p. 198. 在此处康德还指出，道德法则直接决定意志也意味着在这个问题上"决不能赋予神的意志以动力"，这实际上是在反对基督教的圣灵工作之论。

❷ 康德将谦卑与道德情感联系起来，不言而喻的是其基督教文化背景，在其中，谦卑作为一种宗教情感或信仰上的美德，是指人在上帝面前正确地意识到自身的卑微，因其直接关联于信仰而意义重大，而且，与谦卑相对的骄傲能够被称为最大的恶，因其作为不信的根源意味着对上帝的大不敬。在《道德形而上学》中，康德将谦卑定义为"一个人就自身的道德价值比照于法则而产生的卑微意识和卑微感"，并指出，就其之为道德的谦卑（moral humility）而言，相对的是道德的骄傲（moral arrogance），即"不比照于法则而臆信自身道德价值的伟大"；就其之为真正的谦卑（true humility）而言，相对的是假捏的谦卑（false humility），即"一个人为了获取别人的恩惠而贬低自身的道德价值"。见 Immanuel Kant, *The Metaphysics of Morals*, 6: 435-436, in *Practical Philosophy*, p. 558.

❸ Immanuel Kant, *Critique of Practical Reason*, 5: 76, in *Practical Philosophy*, p. 201.

在于自由的理念使我成为理智世界的一员。倘若我仅是这个世界的一员,那么我的一切行为就将永远符合意志自律。然而,既然我同时直觉到我自己也是感性世界中的一员,那么,就只能说我的行为应当符合意志自律了。这一绝对的应当意味着一个先天综合命题,既然在我被感性欲望所左右的意志之上,还加上了属于知性世界的同一个意志的理念——这是一个纯粹的、自身就实践着的意志,按照理性,它包含着前一个意志的最高条件。这种方式,大致类似于显示自身为一般法则形式的知性概念加在感性世界的直观上而使关于自然的一切知识都赖以确立的先天综合命题得以可能一样。"[1]这里的要点在于,感性存在与理性存在系属于同一个意志,且在这个意志内部自身具有实践能力的纯粹理性直接且必然地决定着被感性欲望所左右的意志。而康德顺此将绝对命令这一先天综合的实践命题类比于理论知识中的情形,就更加明确地显示出,绝对命令之所以可能,关键就取决于实践兴趣或道德情感。

  我们知道,实践理性批判的分析论分为原理、概念和动力三个部分,原理部分讨论的是自由意志与道德法则的问题,概念部分讨论的是意志如何决定善恶、施及对象的问题,动力部分讨论的是意志如何决定情感、施及人心的问题。后两部分都涉及意志对感性世界的影响。但康德的意思显然是,意志对情感的直接决定是意志决定善恶的基础,换言之,意志能够施及对象,正是因为意志能够施及人心。实践判断力的发用,或实践判断力的拟型,取决于我愿意以那样一种方式设想自然,或者说,绝对命令的自然法则公式中的那个"就像"(as if),取决于主观意愿下的设想。就此而言,如果说自由意志是康德道德哲学的拱顶石,那么,实践兴趣或道德情感,

---

[1] Immanuel Kant, *Groundwork of the Metaphysics of Morals*, 4: 454, in *Practical Philosophy*, p. 100-101.

就是康德道德哲学的开门钥，藉此道德方能开启自然之门而真正落实到经验中来。

到此为止，实践理性批判的分析论宣告完成。❶就分析论而言，如果进一步追问，势必会提出这样的问题：人何以对道德直接地感兴趣？纯粹理性何以是实践的？自由是如何可能的？最后一个问题是总括性的，是在客观层面上提出了自由的可能性问题，而前两个问题是最后一个问题在主观层面的两种不同提法，因为"正是通过兴趣，理性才成为实践的，才成为决定意志的一个原因"，而自由正表现为纯粹的实践因果性。❷对于这三个原本同一的问题，康德认为，凭人类的理性是无法回答的，换言之，回答这些问题的任何企图和努力都将是徒劳的，因为纯粹理性批判已经使我们理解了这些问题何以不可能被理解。出于理性的谨慎而对自由如何可能的问题保持必要的沉默，康德称之为"一切实践哲学的最后界限"。

以上是康德道德哲学的整体脉络。牟宗三认为，康德道德哲学的"卓绝之处"，正在于他排除经验内容而从善良意志处说道德，从而在西方哲学史上首次提出了一个"严整而纯粹的"道德概念。我们知道，牟宗三之所以如此看重康德的这个观点，还有一个很重要的原因，就是他将孟子的性善论理解为康德观点的先声，且欲借康德的思想来阐发儒家的义理。然而，在孟子的性善论与康德的善

---

❶ 在《实践理性批判》中，分析论之后是辩证论和方法论，前者处理实践理性在决定圆善概念时可能导致的二律背反，后者讨论实践理性如何进入人类心灵的问题，也就是道德教育问题。

❷ Immanuel Kant, *Groundwork of the Metaphysics of Morals*, 4：460, in *Practical Philosophy*, p.105, footnote. 在这个脚注所对应的正文中，康德将"不可能解释人对道德法则何以直接地感兴趣"等同于"在主观层面不可能解释意志的自由"，就是说，人何以对道德感兴趣的问题和自由如何可能的问题是分别在客观层面和主观层面所提出的同一个问题。

良意志学说之间，无论是在思想观念方面还是在理论脉络方面，都存在着一些根本性的差异。❶

在康德那里，就道德而言，贯彻始终的是理性对意志的决定作用，由此而言意志的自律和普遍法则；且正是由于普遍法则来自意志的自律，所以它也只能是纯粹形式的和检验性的，仅仅着意于理性在实践中必自我维护而不自我拆台这一形式上的一致性要求。在孟子那里，尽管纯然至善的天命之性与康德意义上纯然至善的意志就各自在其理论脉络中的位置和意义可以做某种类比，但是，性中所包含的仁义礼智与纯粹形式的、仅仅履行检验性功能的普遍法则公式迥然不同。质言之，如果我们援引孟子"万物皆备于我"的说法且将宋儒"性即理"的思想考虑进来而说性中包含着万事万物的天理，那么，不仅天理是实理，仁义礼智之性作为天理之理亦是实理。

退一步讲，如果说仁义礼智虽不同于普遍法则，但仍以纯粹形式的道德原则——比如说最早被一些基督教神学家称之为"金规则"（golden rule）的"己所不欲，勿施于人"，此种将心比心、推己及人的实践原则显然具有形式主义的特征，而且在儒家思想中也被赋予相当重要的地位——为基础，那么，即使经过必要的诠释可以将"己所不欲，勿施于人"的实践原则理解为普遍法则的一个变式，但只要考虑到一个原则的意义必须在自身所处的那个整体理论脉络中才能得到恰当的理解，这里呈现出来的差异就仍是根本性的，具体地说，如果我们在理解"己所不欲，勿施于人"的实践原则时将之关联于"老吾老以及人之老，幼吾幼以及人之幼"的思想——毋庸赘言，在儒家思想的整体脉络里，此种关联不仅正当，

---

❶ 在《道德的化约》和《自律的挪用》中，我详细地分析了为何不能将儒家思想中的"伦理"观念化约为康德哲学中的"道德"观念，侧重点在核心的思想观念；在此处即将展开的分析中，侧重点则在整体的理论脉络。二者应当结合起来看。

良知的僭越 155

而且必要，那么，"己所不欲，勿施于人"在形式上的一致性要求就只能为"及人之老"和"及人之幼"提供伦理上的正当性，而不能为"老吾老"和"幼吾幼"提供伦理上的正当性，但很显然，"及人之老"和"及人之幼"必须以"老吾老"和"幼吾幼"为基础。❶

换言之，即使我们仅仅在"恻隐之心"的意义上——"非所以内交于孺子之父母也，非所以要誉于乡党朋友也，非恶其声而然也"——理解孟子所道"性善"的意义，且毫无保留地以康德意义上的善良意志为理解"性善"的核心涵义，仍须考虑孟子思想内部的义理结构方能对其有一个较为准确的把握。显而易见的是，除了以"恻隐之心"释"仁"，孟子还将"仁"与人伦的意义关联起来："亲亲，仁也；敬长，义也。"（《孟子·尽心上》）而且，无论是单从孟子的思想还是从整个儒家传统来看，在对"仁"的理解中，"彝伦攸叙"显然比"恻隐之心"更为根本。这也意味着，即使我们能够承认儒家伦理思想与康德道德哲学在某些方面可以互相格义，但必须注意，二者对人的根本看法——作为各自理论的出发

---

❶ 康德并不认为"己所不欲，勿施于人"能够作为普遍法则，但他承认，经过一些限制，前者可以从后者推导出来。见 Immanuel Kant, *Groundwork of the Metaphysics of Morals*, 4：430, in *Practical Philosophy*, p. 80, footnote. 因此，如果说理解是批评的基础的话，那么，重要的首先不是依据康德的理由来断言儒家经典文本中的"己所不欲，勿施于人"不是一条普遍法则，而是要在儒家思想的整体脉络中——这其实也意味着在一些限制中——理解其意义。就此而言，像邓晓芒那样将儒家经典文本中的"己所不欲，勿施于人"从其整体的思想脉络中抽取出来而简单地质疑己之所欲、己之所不欲是否一定就是人之所欲、人之所不欲，并更为离奇地将其与"乡愿"联系起来的做法，即使不是刻意曲解，至少也是断章取义。同时，这也从一个侧面揭示出，将"己所不欲，勿施于人"抽象为一个"金规则"来建构全球伦理的企图是多么的不切实际。邓晓芒对"己所不欲，勿施于人"的分析和批评见于多篇文章，比如收入《康德哲学诸问题》（三联书店2006年版）的《康德道德哲学的三个层次》和《从康德的道德哲学看儒家的"乡愿"》两文，以及《全球伦理的可能性："金规则"的三种模式》一文（载《江苏社会科学》，2002年第4期）。

点——是非常不同的。在康德那里，对人的基本规定是"有理性的存在者"（rational being），这构成了康德道德哲学的出发点；在孟子那里，对人的基本规定是"伦理的存在者"（familial being），这构成了孟子伦理思想的出发点。❶

这个出发点的不同导致了很多方面的重要差异。比如说，康德通过将人规定为有理性的存在者提出了一个在他的道德哲学中居于相当重要之地位的命题，即，人皆有道德践行力（moral agency），而孟子通过性善论提出了一个在他的伦理思想中居于相当重要之地位的命题，即，人皆可以为尧舜。表面上看起来二者类似，但实际上却大不相同。尧舜作为圣人在《孟子》中多次被谈到，但须注意，孟子对"圣人"的核心理解是"尽伦"。在阐发"人皆可以为尧舜"的思想时，孟子说："尧舜之道，孝悌而已矣。"（《孟子·告子下》）又说："规矩，方圆之至也；圣人，人伦之至也。"（《孟子·离娄上》）而人伦之理却无法必然地被纳入康德的义务论体系之中，康德意义上的道德圣人（moral saint）也与作为人伦之至的儒家圣人相去甚远。❷

与此相关，康德通过纯粹理性的实践能力而推导出来的目的王国也与儒家思想中的理想王国意趣迥异。这一点只要我们将康德的目的王国和儒家的大同理想做一简单的对比就很清楚了。在《礼记·礼运》的描述中，"大道之行，天下为公"之大同秩序的一个重要特点是"人不独亲其亲，不独子其子"，相对于"大道既隐，

---

❶ 此处的"伦理"一词取"人伦之理"的传统含义，不取从西语"the ethical"翻译过来的"伦理"之义，故可英译为"familial being"。
❷ 康德将义务划分为"对自己的完全义务"、"对他人的完全义务"、"对自己的不完全义务"和"对他人的不完全义务"四类，而儒家意义上的人伦之理不可能必然地包含在他所划分的任何一种义务中。对基督教文化中孕育出来的"道德圣人"观念的分析和批评，见 Susan Wolf, "Moral Saints," in *The Journal of Philosophy*, Vol. 79, No. 8, Aug., 1982。

天下为家"之小康秩序的"各亲其亲，各子其子"，但是，与此同时，大同秩序仍是"男有分，女有归"，也就是说，在此，"人亲其亲、子其子"仍是"人不独亲其亲、不独子其子"的基础，后者并不是对前者的破除，而是在前者的基础上推而广之，这实际上与孟子所说"老吾老以及人之老，幼吾幼以及人之幼"的理想是一回事。站在儒家立场上看，康德式的目的王国极有可能是一个无父子之义、亲情疏离的、因而其生活根本就不值得一过的世界。我们知道，孟子本人就曾批评提倡兼爱的墨家思想为无父之说，并直斥其为禽兽。❶

更为严重的是，康德的普遍法则公式在应用于经验时本身就存在着很大的麻烦。前已述及，绝对命令的自然法则公式是普遍法则公式的一个变式，而康德提出这一变式的主要目的就是为了普遍法则能够被应用于经验。对此，康德在论及"实践判断力的拟型"时更为具体地说明了应用的方法："纯粹实践理性法则之下的判断力规则是这样的：扪心自问，如果你要做的行为会通过一个自然法则而发生，而你自己本身就是这个自然的一部分，那么，你是否能够把它看作乃是通过你的意志而可能的？事实上，每个人都依照这个规则判断行为在道德上的善与恶。"❷概括而言，康德这里的意思是，我们加在自然之上的任何法则——无论是来自理论理性，还是来自实践理性——都不能够自相矛盾，这是理性在自然身上展现自身之权威所必然要求的。换言之，如果一个实践法则在加诸自然时使自然陷入矛盾，或者说导致了自然辩证论，那么，一定是因为我们在

---

❶ 这一点也关系到我们对孟子所言"人禽之辨"的正确理解。只要忠实于孟子谈到这一看法时的语境，就可以清楚地知道，"人禽之辨"的关键并不在于一般所说的道德之心——牟宗三正是作如是理解，而在于人伦之理："人之所以异于禽兽者几希，庶民去之，君子存之。舜明于庶物，察于人伦，由仁义行，非行仁义也。"(《孟子·离娄下》)

❷ Immanuel Kant, *Critique of Practical Reason*, 5：69, in *Practical Philosophy*, p. 196.

理性的实践运用中发生了错误，而这样的错误也就是道德上的不应当。这实际上隐含着要在一种基于理性自身的目的论立场上看待自然，就是说，理性自身必须且能够通过其所颁布的、不会自相矛盾的法则而将自然设想为一个目的论的体系，而这正是理性在其实践运用时所遵守的唯一规则。

但是，问题在于，仔细分析可以知道，一个实践法则在应用于自然或经验时其形式上能否保持一致而不导致矛盾，这并非只是理性自身的事，而是与自然或经验有关，甚至极大地依赖于自然或经验。以康德在《道德形而上学奠基》中所举的四个例子来看。这四个例子以行为准则的形式表述出来分别是：在生命的延续只会带来痛苦而不是更多满足的情况下自杀；在需要钱时明知自己无法偿还但仍然借钱并许诺偿还；虽有充分的机会但宁愿无所事事而不去下工夫发挥和增长自己的才干；若自己事事如意，无须求助别人，也就无须帮助别人。我们知道，康德所举的例子并不是随意的，而是关联于他对义务的划分，具体来说，这四个例子分别对应于对自己的完全义务、对他人的完全义务、对自己的不完全义务和对他人的不完全义务。但是，康德在阐述这四个准则为何不能成为普遍的自然法则时的理由并不相同，而且多有为人诟病之处。

第一个行为准则不能成为一条普遍的自然法则，原因被认为是，如果那样设想的话，"人们立刻就可以看到，以推动生命增长为目的的自然借助这同一种情感竟然将毁灭生命作为自己的法则；这将自相矛盾，从而不能作为自然而存在下去"。[1]对此，麦金太尔评价说，康德在此使用了一个"臭名昭著的拙劣论证"，而且他还讥讽这个论证"无异于说任何意愿'永远理短发'这一准则的人

---

[1] Immanuel Kant, *Groundwork of the Metaphysics of Morals*, 4：422, in *Practical Philosophy*, p. 74.

是自相矛盾的,因为这样一种意愿与内在于我们所有人中的头发的生长冲动'相矛盾'"。❶这里的关键其实是诉诸了一个自然目的(推动生命增长),就是说,在这里我们看到的并不是——或至少并不直接是——准则仅仅出于理性的形式一致性,准则应用于自然的无矛盾性依赖于理性之外的一个自然目的的设定。当然,在此可以为康德辩护说,正是理性设定了这个自然目的,但揭示出自然目的在康德这一推论中的重要性,就足以说明准则在形式上的一致性并不纯粹依赖于理性,而是与准则所涉及的内容有关。

第二个行为准则不能成为一条普遍的自然法则,原因被认为是,如果那样设想的话,"就会使许诺及许诺的目的本身变得不可能,因为人们再也不会相信他的诺言,而把所有这类纯粹欺人的表达作为笑料"。❷正如上文已经提到的,这里的推论是,因为许诺变得不可能了,所以虚假诺的行为准则就落入了自行取消的境地。概括而言,对于涉及他人的行为,如果行为的准则可能导致此类行为在实践上被取消,那么,这一行为准则就是自我拆台的。就康德的实践判断力规则而言,这个例子——对应于对他人的完全义务——是最为典型的,但是,康德所陈述的检验原则仍然不能将一些明显地不道德的准则排除在外。比如说,"在筹集为母亲治病的钱时去偷盗"这一行为准则,可能大多数人都会认为这是不道德的,但是如果它被普遍化为一条自然法则的话,并不会在实践上取消为母亲治病的行为,同样也不会在实践上取消偷盗的行为,从而也不会陷入自我拆台、自行取消的境地。再比如麦金太尔所举的一个例子,"迫害一切持虚假宗教信仰的人",这个行为准则也可以通过康德的

---

❶ 麦金太尔:《追寻美德》,宋继杰译,译林出版社2003年版,第58页。
❷ Immanuel Kant, *Groundwork of the Metaphysics of Morals*, 4:422, in *Practical Philosophy*, p. 74.

检验，但可能很少有人会将之作为一个可普遍化的道德法则。❶

第三个行为准则不能成为一条普遍的自然法则，原因被认为是，"作为一个有理性的存在者，他必然愿意使自己身上的所有能力都得到发展，既然这些服务于他的能力为了各种可能的目的而给予了他"。❷很显然，这里康德又一次诉诸自然目的论，就是说，仅仅从"有理性的存在者"无法推出"必然愿意发展自己的所有能力"。而且，这也与理性形式上的无矛盾性没有直接关系，因为首先必须认定他愿意那么想，才会有矛盾发生。

第四个行为准则不能成为一条普遍的自然法则，原因被认为是，"一个做出如此决定的意志将与自身冲突，因为在可能发生的许多情况下人都会需要别人的爱和同情，而有了这样一条出于他自己意志的自然法则，他就将自己想要得到帮助的所有希望自行剥夺了"。❸康德这里的阐述实际上足以表明，如果一个人经过对自己生活状况的深思熟虑而预期自己在以后的日子里并不会落入需要别人帮助的处境，就是说，如果他愿意这样想，那么，做出无需帮助别人之决定的意志就不会与自身发生冲突了。这意味着，做出实践决定的意志是否自相冲突取决于一些自然的或经验的条件。

康德虽然认为对这四个行为准则的检验服从于同一个原则，但他也意识到完全义务（前两个行为准则所对应的）与不完全义务（后两个行为准则所对应的）的情况是不同的："有些行为我们根本就没有可能将其准则无矛盾地思想为一条普遍的自然法则，更不用说我们能够意愿其应当成为一条普遍法则了。还有些行为那种内在的不可能性实际上并没有发现，但是仍然不可能意愿其准则升格为

---

❶ 麦金太尔：《追寻美德》，宋继杰译，第58页。
❷ Immanuel Kant, *Groundwork of the Metaphysics of Morals*, 4：423, in *Practical Philosophy*, p. 75.
❸ Immanuel Kant, *Groundwork of the Metaphysics of Morals*, 4：423, in *Practical Philosophy*, p. 75.

一条普遍的自然法则,因为这种意愿将与自身相矛盾。人们很容易看出,前一种违背了严格的或狭义的义务,后一种违背了广义的义务。这些例子已完全表明,所有义务,就其强制力的种类(而非行为对象)而言,都依赖于同一个原则。"❶ 而我们以上的分析恰恰表明,如果没有相关的自然目的论观念,在对前两个行为准则的检验中出现的自相矛盾——也就是康德所谓的"内在的不可能性"——也不会被发现,于是,行为者的意愿在此成了最为关键的,也就是康德所说的那"同一个原则"。然而,行为者的意愿除了在禁人为非的层次上——可能还得加上一些限制——可以达成很少一部分的一致之外,剩下的就留给特殊性和差异性了。于是结果竟然是,康德的普遍主义道德观念不仅可以容纳伦理多元主义,而且普遍法则公式在应用于自然或经验时也会陷入一种意想不到的麻烦——情况正如同康德所批评过的"己所不欲,勿施于人",从而也会沦为不道德行为的借口。

存在于孟子性善论与康德善良意志学说之间的这些根本性差异充分表明,二者表面上虽然有一些相似之处,但实际上仍是貌合神离。因此,如果像牟宗三那样以康德哲学中的道德观念为基本出发点去诠释儒家思想,就不仅需要观念的化约与兼并,而且需要对儒家思想的整体脉络作一种系统性的扭曲。然而,牟宗三并没有允许这种系统性的扭曲发展到一个不可收拾的地步,因为他很快就从道德与形而上学之关系的角度展开了对康德的批评。

牟宗三对康德的批评基于他对"道德底形而上学"与"道德的形而上学"的区分:"'道德底形而上学'与'道德的形而上学'这两个名称是不同的。前者是关于'道德'的一种形而上学的探究,

---

❶ Immanuel Kant, *Groundwork of the Metaphysics of Morals*, 4:424, in *Practical Philosophy*, p. 75.

以形而上地讨论道德本身之基本原理为主，其所研究的题材是道德，而不是'形而上学'本身，形而上学是借用。后者则是以形而上学本身为主（包含本体论与宇宙论），而从'道德的进路'入，以由'道德性当身'所见的本源（心性）渗透至宇宙之本源，此就是由道德而进至形而上学了，但却是由'道德的进路'入，故曰'道德的形而上学'，亦犹之乎康德由实践理性而接近上帝与灵魂不灭而建立其客观妥实性，因而就神学言，即名曰'道德的神学'。但康德只就其宗教的传统而建立'道德的神学'，却未能四无傍依地就其所形式地透显的实践理性而充分展现一具体的'道德的形而上学'。"❶ 从康德道德哲学的整体脉络来看，牟宗三的这一批评意味着他认可康德在道德形而上学层次上的思考，而不满于康德在实践理性批判层次上的思考；或者说，就牟宗三思想体系的来源而言，道德底形而上学主要来自他对康德的理解，道德的形而上学则主要来自他对儒学——特别是宋明儒学——的体会，于是，道德底形而上学意味着他以康德的道德观念来解释儒家，道德的形而上学意味着他站在儒家的立场上批评康德。但是，即使不考虑儒家伦理观念（Confucian conception of the ethical）与康德道德观念（Kantian conception of morality）的根本性差异，在比较的张力中提出的"道德的形而上学"也既表现出对康德哲学的扭曲的承认，又表现出对儒家思想的扭曲的认同。

形而上学在康德哲学中最受关注。关于形而上学这一学科的研究领域和研究对象，康德采纳了当时德国大学课程体系中的一个流行的看法。这一看法将形而上学划分为两个部分：一般的形而上学（general metaphysics）和特殊的形而上学（special metaphysics）。前者

---

❶ 牟宗三：《心体与性体》（上），第119—120页。

基本上就是存有论（ontology），后者则一般包括三个门类：理性的宇宙论（rational cosmology）、理性的神学（rational theology）和理性的心灵学（rational psychology）。❶我们知道，康德的《纯粹理性批判》"先验逻辑"部分划分为先验分析论和先验辩证论，而这一划分正是与上述对形而上学的划分相对应的，具体来说，首先，鉴于"存有论自以为能够在一个系统的学说中提供出有关一般物的先天综合知识"，而先验分析论的一个重要结论则是，"知性先天可以做到的无非只是对一般经验的形式做出预测"，换言之，"知性原理只是阐明现象的一些原则"，所以，康德主张用较为谦虚的先验分析论来取代傲慢的存有论；❷其次，先验辩证论旨在揭示由于理性的误用而导致的种种先验幻相，而这些先验幻相产生的领域正是作为特殊的形而上学的各个门类。就此而言，康德的批判哲学是对形而上学的批判，同时也是批判的形而上学。于是，我们在"纯粹理性的建筑术"部分看到了康德在批判哲学的基础上提出的对形而上学的看法和分类："一切纯粹的先天知识，由于其唯一能位于其中的那种特殊认识能力，就构成了一种特殊的统一性，而形而上学就是那种应当把那些知识表现在这种系统统一性之中的哲学。……较狭义的形而上学是由先验哲学和纯粹理性的自然学所组成的。前者只考察知性，以及在与一般对象相关联的一切概念和原理之系统中的理性本身，而不假定对象会被给予出来（即存有论）；后者考察自然，

---

❶ 康德从沃尔夫（Christian Wolff）和鲍姆嘉通（Alexander Gottliel Baumgarten）等人的著作中接受了这一看法，而这一看法更早可以追溯至中世纪晚期的经院哲学家苏阿雷兹（Francisco Suárez）。

❷ Immanuel Kant, *Critique of Pure Reason* (A246-247/B303), trans. Paul Guyer and Allen W. Wood, Cambridge University Press, 1998, p. 358-359. 中文见康德：《纯粹理性批判》，邓晓芒译，杨祖陶校，人民出版社 2004 年版，第 223 页。对于"ontology"一词，邓晓芒、杨祖陶采用了"本体论"的译名，本文一律采用"存有论"。

即被给予的对象的总和,因而就是自然学。"❶ 而自然学又根据理性在考察自然时的不同运用而分为内在的自然学(immanent physiology)与超验的自然学(transcendent physiology),前者包括理性的物理学和理性的心灵学,后者包括理性的宇宙论和理性的神学。

从以上梳理可以看到,牟宗三虽然也像康德一样注重形而上学,而且就形而上学的领域来说二者没有、也不会有太大的差别,但是,他并不像康德一样,将理性批判作为形而上学的基础,质言之,他对形而上学的理解与康德的批判哲学有着根本的不同。正是通过理性批判,康德直面形而上学——这个惨遭流放的昔日女王——所面临的实际处境,一方面揭示出先验幻相如何产生,另一方面也为形而上学重新奠基,从而也重构了形而上学。对此,牟宗三的理解缺乏应有的同情。如前所述,牟宗三对康德的批评是说康德没有建立道德的形而上学,而只建立了道德的神学。这一批评的不通透之处在于,既然已经认识到康德在理性的神学——作为理性的自然学的一个分支——方面有所建树,即,在驳斥自然神学之谬误的基础上建立了道德神学,那么,就应当认识到康德在理性的自然学的各个分支方面也同样有所建树。牟宗三注意到了康德"由实践理性而接近上帝与灵魂不灭而建立其客观妥实性",也就是,由实践理性的进路而在理性的神学和理性的心灵学方面皆有所建树,但他并没有注意到康德同样由实践理性的进路而在理性的宇宙论方面有所建树。

康德曾说:"自由的概念,一旦其实在性通过实践理性的一条无可置疑的法则而被证明了,它就构成了纯粹理性乃至思辨理性体系的整个大厦的拱顶石,而其他一切在思辨理性中始终没有支撑的单

---

❶ Immanuel Kant, *Critique of Pure Reason* (A845/B873), p. 698. 中文见康德:《纯粹理性批判》,邓晓芒译,杨祖陶校,第637—638页。

纯理念（上帝和不朽的理念），现在就与这个概念相联结，同它一起并通过它而获得了稳定性及客观实在性，就是说，它们的可能性由于自由是现实的而得到了证明，因为这个理念通过道德法则而将自身显示出来了。"❶ 牟宗三注意到康德将上帝和不朽的理念建立在自由理念的基础之上，但他没有注意到，康德的自由理念所对应的，正是形而上学中的理性宇宙论。

康德谈到两种自由，一种是先验自由，也就是宇宙论意义上的自由，指的是一种"绝对的自发性"，或者说是一种"自行开始一个状态的能力"，理性为自己设立这个理念，是为了阻止在自然因果性的序列中可能出现的无限退循，以便自己能够思考"因果关系中诸条件的绝对总体性"；另一种是实践自由，是指"独立于感性冲动之强迫的决意能力"，它通过道德法则而显示出来。❷ 实践自由和先验自由的关系在于，一方面，实践自由是"以先验自由为根据的"，另一方面，正如上引文所表明的，正是实践自由使先验自由的现实性得到了证明。因此，康德在其批判哲学中是将理性的宇宙论托付给了先验自由的理念，而又以实践自由为先验自由的现实性证明。于是我们也可以说，康德建立了一种道德的宇宙论（moral cosmology），因为在其中，由且只能由道德法则显示出来的自由被赋予了核心的地位。❸ 这样，依照牟宗三对"道德的形而上学"的界定，我们可以得出结论说，康德的"道德的形而上学"——严格

---

❶ Immanuel Kant, *Critique of Practical Reason*, 5：3-4, in *Practical Philosophy*, p. 139.

❷ Immanuel Kant, *Critique of Pure Reason*（A533-534/B561-562），p. 533. 中文见康德：《纯粹理性批判》，邓晓芒译，杨祖陶校，第433-434页。

❸ 在谈到康德是否以自由契接物自身时，牟宗三说："或者说康德是由自由来接近这价值意味的物自身。但是，自由毕竟只是道德理性上的事，与这桌子之为物自身相距甚远。"从这里可以看出，牟宗三始终对先验自由的宇宙论意义缺乏明确的认识。引文见牟宗三：《现象与物自身》，学生书局1984年版，第12页。

166

来说是其理性的自然学部分——是这样的：通过实践自由的进路——也就是道德的进路——建立道德的宇宙论，并在此基础之上因圆善（highest good）的必然性而认定上帝存在和灵魂不朽，从而建立道德的神学（moral theology）和道德的心灵学（moral psychology）。换言之，实践理性的三个认定其实就意味着康德的"道德的形而上学"。❶

牟宗三在这个问题上的不察，还有一个原因在于他在一定程度上有意无意地忽略了实践理性之认定（postulate）与理论理性之假设（hypothesis）的不同。康德曾明确谈及实践理性之认定与理论理性之假设的不同："纯粹理性在其思辨运用中的需要仅仅导致假设，但是纯粹实践理性的需要则导致认定；因为在前一种情况下，我从派生之物出发在根据序列中向上提升到如我所愿的高度，并且需要一个源始根据，不是为了赋予派生之物（如在这个世界中的事物和变化的因果联系）以客观实在性，而只是为了完全满足我那探究派生之物的理性。……相反，纯粹实践理性的需要是建立在一个义务的基础之上，就是说，有义务使某种东西（圆善）成为我的意志的对象并竭尽全力促进它；但我在此必须预设其可能性，从而也必须预设这种可能性的条件，也就是上帝、自由和不朽，因为我不能凭借思辨理性证明它们，虽然我也不能驳倒它们。这种义务建立在某种确然独立于这些设定的、确然真实的道德法则之上，在此范围内它为了约束我们尽可能完善地做出无条件地合乎法则的行动，并不需要援引另外关于事物的内部性状、关于世界秩序的隐秘目或关于

---

❶ 在"纯粹实践理性之辩证论"部分，康德以"总论纯粹实践理性之认定"为小标题概括性地表达了他在形而上学的各个分支领域——心灵学、宇宙论和神学——的重新构想，也就是他的"道德的形而上学"的重新构想，见 Immanuel Kant, *Critique of Practical Reason*, 5：132-133，in *Practical Philosophy*, p. 246-247。

一个主宰世界的统治者的理论意见以为进一步的支持。"❶实践认定与理论假设的显著区别在于,后者只是为了满足理性探究的需要而做出的合理假定,只是为了解释而预设的理论根据,但前者是为了满足实践的需要而必然做出的合理认定,虽然在理性的理论运用中对于其是否为真既无法肯定也无法否定,但在理性的实践运用中必须当其为真、认其为真。❷具体来说,积极意义上的自由、上帝存在和灵魂不朽作为纯粹理性在实践上的认定,并非道德行为的根据,而是因道德行为的真确性而必然被认信的对象。对于认信(德文为"*Glaube*",英文为"faith"),康德曾解释说:"认信是理性在把理论认知难以达到的东西确认为真时的道德思维方式。所以它是心灵持存的基本原理,用来把必须预设为最高的道德终极目的之可能性条件的东西因义务的缘故而设定为真的,尽管我们对其可能性与不可能性皆毫无洞察。"❸质言之,在实践理性的意义上认定积极意义上的自由、上帝存在和灵魂不朽,不仅意味着它们作为预设可

---

❶ Immanuel Kant, *Critique of Practical Reason*, 5: 142, in *Practical Philosophy*, p. 254. 基于这一理解,我认为应该将"postulate"译为"认定",而不是"公设"、"悬设"或"设准"。关于理论假设与实践认定之间的区别,另见《判断力批判》第 91 节:由实践的信念而来的认其为真的方式。

❷ 康德亦曾明言不能将上帝存在当作一个理论假设来看:"凡是应当作为假设(hypothesis)用来解释一个给予的现象的可能性的东西,至少其可能性必须是完全肯定的。我在作一个假设时放弃对于现实性的知识,这已经够了;我不可能放弃更多的东西了;我用作一个解释的基础的东西的可能性至少必须是不受任何怀疑的,否则空洞的幻影就会是无止境的了。但要假定一个按照某些概念来规定的超感官的存在者的可能性,由于在这里并没有把一个知识所要求的任何条件按照在其中基于直观之上的东西提供出来,因而只剩下矛盾律(它无非是一种思维的可能性,而不能证明所说的对象本身的可能性)来作为这种可能性的标准,于是这就会成为一种毫无根据的预设(presupposition)。"引文见 Immanuel Kant, *Critique of the Power of Judgment*, 5: 466, trans. Paul Guyer and Eric Matthews, Cambridge University Press, 2000, p. 330. 中译文见康德:《判断力批判》,邓晓芒译,杨祖陶校,人民出版社 2002 年版,第 325 页。

❸ Immanuel Kant, *Critique of the Power of Judgment*, 5: 471-472, p. 330. 中译文见康德:《判断力批判》,邓晓芒译,杨祖陶校,第 331—332 页。

以说明最高的道德终极目的的可能性条件，而且也意味着作为践行者的人真真切切地实践着自由，真真切切地信仰着上帝，真真切切地相信着灵魂不朽。作为康德三大批判之译者的牟宗三虽然对于康德在理论假设与实践认定之间所做的区分并非不清楚，但他毕竟没有充分重视二者的差异，就是说，没有充分重视实践认定的那种被认其为真的性质和意义，更直接地说，没有充分重视实践认定在心灵上的真切作用。❶ 这一点不仅表现在他将"postulate"译为"设准"而在谈论实践理性的认定时多用"假设"之名，而且也非常明显地表现在他在《心体与性体》中所讲述的那个广为引用的故事："是以三十年前，当吾在北大时，一日熊先生与冯友兰氏谈，冯氏谓王阳明所讲的良知是一个假设，熊先生听之，即大为惊讶说：'良知是呈现，你怎么说是假设！'吾当时在旁静听，知冯氏之语底根据是康德。（冯氏终生不解康德，亦只是这样学着说而已。至对于良知，则更茫然。）而闻熊先生言，则大为震动，耳目一新。吾

---

❶ 在《实践理性批判》序言的一个注释中，康德说："纯粹实践理性的认定（postulate）这一术语仍然最可能引起误解，倘使人们把它与纯粹数学上的带有无可置疑的确定性的那些假设（postulate）所具有的意义相混淆的话。但纯粹数学上的假设所设定的是某种行动的可能性，这种行动的对象我们可以先天地从理论上以完全的确定性预先认识到是可能的。而纯粹实践理性的认定根据必然的实践法则设定某种对象（上帝和灵魂不朽）本身的可能性，所以只是为了实践理性而已，因为这种设定的可能性完全不具有理论上的确定性，从而也不具有必然的确定性，就是说，不是就客体而言被认识到的必然性，而只是就主体遵守实践理性的那些客观的、但却是实践的法则而言的必然的设定，因而只是必然的假设（hypothesis）。我看不出能为这种主观的、但却真实和无条件的理性必然性找到什么更好的表达方式。"在《圆善论》中，牟宗三引用了这段话，并认为"此注文非常重要"，且明确地指出这里所说的必然性"不是知解的，但只是实践的"。这表明牟宗三对于康德在理论假设与实践认定之间所做的区分是清楚的。不过，值得注意的是，在此康德虽然清楚地刻画了实践理性之认定与纯粹数学之假设的不同，但他不仅使用"postulate"来指称"纯粹数学中的假设"，而且也用"hypothesis"来指谓"纯粹实践理性之认定"。这种表述上的不严谨是有可能带来理解上的混淆。所引康德文见 Immanuel Kant, *Critique of Practical Reason*, 5：11, note, in *Practical Philosophy*, p. 145. 牟宗三对康德这段话的引述见牟宗三：《圆善论》，学生书局1985年版，第215、237页。

良知的僭越　**169**

当时虽不甚了了，然'良知是呈现'之义，则总牢记在心，从未忘也。今乃知其必然。"❶不管冯友兰的理解存在什么样的问题，牟宗三始终将康德道德哲学里中的自由作为一个假设看待，这也构成牟宗三对康德道德哲学之批评的一个要点。但是，从以上的分析我们可以看到，这种批评明显地忽视了康德道德哲学中的实践认定在践行者心灵上所起的作用。

呈现与假设的对立，也关系到牟宗三对康德批评的另一个重要方面，即，他认为，康德不仅没有达到实践理性充其极的第二义，而且也没有达到实践理性充其极的第三义。这个批评在某种意义上甚至比前一个批评更为重要，因为在牟宗三看来，恰恰是第三义才真正意味着实践理性的充其极，亦即"道德的形而上学的完成"。第三义关乎如何理解道德情感的问题。对此，牟宗三说："道德感、道德情感可以上下其讲。下讲，则落于实然层面，自不能由之建立道德法则，但亦可以上提而至超越的层面，使之成为道德法则、道德理性之表现上最为本质的一环。然则在什么关节上，它始可以提至超越的层面，而为最本质的一环呢？依正宗儒家说，即在作实践的工夫以体现性体这关节上，依康德的词语说，即在作实践的工夫以体现、表现道德法则、无上命令这关节上。但这一层是康德的道德哲学所未曾注意的，而却为正宗儒家讲说义理的主要课题。在此关节上，道德感、道德情感不是落在实然层面上，乃上提至超越层面转而为具体的、而又是普遍的道德之情与道德之心，此所以宋、明儒上继先秦儒家既大讲性体，而又大讲心体，最后又必是性体心体合一之故。"❷实际上，从上文我们对康德道德哲学整体脉络的疏

---

❶ 牟宗三：《心体与性体》（上），第153页。
❷ 牟宗三：《心体与性体》（上），第108页。

理中就可以看到,道德情感在康德那里可谓至关重要。一方面,对于一般所谓的道德情感,无论是将之置基于人性特殊构造还是将之归因于社会心理塑造,在康德看来都不足以担当道德根据之责,尽管他对这样的道德情感仍有所肯定;另一方面,康德也指出了一种真正出于实践理性的道德情感,"这样一种情感是与道德法则的表象不可分割地联结在一起的",作为纯粹实践理性的动力实际上同时也是道德法则开启经验之门的钥匙。换言之,康德对于道德情感,正是上下其讲的,而且也正是作为道德法则之表现上最本质的一环的。牟宗三的上述断言仅仅依据《道德形而上学奠基》中的某一段文字,实有断章取义之嫌。❶

不过,这并不意味着牟宗三对康德的批评完全是无的放矢。牟宗三所着意的,其实是他所理解的儒家传统和构成康德思想之文化背景的基督教传统之间的差别,具体一点说,主要是儒家传统中关于天人关系的思想与基督教背景下关于上帝与人的关系的思想之间的差别。因此,如果忽略牟宗三在对康德的理解上存在的问题而更为同情地理解他,那么,实际上,对牟宗三来说,真正重要的问题在于,在一种就其形式意义而言康德和儒家都可能赞同的"道德的形而上学"的视野中,作为实践理性之认定的三个理念——自由、上帝与不朽——是否应当且是否能够合而为一?在康德的思想脉络里,这一问题同时表现在两个方面且都集中在对上帝、以及人与上帝之关系的看法上:其一,是认为只有上帝才可能有智的直觉能力还是认为人也可能有智的直觉能力?其二,道德与幸福的必然联结——也就是圆善的成立——是否必须认定上帝的存在?牟宗三显然对此了然于胸,他之所以写作《智的直觉与中国哲学》、《现象与

---

❶ 牟宗三引述的这一段文字在《道德形而上学奠基》第二部分"基于他律概念的一切道德原则之分类"的标题下,见《心体与性体》(上),第107页。

物自身》和《圆善论》，就是为了应对这些随之而来的问题。但是，即使还没有对《智的直觉与中国哲学》、《现象与物自身》和《圆善论》中的主要观点做扼要的疏理，根据以上的分析我们就能够做出如下断言：在将儒家思想和康德哲学放在一起进行比较时，牟宗三既在某些至关重要的方面缩小乃至忽视了二者的差别，又在另外一些同样至关重要的方面夸大乃至制造了二者的差别。这一点当然不仅表现在牟宗三对康德的理解上，而且也表现在他对儒家思想的理解上。

牟宗三立足儒家立场而提出的"道德的形而上学"，其要点不外乎以下两点：其一，即性而言天，故以性体与天为一；其二，即心而言性，故以心体与性体为一。在某种意义上，这两点分别对应于宋明儒学中的"性即理"和"心即理"的思想。不过，正如上文所提及的，在阐述自己的理解和进行具体的论证时，牟宗三像宋明儒一样，将"道德的形而上学"的义理根据回溯到原始儒家，认为在原始儒家那里心、性、天虽然还没有完全合一，但已经预示了其合一的可能与必要。对此，我们首先应当指出，正如牟宗三所说，无论是在原始儒学那里，还是在宋明儒学那里，的确都有支持心、性、天合一的思想资源。但是，问题在于，重要的是，在古代思想语境中谈论心、性、天的合一是一回事，而在现代思想语境中谈论心、性、天的合一则是另外一回事。

在被西方语法规整过的现代汉语的语境中，想当然地以逻辑的和实体性的思维方式去理解中国传统思想是客观存在着的一种特别的危险。就我们所讨论的问题而言，我们知道，不能将"性即理"和"心即理"中的"即"理解为逻辑上的等同关系，换言之，"性即理"和"心即理"的思想并不意味着说心、性、天在逻辑上是同一个实体：心、性、天的合一说不等于心、性、天的为一说。指出这一点并不是想说明牟宗三在实体性思维的影响下陷入了这种特别的诠释学危机，恰恰相反，是为了避免一种与此相关的对牟宗三思想的误解。牟宗三虽然关键性地使用了实体的概念，但他所理解的实体就其西方资源而言至少在一个关键的方面是黑格尔意义上的——"精神是实体也是主体"，这表现在他不仅最重视良知的"呈现义"，强调不能将孟子"人皆可以为尧舜"的看法理解为人类学意义上的一个抽象命题，而且以"具体的解悟"来诠解"呈现"。

于是，看起来是，牟宗三的"道德的形而上学"意味着他借鉴康德、黑格尔等西方思想资源对他所理解的正宗儒学进行了理论上的重构。就他对西方思想资源的借鉴而言，可以说他介乎康德、黑格尔之间，其中康德意义上的道德概念构成他的理论重构的出发点，而黑格尔意义上的精神及其体现的思想构成他的理论重构的关键。不过，存在于康德和黑格尔之间的差异，也使牟宗三的思想呈现出一种内部的张力：接受康德以意志自律为要义的道德形而上学而又不满于康德慎思明辨的实践理性批判使他走向黑格尔式的"精神及其体现"的思想，但承认黑格尔式的"精神是实体也是主体"的主张，意味着要承认"精神必然表现为一个辩证展开的历史过程"，而这个历史辩证法的思想却是牟宗三站在儒家立场上所不能同意的。❶因此我们能够看到，一方面，牟宗三对康德的有些批评与黑格尔对康德的有些批评非常类似，另一方面，他又自觉地站在康德的立场上批评黑格尔。

就他所理解的正宗儒学而言，我们知道，他特别注重宋明儒学传统中不仅主张"性即理"、而且主张"心即理"的心学一脉而又

---

❶ 与黑格尔一样，牟宗三也写作了《历史哲学》，且在其中对黑格尔多有借鉴，但是，在根本的立场上还是呈现出差异，比如说，虽然他也使用了"辩证"一词，但他所理解的"辩证"与黑格尔的"辩证"概念迥然不同，参看本书下一部分《历史的嫁接》。

将之溯源于孔孟等原始儒家的思想。但是,如果充分意识到天理概念在宋明儒学中的奠基性意义,同时考虑到无论是"性即理"还是"心即理"都是围绕天理概念而提出来的,那么,就应当能够看到,牟宗三的"道德的形而上学"其实很难真正护持住他想要护持的儒家立场。换言之,在以天理为首要信念的宋明儒学的语境中谈论"性即理"和"心即理"根本不同于在现代语境中纯粹从心性出发——不谈天理或即以纯粹的道德心性为天理——建构"道德的形而上学"。把天理理解为"即存有即活动"的绝对精神,而以性为其客观体现、心为其主观体现,其理不悖,但必须注意,在此,天理才是最后的、终极的根据,其顺序是下贯的,是"天命之谓性,率性之谓道",而孟子所谓"尽心则知性,知性则知天"是就践履工夫而言的,因而其顺序是上达的。就天理与心性的关系而言,如果说天理实意味着"自身就能够作为动力的目的",那么,心性主要关乎天理实现自身的动力因素而又不能仅仅作动力解,因为心性就是天理的呈现。至少仅从形而上学的层面来看,对宋明儒学的这样一种解释有其正当性。但是,在天理不被当作当然之信念的情况下纯粹从心性出发建构"道德的形而上学",就意味着天理被虚化、乃至被废黜,因为在此根本上来说并不是以天理为心性的终极根据,而是首先通过道德意识——在康德那里,这是普通理性就可以达到的——来理解心性,然后将之上升为天理,这样,天理实际上成了一个虚设的概念,其目的是为了维护道德的无上权威,或者说,实际上是以一种道德之心取代了天理。

天理根本上来说并不是康德意义上的形式主义的道德之理,以后者取代前者的不正当性也可以从这个角度来看:原本是"自身就能够作为动力的目的",现在则剥夺了其目的因素而只剩下动力因素了。❶这一点如果我们援引《易传》中关于天、地、人的三才之道的思想，则更为清楚。在三才之道的语境中，人文的意义被刻画为"赞天地之化育"，其中的天和地都是实实在在的，是人义化成的终极基础，在此意义上讲心、性、天合一就有其正当性。但是，如果立足现代以来启蒙意义上的人文主义来理解人文化成的意义，则三才之道实际上已经不可能，因为这不仅是天地被割裂的问题，更是天地被毁弃的问题。在天理被置换为纯粹的道德之心的另一面，是大地被完全地质料化，或者干脆说，是大地之死。于是，由这一往的道德情怀所建立起来的"道德的形而上学"也就不可避免地通向了"乾坤毁，无以成易"的虚无主义，而道德主义的良知也就在废黜天理、杀死大地的同时僭越而为开天辟地的宇宙本体。就此而言，牟宗三的"道德的形而上学"，不仅不是宋明儒学的回光返照，而是对宋明儒学的隐秘颠覆。

三　智的直觉与物自身

"道德的形而上学"源自牟宗三对儒家思想与康德哲学的互向格义和互向诠释，从而也成为牟宗三衡定儒家思想和康德哲学的理论基础。在他的这一思想脉络里，由"道德的形而上学"所引出的一个重要问题是，对于实践理性充其极的三义，为什么儒家能够全部达到，而康德只能达到第一义而不及第二义和第三义？正是为了

---

❶ 康德曾谈到他如何以运用因果性范畴来理解自由，而值得注意的是，因果性正属于动力学范畴。见 Immanuel Kant, *Critique of Practical Reason*, 5：104, in *Practical Philosophy*, p. 223。就儒家思想来说，无论是孔子所说的"我欲仁，斯仁至矣"，还是孟子所说的"求其放心"，都表现为对伦理践履之动力问题的关注，但是，这只是其思想结构中的一个组成部分，且因其实践上的紧迫性和关键性而被强调。

解释这一点，牟宗三提出了人是否有智的直觉的问题，并将之上升到中西之异的高度。

牟宗三提出智的直觉的问题，仍内在于康德哲学的理论语境。首先，康德认为，尽管我们对于道德法则有着直接的意识，但作为道德法则之存在根据的自由意志并不是我们能够直观的对象："我们可以把这个基本法则的意识称之为理性的一个事实，这并不是由于我们能从先行的理性资料中，例如从自由意识中（因为这个意识不是预先给予我们的）推想出这一法则来，而是由于它本身独立地作为先天综合命题而强加于我们，这个命题不是建立在任何直观——无论是纯粹直观还是经验性直观——之上，虽然假如我们预设了意志自由的话，它将会是分析的，但这种自由意志若作为一个积极的概念就需要某种智性的直觉，而这是我们在这里根本不能假定的。然而我们为了把这一法则准确无误地看作被给予的，就必须十分注意一点：它不是任何经验性的事实，而是纯粹理性的唯一事实，纯粹理性借此而宣布自己是原始地立法的。"[1]在《现象与物自身》一书中，牟宗三引用了这段文字，并做了比较详细的疏解和有针对性的评论。[2]概而言之，牟宗三的意思是，既然康德将自由意志不能直接呈现的原因归诸人类不具备智的直觉的能力，那么，要使"自由自律的意志为一'呈现'，而不只是一'设准'，此中之关键唯在'智的直觉'之转出。"[3]其次，在康德那里，相

---

[1] Immanuel Kant, *Critique of Practical Reason*, 5：31, in *Practical Philosophy*, p. 164. 中文见邓晓芒、杨祖陶译本，第41页。对于康德那里的"Intellektuelle Anschauung"（英文为"intellectual intuition"），"智性直观"的译名颇为恰当，特别就其与感性直观相对而言，但为了行文的统一和方便，我在论述这个问题时主要采用牟宗三的译名，即"智的直觉"，但在引述康德的相关思想时，仍保留"直观"之名。
[2] 牟宗三：《现象与物自身》，第73页以下。
[3] 牟宗三：《现象与物自身》，第77页。

对于感性直观,即那种"依赖于客体的存在、因而只有通过主体的表象能力为客体所刺激才有可能的直观方式",智的直觉被刻画为"一种本身就使所直观客体之存在被给予出来的直观方式",而且康德认为,因为人类只具备感性直观能力而不具备智的直觉能力,所以,人类的认识范围就只能限于现象(appearance),而不能及于物自身(thing-in-itself)。❶在牟宗三的道德的形而上学中,良知作为道德实体同时也就是存有论意义上的本体,因此,良知就必须具备"使所直观客体之存在被给予出来"的功能,而这就要求承认,良知就其作为一种认知能力而言必须是智的直觉。就是说,在与康德的互向格义、互向诠释中建构而成的"道德的形而上学",在双重意义上——既在道德哲学的意义上、又在形而上学的意义上——要求承认人必须具备智的直觉能力。

正如上文中已经提到的,对于儒家思想和康德哲学之间的差异,牟宗三的一个重要理论关切点是儒家传统中关于天人关系的思想与基督教背景下关于上帝与人的关系的思想之间的差别。这中间的差别当然有很多方面,但最重要的一点——在牟宗三看来——表现在对待人的有限性的问题上,即,康德认为人是有限的存在,而儒家认为人虽有限但可达至无限。而提出人是否具备智的直觉能力的问题,正是要在哲学层面将这一差别具体落实下来。在《现象与物自身》一开篇,牟宗三就指出,"康德的《纯粹理性批判》,甚至其哲学底全部系统,隐含着两个预设:(1)现象与物自身之超越的区分;(2)人是有限的存在(人之有限性)。第一预设函蕴(implies)第二预设,第二预设包含(includes)第一预设。是则第二预

---

❶ 此处所引康德对感性直观和智的直觉的区分见 Immanuel Kant, *Critique of Pure Reason* (B72), p. 191。中文见康德:《纯粹理性批判》,邓晓芒译,杨祖陶校,第49页。

设更为根本。"❶这里之所以说第二预设更为根本，是因为在主体主义的思路里，现象与物自身的先验区分，实际上依赖于感性直观与智的直觉这两种主观能力的区分，换言之，因具备感性直观能力而有现象之知，因具备智的直觉能力而有物自身之知。既然康德认为人只具备感性直观能力，那么，他就必须在现象与物自身之间做出区分，并以此一区分厘定人的认知界限。同样，既然"道德的形而上学"以良知的当下呈现和创造性为其要义，那么，承认人有智的直觉能力这一点就必然构成"道德的形而上学"这一理论大厦的奠基石。牟宗三对自己的这个思路非常清楚，他更将"承认人有智的直觉能力"这一点概括为整个中国哲学的特质："如若真地人类不能有智的直觉，则全部中国哲学必完全倒塌，以往几千年的心血必完全白费，只是妄想。这所关甚大，我们必须正视这个问题。"❷从这里的论述我们可以看出，智的直觉的问题，对于牟宗三而言是何等的重要：不仅关系到他的哲学体系的立论基础，而且也是他会通中西的核心主题。

在康德那里，智的直觉在其现实性上是无法承认的，但在其可能性上却是无法否认的；更直接地说，虽然没有理由认定人具备智的直觉能力，但可以设想——如同在自然神学中所做的那样——上帝具备智的直觉能力。人类所具备的直观能力是与感性联系在一起的，就其形式而言称为纯粹直观，即时间与空间，就其所包含的具体内容而言则称为经验性直观。感性直观的特点是其被动的接受性，就是说，依赖于对象的刺激。与此相对，人类所具备的知性能

---

❶ 牟宗三：《现象与物自身》，第1页。注意这里"超越的"一词，原文是"transcendental"，通译为"先验的"，而与之相对的"transcendent"，通译为"超验的"。牟宗三有时混淆二者。

❷ 牟宗三：《现象与物自身》，序，第3页。

力的特点则是其能动的自发性，就是说，具有将关于对象的直观置于概念之下而进行理解和思维的主动能力。在对感性与知性的这一区分之下，无论是直观的知性，还是知性的直观，都是不可设想的。但是，知性的思维能力也可以仅在纯粹概念的层次上进行，只要遵从一定的规则，比如说，无矛盾律。如果我们将"理解"更多地关联于将关于对象的直观置于概念之下的能力，而将"思维"更多地关联于阐明概念之间的逻辑联系的能力，那么，对于知性的理解就可以分为广狭二义：广义的知性既包括理解的能力，也包括思维的能力，康德更多地用"intellektuell"（一般译为"智性"或"理智"）一词来指称；狭义的知性因其主要关联于经验的认知而更侧重理解的能力，康德更多地用"Verstand"（一般译为"知性"）一词来指称。

智的直觉，首先是指对于智性对象的直观能力。康德以前的唯理论者所持的一个重要观点，正是认为人具备这种对于智性对象的直观能力，比如数学和几何学的知识，就被归于智的直觉的名下。康德虽然重新安排了直观的位置，即将直观归于感性，但他在对智的直觉这一概念的理解上仍然对唯理论者的观点有所继承。因此，我们看到，感性直观与智的直觉所对应的，在直接的意义上其实还不是现象与物自身，而是感知对象（phenomena）与理知对象（noumena）："如果我们把某些作为现象的对象称为感知对象，而把我们直观它们的方式和它们自在的性状本身区别开来，那么，在我们的概念中毕竟已经蕴含着这样的意思：我们要么按照后一种自在的性状而把这同一些对象（哪怕并没有在这种性状中直观到它们）仿佛置于与前面那种对象的对立之中，并把它们叫做理知对象，要么也对另外一些完全不是我们感官的对象、而只是由知性当做对象来思维的可能之物这样做。"❶这一段话非常清楚地表明,感性直观与智的直觉的区分直接对应于感知对象与理知对象的区分,而不是直接对应于现象与物自身的区分。更明确地说,感知对象和现象基本上是重叠的,但理知对象的范围却比物自身要大,因为"另外一些完全不是我们感官的对象、而只是由知性当做对象来思维的可能之物",也属于理知对象,但却不在物自身的范围之内。

物自身相对于现象而言,这种相对性也意味着物自身的概念与现象的概念是互相依赖的。而康德明言物自身与现象的区分只是一种主观的区分:"物自身的概念与现象的概念之间的区分不是客观的,只是主观的。物自身不是另一个对象,只是对同一对象的另一方面的表象。"❷这就是说,作为对同一对象的另一方面的表象,物自身只是针对那些可感知对象而言的。而另外一些只是知性可以思维的对象,比如自由意志、上帝、灵魂等,则不存在现象层面的对应物,就是说,这些对象是感性无法直观的,仅仅作为理知对象而不可能成为感知对象。换言之,理知对象虽然也是相对于感知对象而言的,但这里的相对性和物自身与现象之间的相对性不可同日而语:感知对象的概念与理知对象的概念并不是互相依赖的。

---

❶ Immanuel Kant, *Critique of Pure Reason* (B306), p. 360. 中文见康德:《纯粹理性批判》,邓晓芒译,杨祖陶校,第 225 页。在第一版中,康德的相关表述是:"诸现象就其按照范畴的统一性而被思考为对象而言,就叫做感知对象。但如果我假定诸物只是知性的对象,但仍然能够作为这种对象而被给予某种直观,虽然并非感性直观(作为智性直观的对象),那么这样一类物就叫做理知对象。"见康德:《纯粹理性批判》(A249),邓晓芒译,杨祖陶校,第 227 页。对于"phenomena"和"noumena",其含义就是感知对象和理知对象,故本文不从其他那些要么引人误解、要么易生混淆的译法。

❷ 这段出于康德《遗作》(*Opus Postumum*)中的话在海德格尔的《康德与形而上学问题》中被引用,牟宗三从海德格尔的书中看到,且非常重视之。海德格尔的引用见 Martin Heidegger, *Kant and the Problem of Metaphysics*, trans. Richard Taft, Indiana University Press, 1990, p. 23. 牟宗三的引用见:《智的直觉与中国哲学》,(台湾)商务印书馆 1980 年版,第 37 页。

康德对感知对象和理知对象的区分意味着他在一定程度上继承了唯理论者的智的直觉概念，只是在唯理论者那里，像数学和几何学那样的知识被归于智的直觉的名下，但在康德这里，这些知识被归于人类所具备的感性直观，而智的直觉则更多地——当然是仅就其可能性而言——被关联于一些对人类来说在实践领域可以合理认定、在理论领域能够思维但无法直观的理念。❶但这并不意味着智的直觉的对象除了物自身之外就只剩下自由意志、上帝和灵魂这三个实践理性的认定。❷实际上，智的直觉的对象可能包括实践领域中的一切理念，比如康德曾如是谈论正当概念（the concept of right）："无疑，健全的知性所使用的正当概念，包含的正是同一个可以由最微妙的思辨从中加以发挥的意思，只是在日常和实际的运用中人们并不意识到这一思想里有这么多方面的表象而已。但人们不能因此就说，这个日常概念是感性的，它包含一种单纯的现象。因为正当决不可能成为现象，相反，它的概念存在于知性中，并表现为行

---

❶ 在此，如果对于认识而言，直观是必要的，那么，认识与思维之间的区别就和理论理性与实践理性之间的区别存在着某种对应了。在康德对认识与思维之区别的刻画中，我们可以清楚地看出这一点："要认识一个对象，这要求我能够证明它的可能性（不管是根据来自其现实性的经验的证据，还是先天地通过理性来证明）。但我可以思维我想要思维的任何东西，只要我不自相矛盾，也就是，只要我的概念是一个可能的观念，虽然我并不能担保在一切可能性的总和中是否会有一个对象与它相应。但为了赋予这样一个概念以客观有效性（实在的可能性，因为前面那种可能性只是逻辑上的），就还要求某种更多的东西。但这种更多的东西恰好不一定要到理论知识的来源中去找，也可能存在于实践知识的来源中。"引文见 Immanuel Kant, *Critique of Pure Reason*（BXXVI），p. 115, note。中文见康德：《纯粹理性批判》，邓晓芒译，杨祖陶校，第二版序，第20页注1。

❷ 对于感知对象与理知对象之区分和现象与物自身之区分之间的这种不完全对应，牟宗三在《智的直觉与中国哲学》（首版于1971年）中未曾注意到，但在《现象与物自身》（首版于1975年）中则明确提到，且对什么是理知对象（他译为"智思物"或"本自物"）进行了清晰的陈述，只不过他将理知对象坐得太实，认为理知对象就包括物自身、自由意志、不灭的灵魂和上帝四者，见牟宗三：《智的直觉与中国哲学》，第115页；牟宗三：《现象与物自身》，第43页。

为的（道德的）性状，这性状是属于这些行为本身的。"❶如果行为从根本上来说并不是物理事件，那么，表征行为本身特性的种种理念对人类来说就只能作为理知对象被思维而不可能作为感知对象被直观。而智的直觉恰恰意味着能够直观这些人类无法直观但可以思维的理知对象，康德认为，我们可以合理地设想，只有那个原始的存在者，即神，才具备这种智的直觉能力。

因此，智的直觉就其可能性而言意味着只有神才具备的认知能力。至于为什么我们能够合理地设想智的直觉是只有神才具备的认知能力，康德有一个简要的说明："因为它的一切知识必定都是直观，而不是随时表现出局限性的思维。"❷换言之，如果像自然神学那样能够合理地设想作为原始存在者的神，那么，我们既不能在人类的感性直观的层次上设想神的直观能力，也不能在人类的知性思维的层次上设想神的思维能力，而只能在一种看起来是双重超越的思路中将神的认知能力定位在知性的直观或者说直观的知性——从而也就是智的直觉——的层次上。由此我们可以将康德对于神的设想归于他的哲学人类学：以人在认知能力上的有限性为基础而设想神在认知能力上的无限性。更进一步来说，既然人在认知能力上的有限性直接表现在人的经验直观必须依赖于客体的刺激，从而必须依赖于客体的存在，那么，就可以合理地设想，神在认知能力上的无限性恰恰表现在神的直观之知不仅不依赖于客体的存在，而且能够使客体的存在被给予出来。"能够使客体的存在被给予出来"，也就是创造，而这又与自然神学中以神作为原始的创造者的看法相吻

---

❶ Immanuel Kant, *Critique of Pure Reason* (A44/B61), pp. 168-169. 中文见康德：《纯粹理性批判》，邓晓芒译，杨祖陶校，第43页。这里的"正当"德文为"recht"，上引英文本译为"right"，邓晓芒、杨祖陶中文本译为"公正"。

❷ Immanuel Kant, *Critique of Pure Reason* (B71), p. 191. 中文见康德：《纯粹理性批判》，邓晓芒译，杨祖陶校，第49页。

合。于是，在康德那里，在一种可以被合理地设想的自然神学的论域中，神的认知过程即是神的创造过程，而神的认知能力，也就是智的直觉，就成为一种具有宇宙论意义的、本源性的创造性直觉。正是在这个意义上，康德把人所具备的感性直观称为派生的直观（intuitus derivativus），而把设想中的神所具备的智的直觉称为本源的直观（intuitus originarius）。❶

不过，只有神才具备智的直觉能力的看法，在康德那里只是顺着自然神学的思路而无矛盾地设想出来的，并不意味着康德真的持有一种自然神学的立场。实际上我们知道，康德恰恰不取自然神学的进路，因为他认为光凭自然目的论不足以建立一种神学，而是经由实践理性的认定建立了一种道德神学。这一点表明，康德并没有将"只有神才具备智的直觉能力"的看法坐实，只是无矛盾地思考了其可能性而已。将智的直觉与神的认知能力挂钩，而又指出智的直觉在其可能性无法否认、在其现实性上无法承认，无非是说，就人类所具备的知性能力而言，神的存在有其可能性，但没有现实性。康德曾明确指出，可能性与现实性之间的区别直接地关涉人类知性的特点："人类的知性不可避免地必须在事物的可能性和现实性之间作出区别。其根据就在于人的诸认识能力的主体和本性中。因为假如这些认识能力的施行并不要求有两种完全异质的成分，即为了概念而要求知性，为了客体而要求与这些概念相应的感性直观的话，那就根本不会有这样一种（在可能的东西和现实的东西之间的）区别了。因为假如我们的知性是能直观的，那么它除了现实的东西就会没有任何对象了。概念（它们只是指向一个对象的可能性

---

❶ Immanuel Kant, *Critique of Pure Reason*（B72），p. 191-192. 中文见康德：《纯粹理性批判》，邓晓芒译，杨祖陶校，第50页。

的)和感性直观(它们给予我们某物,但由此却并未让它作为对象被认识)两者就都会被取消了。"❶ 由此可以看到,可能性与现实性的区别实际上是人的有限性——具体来说是人在认知能力上的有限性——的表现,因为在可被合理地设想的、具有智的直觉能力的上帝那里,不存在可能性与现实性的区别。

与此类似的是事实与价值的区别,或相应的理论理性与实践理性的区别,质言之,人的有限性不仅表现在认知能力上,即理论理性的领域中,也表现在实践能力上,即实践理性的领域中:"正如理性在对自然的理论性的考察中必须设定自然的原始根据的某种无条件的必然性这个理念一样,它在实践性的考察中也预设了它自己的(就其本性而言的)无条件的原因性,即自由,因为它意识到了自己的道德命令。但既然在这里,行动的客观必然性作为义务,是与这行动作为事件当其根据在自然中而不是在自由中(即在理性的原因性中)时将会具有的那种必然性相对立的,而道德上绝对必然的行动在物理学上则完全被看作是偶然的(即那必然应当发生的事却常常并不发生),那么很清楚,下述情况只是源于我们的实践能力的主观性状,即道德法则必须被表象为命令(而与这些法则相符合的行动则被表象为义务),理性不是通过是(即发生的事)、而是通过应当是来表达这种必然性的;这种情况如果理性离开感性(即理性运用于自然对象上的主观条件)而被按照原因性、因而被作某种与道德法则完全协和一致的理知世界里的原因来考察的话,是不会发生的,在这里,在应当做和做之间,在由我们才成为可能的事情的实践法则和由我们才成为现实的事情的理论法则之间,就会

---

❶ Immanuel Kant, *Critique of the Power of Judgment*, 5:401-402, trans. Paul Guyer and Eric Matthews, Cambridge University Press, 2000, p.272. 中译文见康德:《判断力批判》,邓晓芒译,杨祖陶校,人民出版社2002年版,第254页。

没有任何区别了。"❶ 很显然，康德在此是将理论理性领域中的可能性与现实性的区别与实践理性领域中的"应当"与"是"的区别对应起来了。在理论理性领域成为现实的东西，就是人所具备的感性直观能够运用于其上的东西，从而也就是人能够认知的东西；在实践理性领域值得确信的东西，在理论理性领域只是可能的、但非现实的东西，也就是人所具备的感性直观不能够运用于其上的东西，但因实践理性的缘故而能够对人的行动提出无条件的命令。❷ "是"与"应当"的区别，或者说事实与价值的区别，归根结底，理论理性与实践理性的区别，或者说知与行的区别，都是人的有限性的表现。如果说在此可以合理地设想一个作为参照物的神，那么，在神那里，自然不会存在"是"与"应当"的区别或知与行的区别。

康德对"人是有限的理性存在者"这一人类学命题的贯彻还表现在沟通"是"与"应当"——也就是沟通知与行——的理论环节上。在《判断力批判》第77节，康德讨论"使自然目的概念对我们成为可能的那种人类知性特点"。其要义如下。首先，正因为人类知性是那种相对于原型之智性（intellectus archetypus）的模仿之智性（intellectus ectypus），也就是说，是那种推论性的知性，而

---

❶ Immanuel Kant, *Critique of the Power of Judgment*, 5：403-404，p. 273. 中译文见康德：《判断力批判》，邓晓芒译，杨祖陶校，第256—257页。
❷ 在《纯粹理性批判》里，康德以"一般经验性思维的公设"为标题考察了可能性、现实性以及必然性这些模态诸范畴，指出它们对于客体的概念及其规定没有丝毫的增加，只是表达客体"对认识能力的关系"，具体来说，三者分别表达"客体（连同它的一切规定）与知性及其经验性的运用、与经验性的判断力，以及与理性（在它应用于经验上时）处于怎样的关系中"："凡是（按照直观和按照概念）与经验的形式条件相一致的，就是可能的；凡是与经验的（感觉的）质料条件相关联的，就是现实的；凡是其与现实东西的关联是按照经验的普遍条件而得到规定的，就是（在存在上）必然的。" Immanuel Kant, *Critique of Pure Reason*（A218-219/B265-267），p. 321-322。中文见康德：《纯粹理性批判》，邓晓芒译，杨祖陶校，第197页。

不是那种完全自发的直观的知性，所以，在判断力将自然中的特殊东西纳入到知性的普遍概念之下的时候就不可避免地遭遇到一种偶然性。具体来说，判断力在其运用时所需要的知性的普遍概念是必然的，而它纳入知性的普遍概念的特殊材料则是偶然的。判断力在其运用中所遭遇的这种偶然性正是人的有限性在判断力的运用上的表现，因为如果是那种完全自发的直观的知性，也就是原型的智性，在其运用中就不会遭遇这种偶然性。实际上，判断力运用中的这个必然性与偶然性之间的区别，类似于理论理性领域中可能性与现实性之间的区别，也同样类似于实践理性领域中道德法则客观上的必然性与主观上的偶然性之间的区别。

其次，正因为判断力的这个特点，判断力针对自然的反思运用仅凭人类的模仿的智性是不够的，最终还必须以那个原型的智性为基础。❶就人类而言，相对于从普遍到特殊的规定性判断力，反思性判断力是从特殊到普遍，于是，如果仅从人类的模仿的智性出发去断言自然是合目的的，那么，情况就是，"自然的一个实在整体只能被看作是各部分竞争的推动力造成的结果"，这样一来，就只能"把整体的可能性设想为依赖于各部分的"。而要"把各部分的可能性（按照其性状和关联）设想为依赖于整体的"，除了诉诸完全自发的直观的知性——也就是原型的智性——别无他途。❷更直接地说，自然目的的观念必须在人类的那种需要形象的知性与那种

---

❶ 这个原型的智性或完全自发的直观的知性，当然也就是《纯粹理性批判》中所思考过的智的直觉："在此就必须有另一个不同于人类知性的可能的知性理念作基础（正如我们在《纯粹理性批判》中曾必须思考另一种可能的直观如果我们的直观应当被看作一种特殊的直观，也就是对象对它来说只被视为现象的那种直观的话）。"见 Immanuel Kant, *Critique of the Power of Judgment*, 5：405，p. 275。中译文见康德：《判断力批判》，邓晓芒译，杨祖陶校，第258页。

❷ Immanuel Kant, *Critique of the Power of Judgment*, 5：407，p. 277. 中译文见康德：《判断力批判》，邓晓芒译，杨祖陶校，第260—261页。

完全自发的直观的知性之间的关系中去理解才是可能的：对于那种完全自发的直观的知性而言，不需要、也不存在自然目的的观念，但是如果不参照那种完全自发的直观的知性，仅凭人类的知性也不会成就自然目的的观念；或者说，一个"整体包含着各部分联结的可能性根据"的自然理念只有通过原型的智性才可能被设想，对于只具模仿的智性的人类而言，只能够设想"一个整体的表象包含有这整体的形式的、及隶属于这形式之下各部分之联结的可能性根据"的自然理念。❶因此，尽管自然目的的理念必须以原型的智性为基础，但却是"出自我们知性之特殊性状的一个结果"。于是，"在此甚至完全不必要去证明这样一种 intellectus archetypus 是可能的，而只须证明，我们在把我们的推论性的、需要形象的知性（intellectus ectypus）和一个这样的性状的偶然性相对照时，就被引向了那个也不包含任何矛盾的理念（一个 intellectus archetypus）"。❷概而言之，康德实际上是将自然目的论的存有论基础奠定在了人（在他看来可以确实地断言只具感性直观能力）与神（在他看来可以合理地设想具有智的直觉能力）的关系上，且就其可能性而言，后者为本而前者为末，就其现实性而言，则前者为实而后者为虚。

最后，康德在这一节也总结性地谈到对自然的目的论解释和对自然的机械论解释何以能够并存的理由："由于至少有可能把物质世界当作单纯的现象来考察，而把作为物自身（不是现象的）的某物当作基底来思维，但却为这个基底配以相应的智的直觉（即使它不是我们的直观），那么，就会有一种尽管我们无法认识的超感性的

---

❶ Immanuel Kant, *Critique of the Power of Judgment*, 5：407-408，p. 277. 中译文见康德：《判断力批判》，邓晓芒译，杨祖陶校，第261页。

❷ Immanuel Kant, *Critique of the Power of Judgment*, 5：408，p. 277. 中译文见康德：《判断力批判》，邓晓芒译，杨祖陶校，第261页。

实在根据为我们本身也同属于其中的自然界产生出来，因而我们在自然界中将会把在它里面作为感官对象是必然的东西按照机械法则来看待，但却把它里面作为理性对象（甚至作为系统的自然整体）的东西，即各种特殊法则及据此而来的诸形式的、我们在自然方面必须评判为偶然的那种协和一致性和统一性，同时也按照目的论法则来看待，并把它们按照两种不同的原则来评判，而不用目的论的解释方式排除机械论的解释方式，好像它们相互矛盾似的。"❶从中也可以知道，自然目的论的理念以智的直觉为基础而又关联于人类的知性而成立，而且，正如现象与物自身的区分只是一种主观的区分一样，目的论的自然与机械论的自然的区分也是一种主观的区分。

由以上的梳理可以看出，如果说康德在与感性直观相对的语境中诉诸智的直觉只是意味着对智的直觉的一种消极的运用，那么，他在建构自然目的论理念时诉诸智的直觉则意味着对智的直觉的一种积极的运用。换言之，在康德的思想中，智的直觉发挥其最重要的理论功能正是在自然目的论的建构中。尽管如此，自然目的的概念，与经验知识的概念和实践命令的概念一样，都至关重要地体现出人的有限性。与此相关，康德自始至终没有将智的直觉能力归诸人，而只是承认智的直觉的可能性，作为人类知性可以思维的对象，可以被合理地设想为神所具备的一种能力。❷

---

❶ Immanuel Kant, *Critique of the Power of Judgment*, 5：409, p. 278. 中译文见康德：《判断力批判》，邓晓芒译，杨祖陶校，第262页。

❷ 康德说，"目的论的探究要找到一个完全的解答，只能在神学中"，此种之关键当然就是智的直觉：因为智的直觉被设想为只有神才具备的能力，而目的论又必须以智的直觉为基础，所以，目的论的探究只能在神学中找到一个完全的解答。引文见 Immanuel Kant, *Critique of the Power of Judgment*, 5：399, p. 269. 中译文见康德：《判断力批判》，邓晓芒译，杨祖陶校，第251页。倪梁康和邓晓芒都认为康德主张人有一种智的直觉能力，这是完全错误的，或者顶多说是站在康德之外的某个立场上对康德思想的外在解释。倪梁康说，"康德时而也把这种'本源直观'意义上的'智性直观'解释为处在感性与知性之间的'想象力'，更严格地说，'创造性的想象力'。由于'想象力'的基

对于康德在现象与物自身之间、在感知对象与理知对象之间、在感性直观与智的直觉之间、在人的认知能力与（可以被合理地设想的）神的认知能力之间所做出的这些基本对应的区分，牟宗三的理解既包含着深刻的洞见，又存在着严重的问题。其中最重要的一点在于，牟宗三准确地把握住了康德做出这些区分的核心用意：这些区分虽然是从不同的角度刻画出来的，但统统归属于一个观点，

（接上页）本定义在于：'在直观中表象一个哪怕不当下存在的对象的能力'，因而它被康德（至少在《纯粹理性批判》的 A 版中）纳入到'智性直观'范畴中，它意味着一种将知性概念与感性直观联系在一起的'人类灵魂的基本能力'。"康德曾明确指出，相对于再生性的想象力而言的生产性的想象力（这一对概念即"reproductive imagination"与"productive imagination"，倪梁康将之译为"再造性的想象力"与"创造性的想象力"）所从事的先验综合是"依据范畴对直观的综合"，"这是知性对感性的一种作用，知性在我们所可能有的直观的对象上的最初的应用（同时也是其他一切应用的基础）。这种综合作为形象的综合，是不同于没有任何想象力而单靠知性作出的智性综合的。"由此可以看到，在康德那里，生产性的想象力虽然有其自发性，但仍然基于人的感性直观能力和知性思维能力的区分，也就是说，仍然基于人在认知能力上的有限性。因此，这种从事先验综合的生产性的想象力根本就不是康德所说的智的直觉。 另外，倪梁康所引康德对想象力的界定的更好的译法见诸邓晓芒、杨祖陶译本："想象力是把一个对象甚至当它不在场时也在直观中表象出来的能力。"倪梁康所译的"不当下存在的对象"，实际上就是"不在场的对象"（an object without its presence），他的译法容易引起误解，仿佛康德这里对想象力的界定与他对智的智觉的界定——"一种本身就使所直观客体之存在被给予出来的直观方式"——是一样的或类似的，正如他将"productive imagination"译为"创造性的想象力"而容易让人联想到智的直觉的创造性一样。此处所引倪梁康文见倪梁康：《康德"智性直观"概念的基本含义》，载《哲学研究》2001 年第 10 期；所引康德文见 Immanuel Kant, *Critique of Pure Reason* (B151-152)，p. 256-257。中文见康德：《纯粹理性批判》，邓晓芒译，杨祖陶校，第 101 页。邓晓芒误认为康德主张人有一种智的直觉能力，是因为他根本上误解了《判断力批判》第 77 节。他错误地认为康德所说的"模仿的智性"是一种"学习或模仿的智性直观"，而且更为错误地认为，康德是将这种子虚乌有的"学习或模仿的智性直观"作为自然目的论的基础，从而错误地得出结论说，康德在把作为原型智性的智的直觉归诸神的同时，主张人有一种"学习或模仿的智性直观"。实际上，根据上文的梳理，我们知道，康德所说的"模仿的智性"就是指人类的智性，也就是不能离开感性直观和知性思维之区别的人类的智性，而且，自然目的论的基础也并不是什么"学习或模仿的智性直观"，就其可能性而言就是只能被设想为神才具有的原型的智性，也就是智的直觉，就其现实性而言就是人所具有的模仿的智性，也就是感性直观以及与感性直观和知性思维之区别直接相关的判断力。邓晓芒的看法见邓晓芒：《康德的"智性直观"探微》，载《文史哲》2006 年第 1 期，收入氏著：《康德哲学诸问题》，生活・读书・新知三联书店 2006 年版。

即人的有限性的观点。牟宗三想做的,是立足他所理解的中国哲学的传统,对康德关于人的有限性的观点——在他看来这个观点非常典型地反映了西方文化和西方思想的特质——提出合理的质疑并将之容纳到一个在他看来关于人的更为恰当、更为全面的观点之中。就此而言,牟宗三虽然正确地抓住了康德思想的这个至关重要的出发点,且在理论层面非常有意义地将中西之异的一个关键方面落实在人的有限性的主题上,但是,在将这个中西之异的关键方面问题化、理论化的过程中他又持论太过,从而导致他不仅对康德的评价有失公允,而且也未能真正持守他所力图持守的儒家立场。以下就此作一扼要的分析。

首先,康德对于现象与物自身的区分,仅从西方哲学史上看也是非常独特的,康德之前和康德之后的西方思想家大都不认可这一区分,但是,牟宗三不仅从康德那里接受了这一区分,而且将这一区分置入了对中国哲学的核心理解之中。按理说,站在《易传》中所说的"形而上者谓之道、形而下者谓之器"的立场上,或者说站在现代以来被熊十力所发挥、被牟宗三所继承的"体用不二"的立场上,不应当认可现象与物自身的区分,但牟宗三却说,现象与物自身"这一区分当该是必然的"。❶牟宗三认可康德对于现象与物自身的区分,有其明确的理论动机,即以中国的传统思想为根本接纳科学,更具体地说就是,通过对中国传统思想的重新诠释,在其中刻画出能够使科学得到合理安置的存有论基础。在《智的直觉与中国哲学》的序中谈到该书的写作动机时,牟宗三对自己前后期的康德哲学研究进行了一个自我反思。海德格尔在《康德与形而上学问题》一书中曾主张,康德《纯粹理性批判》的主题并不是一般

---

❶ 牟宗三:《现象与物自身》,第11页。

所认为的认识论问题,而是形而上学问题;在海德格尔的这一观点的影响下,牟宗三指出自己早年在《认识心之批判》一书中对康德的理解只注意到了知性的"逻辑的指涉格",而忽略了知性的"存有论的指涉格"。所谓知性的存有论的指涉格,实际上就是在存有论的层次上理解知性以及相关的现象概念,从而也就是为经验知识以及相关的自然科学奠定存有论的基础。因此,康德在《纯粹理性批判》中关于人类感性与知性以及相应的现象之知的论述对牟宗三来说就非常有意义,可以将之合理地纳入到经过重新诠释的中国哲学的形而上学体系中来——我们知道牟宗三最终是将之作为两层存有论中的一层,从而完成他以中国哲学为根本而开出科学与民主——民主也被他放在知性思维之下——的理论使命。

在某种意义上,牟宗三认可现象与物自身之区分的理论动机与康德做出现象与物自身之区分的理论动机存在着深刻的一致。那么,康德为什么要在现象与物自身之间做出区分?为什么恰恰是康德——在西方哲学的历史脉络里——做出了现象与物自身的区分?要回答这个问题必须回溯西方哲学史上在关于物的看法上从古代到现代经历了什么样的变化。我们知道,西方古典时代关于物的看法,可以亚里士多德的物理学为典型代表,其中最重要的一点是认为万物皆有其本性(nature,作为一个独立的概念可译为"自然"),并以这个"本性"或"自然"为核心概念理解物之为物。比如说,在对运动的理解中,亚里士多德明确地将物的运动关联于物的本性,其中的主导性观点是,物按照其本性而运动,更具体地说,"物的运动方式和位置都是由它的本性所决定的",于是,运动就意味着一物本性的展现,而位置则被理解为一物按其本性所属的场所,由此遂产生了本性不同的物其运动方式因之而不同的看法,以及合乎本性的运动不同于违抗本性的运动的看法等等。❶以革命性的力量取代亚里士多德物理学的,是牛顿的物理学。在牛顿那里,亚里士多德意义上的物的本性的概念及其在物理学中的功用消失了,就是说,万物的运动并不被认为是按照其本性,反而是说,运动定律成了对万物的基本规定,万物都被置于运动定律之下了,于是,运动仅被看作是一物的状态变化,位置仅被看作是一物的外在状态,原来亚里士多德那里根据物的不同本性而做出的运动方式的区分和根据合乎本性还是违抗本性而做出的运动类型的区分也都被消除了。对于牛顿物理学带来的对物的看法的革命性变革,罗素评价说,"第一件该注意的事就是从物理定律中几乎消除了一切物活论的痕迹",而且为了突显其重要性他更援引诗人蒲柏运用创世的隐喻而为牛顿写的墓志铭:"自然和自然法则隐没在黑暗中;神说'要有牛顿',万物遂成光明。"❷

从亚里士多德物理学到牛顿物理学,意味着西方哲学史上对于物的看法发生了革命性的变革,这一革命性的变革也可以刻画为,机械论立场取代了目的论立场而成为对自然的根本性理解。而康德哲学的一个重要理论动机,恰恰就是回应牛顿物理学所带来的这一革命性变革。一方面,康德充分认可牛顿物理学中将万物置于运动定律之下这个核心主张,但另一方面,康德亦不满于牛顿的一些看法,比如绝对时空的观念以及以引力为物体之第一本质属性的看法,认为有必要澄清在关于物的看法上的一些混乱和误解,有必要为自然科学奠定一个形而上学的基础。对此,海德格尔曾指出:"在

---

❶ 海德格尔通过比较亚里士多德的物理学和牛顿的物理学,对古希腊的自然经验与现代的自然经验之间存在的深刻差异做了鲜明的刻画,本文的理解正是基于他的看法,参见海德格尔:《现代科学、形而上学和数学》,孙周兴译,载《海德格尔选集》(下),上海三联书店1996年版,第860页以下。

❷ 罗素:《西方哲学史》(下),马元德译,商务印书馆1976年版,第56、58页。

《纯粹理性批判》出版五年之后，恰恰也是牛顿的《自然哲学的数学原理》出版一百年之后，康德发表了《自然科学的形而上学基础》（1786年）一书。它是以《纯粹理性批判》的立场为基础的，是牛顿著作的一个有意识的、补充性的配对作品。在这部著作的前言的结尾处，康德明确地论及了牛顿的著作。康德学术生涯的最后十年就付诸这个问题域了。"❶更具体地说，康德自己认为，《纯粹理性批判》中关于感性直观和知性范畴的思想，实际上已经建构了一个关于自然的形而上学系统，从而也就为自然科学的形而上学基础确立了一个基本的立场："使一个一般的自然的形而上学系统、尤其是有形自然的形而上学系统臻于完善的图形，就是范畴表。因为没有更多的纯粹知性概念可以涉及到事物的本性。在四类范畴，即量、质、关系、还有模态的范畴之下，必定可以产生出某种一般物质的普遍概念的甚至所有的规定性，因而甚至也必定可以产生出一切可以被范畴先天地思考的东西，可以在数学构想中呈现的东西，或可以在经验中作为确定的经验对象被给予的东西。"❷在此处谈到范畴表的地方康德针对一匿名作者对他的《纯粹理性批判》的评论做一很长的注释，其中强调性地重申，如果承认（1）"范畴表把一切纯粹知性概念、并正因此而把判断的一切知性活动形式都包括无遗"，（2）"知性由于其本性而具有先天综合原理，它由此而将可能给予它的一切对象都置于上述范畴之下，因而也必须有包含那些纯粹知性概念所不可缺少的使用条件的先天直观"，（3）这种先天的"纯粹直观永远只能是外部或内部感官的现象的纯形式（空间和时间），因而只能是可能经验的对象"，那么就可以推出，纯粹理性对于感性和知性的运用"任何时候都只能是指向经验对象，并且由于

---

❶ 海德格尔：《现代科学、形而上学和数学》，孙周兴译，载《海德格尔选集》（下），第857页。
❷ 康德：《自然科学的形而上学基础》，邓晓芒译，上海人民出版社2003年版，第13页。

在先天原理中没有任何经验性的东西可以作为条件，所以这些先天原理无非是一般经验的可能性原则。"❶

康德之所以要用谦虚的先验哲学取代骄傲的存有论，就是企图通过合理的划界消化近代科学、特别是牛顿物理学对于传统存有论——在近代科学的冲击下业已沦为一个过气的女王——的挑战，从而通过阐明经验知识赖以可能的先天原理而为自然科学奠定一个形而上学的基础，这样就既确认了科学的权威，又捍卫了形而上学的尊严。而现象与物自身的区分，以及前述几个基本对应的区分，正服从于这样的理论语境。这也显示出康德的另一个宏大的理论抱负，即在古典的自然目的论在遭遇近代科学、特别是牛顿物理学带来的挑战而濒临崩溃的当口力图以新的理论方式重构、从而挽救自然目的论，换言之，处于现代的康德仍企图以新的理论方式将古典时代的自然概念——对物而言就是本性的概念——保留下来。我们可以说，这是康德通古今之变的努力。就此而言，作为存有论理念的物自身，与作为宇宙论理念的先验自由，以及作为神学理念的自然目的一道，共同构成康德维护古典意义上的自然概念的重要理论举措。

由此可以看出，牟宗三认可现象与物自身的区分的理论动机，和康德做出这种区分的理论动机，有着深刻的一致性，尽管牟宗三对康德这里通古今之变的理论动机没有明确的意识。康德服从于自己严格的理性批判而做出现象与物自身的区分，虽不承认人有智的直觉能力，但保留了物自身的概念，实际上是在通古今之变的意义上理解智的直觉问题，而牟宗三则将智的直觉问题转化成中西问题，即认为以康德为代表的西方哲学传统只承认人有感性直观的能

---

❶ 康德：《自然科学的形而上学基础》，邓晓芒译，第15页，注释。

力,从而智的直觉只能依中国哲学的传统而确立,其理论动机恰恰是要立足中国古典哲学传统,同样以奠基性的方式接纳近代科学。❶牟宗三的这一理论动机也表达出他的一个宏大的理论抱负:立足中国自身的文化传统和思想观念,直面中国现代以来的实际处境和历史性问题,放眼多元文化之交往不断深入的世界历史的现状和未来,运思天人之际,以通古今之变,会中西之异。而且,在牟宗三所处的古今问题和中西问题交织夹逼、古今问题又以压倒性的优势宰制着中西问题的特殊历史处境中,牟宗三这一既解决古今问题、又解决中西问题而最终将古今问题转化为中西问题的理论抱负就更显得非同小可,尽管他和同时代的其他思想家一样,在很大程度上也被西方现代性的神话所迷惑。

其次,牟宗三对康德的物自身概念有一个独特的理解,即他认为康德的物自身是"一个高度价值意味的概念",而不是一个事实概念。❷那么,如何评价牟宗三的这个看法呢?在我看来,将康德的物自身理解为一个高度价值意味的概念,是一个很有见地的误解,或者说是一个包含着错误的洞见。在康德那里,物自身所承担的理论功能是为经验知识确定一个恰当的界限,这一点首先意味着,严格意义上来说不能把物自身理解为一个事实概念,因为只有概念与概念相应的直观结合起来才能构成事实,而对于物自身我们

---

❶ 与此相关的一点是,王阳明认为草木瓦石皆有良知,而企图为科学张目的牟宗三则不这样认为。在谈到性理(牟宗三亦称之为"存在之理"或"实现之理")之自觉显现的问题时,牟宗三说:"即或较灵的动物如犬、马、獭猴、蝼蚁之类有一点子透露,亦只是本能地显现,尚绝不能如人之自觉地显现也。至如草木、瓦石乃至枯槁则全不能有显现,故其义理本然之性亦只好收缩而为如是个体之'存在之理'矣。"见牟宗三:《心体与性体》(上),第86页。类似地,在论及佛学中"无情有性"的思想时,牟宗三说,"'无情有性'不值得张皇",因为不能认为"草木瓦石亦有觉性义之佛性"。见牟宗三:《智的直觉与中国哲学》,(台湾)商务印书馆1980年版,第319页。
❷ 牟宗三:《现象与物自身》,学生书局1984年版,第8页。

可以思维其概念却不能获得其直观。❶于是，在就事实与价值的不同领域而谈论物自身时，更为严谨的提问应当是：物自身与事实问题有关还是与价值问题有关？❷很显然，物自身与事实问题有关，而且其关联方式就表现在为经验知识划定一个恰当的界限这一点上。那么，物自身是否与价值问题有关呢？既然牟宗三这里的价值就是指道德价值，这个问题就可以被更为清晰地表述为物自身——仅就其表象了物在其自身中存在这一点而言——与道德价值的关系问题。

在康德那里，如果说对于"物在其自身中存在"能够有更多的一点思考的话，那就是在自然目的论中。因此，想在康德那里找到有关物自身与道德价值之关系问题的答案，就只能将目光投向自然目的与道德价值的关系上。康德虽然立足模仿的智性、依托原型的智性而提出了只能作为调节性原理——而非规定性原理——的自然目的论主张，但是，他也指出，这样构想起来的自然目的论在根本上是不足的，因为虽然模仿的智性在反思判断力的运用中通过接近原型的智性可以成就一个自然目的的理念，但在自然中却不可能找到一个目的，可以合理地称之为自然的最后目的（letzter Zweck, ultimate end of nature）。自然的最后目的，根据其概念本身的规定，是指"一切其他自然物都与之相关地构成一个目的系统"的目的。❸如果自然的最后目的阙如，自然目的论就存在着根本的缺陷。

---

❶ 在纯粹理性的理念中，自由是唯一能被作为事实来看待的理念，因为自由通过其特殊的因果性而在现实的行动中、从而也就是在经验中证明了其实在性。见 Immanuel Kant, *Critique of the Power of Judgment*, 5：468, pp. 332-333. 中译文见康德：《判断力批判》，邓晓芒译，杨祖陶校，第 328 页。

❷ 在一开始提出问题时，牟宗三的表述基本上是严谨的："问题底关键似乎是在：这'物自身'之概念是一个事实问题底概念呢，抑还是一个价值意味底概念？"见牟宗三：《现象与物自身》，第 3 页。

❸ Immanuel Kant, *Critique of the Power of Judgment*, 5：429, p. 297. 中译文见康德：《判断力批判》，邓晓芒译，杨祖陶校，第 285 页。

在自然内部不可能找到自然的最后目的,意味着只能到自然以外去寻找自然的最后目的。就此,康德提出,要找到自然的最后目的,必须思考另一个目的概念,即创造的终极目的,也就是整个世界之存在的终极目的(Endzweck, final end of the existence of a world, i. e. creation itself)。终极目的是指"这样一种目的,它不需要任何别的东西作为其可能性的条件"。❶因为在一个自然目的的系统中,万物在自然目的原理的调节下处于相互关联、相互依存的状态,而处于目的序列之最后等级或层次上的那个目的——也就是自然的最后目的——必须以一个不可能作为其他目的之手段的自在的目的——也就是"不需要任何别的东西作为其可能性条件"的终极目的——为目的,换言之,自然的最后目的只能着意于如何促进创造的终极目的的实现。

那么,究竟什么才称得上是创造的终极目的呢?康德认为,既然作为道德存在者的人,也就是作为理知对象看的人,是唯一能够以设定目的的方式而存在的、唯一具有超感官的自由能力的存在者,对于这样一种存在者我们不能再问他是为了什么而存在的,那么,也只有作为道德存在者的人,才称得上是创造的终极目的,从而能够使相互从属的目的链条完整地建立起来:"只有在人之中,但也是在这个仅仅作为道德主体的人之中,才能找到在目的上无条件的立法,因而只有这种立法才使人有能力成为终极目的,全部自然都是在目的论上从属于这个终极目的的。"❷对于此义康德曾反复申说,认为这是一条"甚至最普通的人类理性也不能不直接予以赞同的原理",并由此论及世界存在的价值或者说万物存在的价值:"如

---

❶ Immanuel Kant, *Critique of the Power of Judgment*, 5: 434, p. 301. 中译文见康德:《判断力批判》,邓晓芒译,杨祖陶校,第290页。

❷ Immanuel Kant, *Critique of the Power of Judgment*, 5: 435-436, pp. 302-303. 中译文见康德:《判断力批判》,邓晓芒译,杨祖陶校,第291—292页。

果在任何地方应当有一个理性必须先天指定的终极目的,那么,这个目的就只能是服从道德法则的人(即每一个有理性的世间存在者)。因为(每个人都这样判断说)如果世界纯由无生命的存在物构成,或虽然部分由有生命的、但无理性的存在物构成,那么,一个这样的世界的存在就会完全没有任何价值,因为在它里面将会没有任何具有起码的价值概念的存在物存在。相反,即算存在着有理性的存在者,但如果他们的理性只能够把万物存在的价值建立在自然对他们的关系(即他们的福利)之中,却不能够(通过自由)自己为自己取得这样一种本源的价值,那么,虽然在这个世界上会有(相对的)目的,但不会有任何(绝对的)终极目的,因为这样一些有理性的存在者的存在终将是没有目的的。但道德法则却具有一种特别的性状,即它把某物作为目的而无条件地、因而恰如一个终极目的的概念所需要的那样向理性颁布出来,所以,惟有这样一个在目的关系中能够成为它自己的至上法则的理性的存在,换言之,惟有服从道德法则的理性存在者的存在,才能够被设想为一个世界之存在的终极目的。反之,如果情况不是这样,那么,这个世界的存在要么在其原因中就根本没有什么目的,要么给它提供根据的那些目的中就没有终极目的。"❶

既然创造的终极目的只能是作为道德存在者的人,那么,自然的最后目的就只能着意于如何实现这一终极目的。正是在这个意义上,康德曾说"人就其使命(vocation)而言就是自然的最后目的"。❷更直接地说,自然的最后目的只能指向人的教养,康德称之

---

❶ Immanuel Kant, *Critique of the Power of Judgment*, 5:448-450, pp. 314-315. 中译文见康德:《判断力批判》,邓晓芒译,杨祖陶校,第 305—307 页。

❷ Immanuel Kant, *Critique of the Power of Judgment*, 5:431, p. 298. 中译文见康德:《判断力批判》,邓晓芒译,杨祖陶校,第 286 页。

为训育的文化（culture of discipline），即那种旨在"把意志从欲望的专制中解放出来"的、文而化之的陶冶过程。❶由此可见，康德有鉴于自然目的论的不足而提出了道德目的论，并使道德目的论成为自然目的论的基础，并据此提出了他的道德神学。在这样一种以道德目的论为根据的道德神学中，整个世界的存在，或者说万物的存在，都染上了一层道德的色彩，或者说，世界的存在、万物的存在都因道德而有其价值。正是在这个意义上，我们可以断言，牟宗三将物自身理解为一个高度价值意味的概念，其中包含着深刻的洞见。只是他对于康德以道德目的论为根据建立道德神学从而成全自然目的论的做法不甚了了，或始终未能正视康德的目的论思想中所蕴涵的深刻意义。实际上，牟宗三也曾明确地将在他看来具有高度价值意味的物自身概念与目的的概念关联起来："当自由无限心呈现时，我自身即是一目的，我观一切物其自身皆是一目的。一草一木其自身即是一目的，这目的是草木底一个价值意味，因此，草木不是当作有限存在物看的那现实的草木，这亦是通化了的草木。"❷虽然牟宗三在此处承认"康德的目的王国本有此义"，但他还是忽视了康德的自然目的论和道德目的论，于是进而认为，对于"物自身皆是一目的"此义，康德"不能充分证成之"，而"从上帝的创造处说，尤其不能稳住此义"。实际上，我们可以看到，在康德的目的论思想里，上帝的创造其实是虚说，目的论的最终根据还是落在了作为道德存在者的人身上。

至于牟宗三认为康德因为不承认人有智的直觉能力从而无法稳住现象与物自身之区分的指责，更是不成立。牟宗三从两个方面阐

---

❶ Immanuel Kant, *Critique of the Power of Judgment*, 5：432，p. 299. 中译文见康德：《判断力批判》，邓晓芒译，杨祖陶校，第287页。

❷ 牟宗三：《现象与物自身》，第18页。

述提出这一指责的主要理由。一个方面是从物自身的角度来说。这个方面又分为两个要点,分别从物自身的消极意义和积极意义来说。首先,牟宗三认为,如果像康德那样仅仅将物自身作为一个消极意义上的界限概念,那么,"好像是一个彼岸"的物自身因其"只遮不表"的"空洞无内容无真实意义"而无法真正承担起划定现象之范围的先验区分功能,也就是说,在牟宗三看来,这样一个物自身概念无法挡住"人们以吾人所知的现象为物自身",从而不能保证现象与物自身的区分就是康德所希冀的先验区分,反而必沦为莱布尼兹和沃尔夫等人在感性表象与知性概念之间所做的那种逻辑的区分或洛克在第一性质与第二性质之间所做的那种经验的区分。❶其次,如果说当康德将物自身与在他看来只有上帝才可能具有的智的直觉关联起来时意味着物自身的概念获得了某种积极意义的话;那么,由于上帝所创造的都是有限的现实存在物,所以"我们不能决定地知道这有限的现实存在物定是物自身,而不是现象",就是说,物自身的概念无法稳住,从而现象的概念也无法稳住。❷另一个方面是从主体的角度来说。牟宗三认为,如果将人类主体运用其所特有的感性直观能力和知性思维能力而对事物的认知仅仅理解为一个事实领域的问题,那么,"我们将没有一个显明的标准可以断定我们所知的只是现象,而不是物自身";换言之,除非我们"再进一步加以价值意味的封限",即将物自身放在一个价值的标准下加以决定,现象与物自身之间的先验区分不可能真正成立。❸

概观牟宗三这一指责的意思,主要在于,如果对物自身的言说仅限于康德所做,那么,这个概念的意义就难以明确,从而也难以

---

❶ 牟宗三:《现象与物自身》,第9页。
❷ 牟宗三:《现象与物自身》,第10页。
❸ 牟宗三:《现象与物自身》,第11—12页。

真正成立。于是，牟宗三想就此拓展出一个更为彻底的思路，即，通过对人类主体之心意能力的新的、不同于康德的理解和分析，首先为物自身、然后为现象奠定先验的基础。换言之，在牟宗三看来，只有为物自身奠定的先验基础足够稳固，为现象奠定的先验基础才能足够稳固。这一指责的不成功之处在于，在康德那里，就纯粹理性的理论运用而言，物自身只是思维的对象而不可能是认识的对象，正如与之相关的上帝与智的直觉也只是思维的对象而不可能是认识的对象一样，对于物自身的积极意义上的言说——比如唯一具备智的直觉能力的上帝创造物自身的说法——只是根据概念本身的含义而无矛盾地推想出来的，物自身也好，上帝也好，只是作为可能之物而存在的，于是，任何想要从人的认知能力来确证物自身的现实性和必然性——作为一般经验性思维中的模态范畴——的企图本身就是虚妄的；就纯粹理性的实践运用而言，实践理性的规定在人那里必然地表现为命令，且自由这个理性的唯一事实表现为那种特殊的因果性时其结果的一头指向的是现象而不是物自身，于是，任何想要从人的实践能力来确证物自身的现实性和必然性——在此只能是借用——的企图也是不可能的。更为明确地说，在康德那里，情况和牟宗三所说的恰恰相反：只有将人的直观能力严格地限定在感性层面，才能够真正稳住现象与物自身的区分。主张人具备智的直觉能力实际上意味着感性直观与知性思维之间的区分将不存在，同样的，可能性与现实性之间的区分、必然性与偶然性之间的区分、理论与实践之间的区分都将不存在，这样一来，现象与物自身之间的区分也就不存在了。就此而言，反而是牟宗三的"两层存有论"——作为他的思想的最后定论——无法稳住其两层之关系，而这恰恰是因为他主张人具备智的直觉能力并依此建立存有论的最根本一层。一个能够生天生地、创造万物的良知既然可以当下

呈现,就根本不需要什么坎陷。❶

针对人的有限性的问题,牟宗三在批评康德的同时还批评了海德格尔的看法。《智的直觉与中国哲学》一书的写作动机与牟宗三阅读海德格尔的《康德与形而上学问题》、《形而上学导论》两书的经历有相当大的关系。牟宗三认为,"海德格尔之所为"乃是"割截而下委,辗转纠缠于时间范围内,以讲那虚名无实的存有论",原因在于海德格尔使用了现象学这个不相应的方法来探讨形而上学,从而导致他误置了形而上学:"我读他的《康德与形而上学问题》一书,我见出他是把他所谓'基本存有论'放在康德所谓'内在形而上学'(Immanent metaphysics)范围内来讲的,因此,我始知他何以名其大著曰《实有与时间》而特别重视时间之故。但依康德的意向,真正的形而上学仍在他所谓'超绝形而上学'(Transcendent metaphysics)之范围。今海德格尔舍弃他的自由意志与物自身等而不讲,割截了这个领域,而把存有论置于时间所笼罩的范围

---

❶ 在《现象与物自身》第四章中,牟宗三探讨了"由知体明觉开知性"的问题,他认为这是必然的,并将之称为"辩证的开显",且与黑格尔意义上的辩证相提并论,同时还借用了陆九渊"平地起土堆"的隐喻来说明。问题是,在黑格尔那里,辩证的历程只能是一个从特殊到普遍、从有限到无限、从低级到高级的过程,就是说,只能从不断上升的方向上展开,而不可能从下降的方向上展开;但在牟宗三那里,辩证的方向不是从上升的方向上展开的,而是从下降的方向上展开的,而这种反向辩证的必然性在哲学上根本得不到合理的说明:无论是诉诸知性的道德功用还是将问题转化为中国哲学中的有无、动静问题,都于此无补。在《智的直觉与中国哲学》中,牟宗三正是将这种反向辩证的必然性归诸道德:"吾人不能只依智的直觉只如万物之为一自体(在其自己)而直觉地知之,因为此实等于无知,即对于存在之曲折之相实一无所知,如是,则本心仁体不能不一曲而转成逻辑的我,与感触直觉相配合,以便对于存在之曲折之相有知识,此即成功现象之知识。即在此知识之必须上,吾人不说逻辑的我是一幻结,而只说为一结构的我,由本心仁体之一曲而成者。"问题是,如果良知生天生地、创造万物,又当下呈现,那么,良知本身就可以随波逐浪地曲成万物而不遗,因此坎陷仍是多余的。引文见牟宗三:《智的直觉与中国哲学》,(台湾)商务印书馆1980年版,第201—202页。实际上这一点也显示出,牟宗三要想证成其良知坎陷说,必须以天人相分而相即的看法为出发点。

内,这就叫做形而上学之误置。"❶

牟宗三对海德格尔的这个批评存在着很多问题,但也不是没有意义。首先,需要澄清的是,严格来说,牟宗三这里所使用的内在形而上学与超绝形而上学的概念是有问题的。这两个概念在他那里的含义基本上对应于他的两层存有论,即在时空条件下的存有论与超越时空条件的存有论。但这并不就是康德的意思。康德在讨论形而上学时曾使用过内在与超验的概念,即作为特殊形而上学的内在自然学与超验自然学,前者是指理性的物理学和理性的心灵学,后者是指理性的宇宙论和理性的神学。可以非常明显地看出,在康德那里为了分别自然学而对举的内在与超验概念与在牟宗三那里为了分别形而上学而对举的内在与超验(他译为"超绝")概念就其含义而言很不一样。与此相关的一点是,对于海德格尔认为《纯粹理性批判》的主题是形而上学问题而不是认识论问题的看法,牟宗三虽然表示了认同且无论在他对康德的理解上还是在他构想自己的两层存有论时都受到了海德格尔的启发,但他实际上与海德格尔对康德的看法相去甚远。海德格尔试图表明,康德在某种意义上意识到了必须将存有论置于时间的境域(horizon)上来考察,但他很快又从这一立场上退却了。牟宗三却在海德格尔的启发下得到了一个与他的两层存有论相一致的看法,即根本上不是像海德格尔那样将康德与形而上学问题的焦点集中在先验想象力上,而是集中在他所谓的"知性的存有论的指涉格"上。

其次,对于海德格尔将存有论置于时间的境域中来考察的现象学进路,牟宗三缺乏充分的理解和足够的重视。在康德那里,除了

---

❶ 牟宗三:《智的直觉与中国哲学》,序,第4页。原文书名用引号,引文一律改为书名号;原文中提到的《实有与时间》即海德格尔的名著 *Being and Time*,《康德与形而上学问题》就是以该书的核心看法为基本立场的。

感性直观之外，没有别的直观，海德格尔对此言之凿凿，并藉此认为康德是在主张一种有限性的形而上学（metaphysics of finitude）。实际上，海德格尔所谓的有限性的形而上学和儒家思想在形而上层面最终以"有"为根本而非以"无"为根本的立场有着相似的旨趣，特别是就二者都企图反对虚无主义这一点而言。而且，海德格尔曾将《存有与时间》中的"基本存有论"（fundamental ontology）称作"原始伦理学"（originary ethics），就其思想的进路而言与牟宗三的道德的形而上学亦有相互发明之处：在海德格尔那里，正是通过此在，即当下即是，存有之真理才得以在时间中展现；在牟宗三那里，正是通过心体之发用，天理才得以随波逐浪一样地流行。牟宗三之所以没有看到这一点，很大的原因在于，他虽然批评康德不认为人有智的直觉的看法，但他仍与康德一样将时空条件与经验知识完全挂钩，而没有意识到，先验想象力的成立，必须依赖于一个更为源始的时间概念。实际上，我们知道，康德之后的德国哲学，非常注重人所具有的智的直觉，特别是现象学，基本上可以说是建立在智的直觉这一核心概念的基础之上的，换言之，批评康德不认为人有智的直觉的看法的一个最为重要的西方思潮，正是现象学。就此而言，还有一点也是牟宗三没有意识到的，即，即使认为人有智的直觉，那么，人所具有的智的直觉也不同于可以合理地设想的神所具有的智的直觉。这也意味着，对于中国哲学中的天人关系与西方文化中的神人关系之间所存在的差异，被牟宗三在进行哲学的刻画时有意无意地夸大了，于是其立论就偏离太过，而不只是失之于疏、不及于密的问题。

不过，站在儒家传统思想的立场上，牟宗三对海德格尔的批评仍具一定的有效性。我们知道，至少从二程或张载开始，在玄学或佛学中大谈特谈的有无问题在儒家思想的脉络中就被理解为动静问题了。❶以动静的概念言之，海德格尔的有限性的形而上学或基本存有论即使被全盘认可也是不够的，因为其论域表明海德格尔只谈及了"动"，而未及于"静"，或仅仅在他所批评的实体理论的意义上理解"静"的问题。❷但是，我们很难说牟宗三自己明确地意识到了这一点，因为就他对智的直觉与中国哲学的论说来看，很难说他明确而严格地守住了儒家传统思想的立场。

牟宗三将康德认为人不具备智的直觉能力的观点与西方文化的特殊背景——在此至少可以提及两点相关的内容：源自希腊的分解的尽理精神和源自希伯来的圣俗两分观念——关联起来，并在西方

---

❶ 桯颢说："言有尤，则多有字；言尤尤，则多无字。有无与动静同。如冬至之前天地闭，可谓静矣；而日月星辰亦自运行而不息，谓之无动可乎？但人不识有无动静尔。"《河南程氏遗书》卷十一，见王孝鱼点校：《二程集》（上），中华书局2004年版，第121页。在《正蒙·太和篇》中，张载以"虚空即气"的核心命题提出了他对有无问题的理解，即以有无为气之聚散显隐，从而亦旗帜鲜明地将他所捍卫的儒家立场与佛、老在这个问题上的看法区别开来："知虚空即气，则有无、隐显、神化、性命通一无二，顾聚散、出入、形不形，能推本所从来，则深于易者也。若谓虚能生气，则虚无穷，气有限，体用殊绝，入老氏有生于无自然之论，不识所谓有无混一之常。若谓万象为太虚中所见之物，则物与虚不相资，形自形，性自性，形性、天人不相待而有，陷于浮屠以山河大地为见病之说。"根据《宋元学案》的记载，可以肯定，张载的这种看法是在二程的影响下产生的。黄宗羲说张载早年为学亦曾"求诸佛、老"，因见二程而"尽弃异学，淳如也"。黄百家的案语说张载"出入于佛、老者累年，继切磋于二程子，得归吾道之正"。既然对有无问题的看法涉及儒与佛、老之根本区别，那么，可以断言，张载所受二程影响，特别表现在他对有无问题的看法上。所引张载、黄宗羲、黄百家文见《宋元学案》，梁运华、陈金生点校，中华书局1986年版，第一册，第670、663、664页。

❷ 就海德格尔的思想及其所处的西方语境而言，如果仅仅在时间的境域中谈论存有问题并相关地将存有的展现根本性地依赖于"当下即是"，那么，存有论就必然与历史主义——虽然未必是黑格尔式的——联姻。这样一来，在存有论中占据主导性地位的仍是历史的观念而非自然的观念。从古典的立场看来，这意味着万物的根基被彻底抽掉了。就此而言，海德格尔后期对自然概念的思考以及与此相关的一系列思考——后者至少包括对自由问题的思考（主要包括联系亚里士多德的存有论而对康德的先验自由理念的思考和联系古典时代的基督教神学而对谢林的自由观念的思考）和对技艺问题的思考（主要包括对技术时代的思考和对艺术形而上学的思考），在他的思想脉络中的确是一个极其重要的转向。像列奥·斯特劳斯那样以海德格尔为历史主义的典型代表的批评大概只对前期的海德格尔有效。

文化的巨大精神压力——这是中国现代以来、特别是"五四"新文化运动以来中国文化的承担者普遍遭受的——之下将智的直觉的主题从康德那里的古今问题转换成了中西问题，即认为只有在中国哲学中才主张人具备智的直觉能力。无须赘言，说"人不具备智的直觉能力"代表了西方哲学的典型观点是完全错误的。实际上康德之前的唯理论者、康德之后的唯心论者以及后来的现象学家，都主张人具备智的直觉能力。那么，牟宗三又是如何谈论中国哲学中的智的直觉问题的呢？我们可以看到，最关键的一点是，牟宗三把康德那里的现象与物自身的问题，或基本相应的感性直观与智的直觉的问题，转换为中国哲学中的有与无的问题。在此基础上，牟宗三提出，在儒、道、佛三家的思想中，皆主张人具备智的直觉能力。不过，由于这样的转换本身存在着严重的问题，所以牟宗三在参照康德而阐述三家思想中的智的直觉时不仅在内容上呈现出很大的差异，而且也很难自圆其说。

关于智的直觉的基本含义，牟宗三强调了三点。首先，他认为智的直觉是一种"无知之知"："智的直觉无直觉相，无认知相，此即所谓'无知之知'也。"[1]与此相关，由智的直觉所呈现的物自身是"无相之相"："物是'在其自己'之自在相，亦即如相，非'现象'相也。如相无任何相也，只是在与知体流行冥冥为一中而如如地呈现。"[2]其次，他直接援引康德认为智的直觉是一种创造性的直觉："智的直觉本身即给出它的对象的存在（对象是方便言，实无对象义），此即智的直觉之创生性。"[3]因而他对于直觉的界定是："直觉，就概念的思想说，它是具体化原则（principle of concretion）。

---

[1] 牟宗三：《现象与物自身》，第100页。
[2] 牟宗三：《现象与物自身》，第99—100页。
[3] 牟宗三：《智的直觉与中国哲学》，第199页。

就事物的存在说，如果它是感触的直觉，则它是认知的呈现原则（principle of cognitive presentation），此时它是接受的，不是创造的，亦须有思想之统一，而统一须假乎概念；如果它是智的直觉，则它是存有论的创造的实现原则（principle of ontological creative actualization）。"❶最后，他提出智的直觉在向外发用的同时亦可以"回光返照"于自己，此即"逆觉体证"："智的直觉是知体明觉所发之光，此光返照知体明觉自身是如如地朗现之，故此智的直觉无杂多可言，其所朗现而给予于我们者只是此知体明觉之自身。"❷

这三点中大概只有第二点——即智的直觉的创造义——和康德对智的直觉的界定相吻合，而其他两点都相去甚远。在康德那里，尽管强调智的直觉是给出对象之存在（existence）的直觉能力，但因为这种直觉是理智的（intellectual），所以实际上也包含着给出对象之本质（essence）的意思，而且从智的直觉在西方哲学史上的含义来看，后一个意谓可能还是主要的，如胡塞尔所用的概念直接就是"范畴直观"或"本质直观"。就此而言，将智的直觉厘定为"无知之知"，同时将在智的直觉下所呈现的物自身厘定为"无相之相"，就是非常成问题的。至于智的直觉的逆觉体证义，正是康德明确反对的。❸牟宗三的智的直觉与康德的智的直觉在基本含义上的差别，也涉及翻译的问题。康德的"Intellektuelle Anschauung"译为英文是"intellectual intuition"，但德文的"Anschauung"与英文的"intuition"其实并不完全对应，具体来说，前者更多地与"看"有关，而后者除了"看"的意谓还有"觉"的意谓，于是，

---

❶ 牟宗三：《智的直觉与中国哲学》，第184页。
❷ 牟宗三：《现象与物自身》，第102页。
❸ 牟宗三对康德在先验感性论中关于如何直觉自我的问题进行了陈述和评论，其差异最后仍归结到是否主张人有智的直觉的问题上。见牟宗三：《现象与物自身》，第102页以下。

如果说后者可以恰当地翻译为"直觉"的话，那么，前者更应当被翻译为"直观"；质言之，康德意义上的"Intellektuelle Anschauung"更恰当的翻译不是"智的直觉"，而是"智性直观"或"理智直观"。❶更有甚者，当牟宗三将"intellectual intuition"翻译为"智的直觉"时，他心中的"智"可能并不是与西方哲学传统关系紧密的理智（intellectual）之"智"，而是与中国乃至东方哲学传统关系紧密的智慧（wisdom）之"智"。这实际上表明，儒、道、佛三家思想中关于智慧的看法，在牟宗三对智的直觉的看法中就具有相当重要的意义。

牟宗三认为儒、道、佛三家思想中都有智的直觉的资源，具体来说，智的直觉在儒家为性理性智，在道家为玄理玄智，在佛家为空理空智。就儒家而言，牟宗三主要根据张载对"心知廓之"与"耳属目接之知"的区分或曰德性之知与见闻之知的区分来阐发："盖'心知廓之'之'心知'既不是感触的直觉之知，亦不是有限的概念思考的知性之知，乃是遍、常、一而无限的道德本心之诚明所发的圆照之知。此'心知'之意义乃根据孟子所谓'本心'而说。非认知心，乃道德创生之心。创生是竖说，其远不御；圆照是横说，周运无外。创生是重其实体义，圆照是重其虚明（直觉）义。此两者是指目同一本心而言的。它的创生是这圆照底创生，它的圆照是这创生的圆照，非只静态地照之而已也，亦非只在能所对立中以此照彼也，其所照者即其所自创生者也，此虽虚有能所，而实无能所，此即所谓'合内外'。"❷张载对德性之知与见闻之知的区分阐发自孟子对"心之官"与"耳目之官"的区分，也被张载

---

❶ 邓晓芒：《牟宗三对康德之误读举要（之二）——关于智性直观》，见《康德哲学诸问题》，第303页。
❷ 牟宗三：《智的直觉与中国哲学》，第186页。

之后的儒家所接受,故而牟宗三得出结论说,认为人有智的直觉能力是儒家正统中的核心思想:"以上由横渠之言'心知廓之'、'诚明之知'、'天德良知'、'德性之知',以见此知即是一种智的直觉。此虽以横渠之语来表示,然凡真能相应地体悟《论》、《孟》、《中庸》、《易传》在通而一之中所表示之道体、性体、心体、仁体、诚体、神体者皆可有此义。以濂溪《通书》中之言诚、言神、言寂感、言'无思而无不通',亦可表示此义;以明道之一本论,象山之本心,阳明之良知,蕺山之'知藏于意',胡五峰之'尽心成性',亦皆可表示此义。惟伊川与朱子所言之德性之知,则不能有此义,以其析心与理为二,心性不能一,所言之心非'本心'故也。"❶

就道家思想中的智的直觉而言,牟宗三主要根据老、庄思想及魏晋玄学中注老之王弼、注庄之向、郭等人的思想来阐发:"'玄理'是客观地言之之名,以有无'两者同出而异名,同谓之玄,玄之又玄,众妙之门'为根据。'玄智'是主观地言之之名,以'致虚极,守静笃',归根复命之玄览观复为本。玄智者虚一而静。无为无执,洒脱自在之自由无限心所发之明照也(知常曰明)。……王弼之注老,向、郭之注庄,对于此玄智玄理之奥义妙义多所发明,而亦毕竟是相应者。"❷"无知而又无不知,此无知之知即智的直觉之知,即泯化一切而一无所有之道心之寂照,即寂即照,寂照为一。在道心底寂照下,一切皆在其自己,如其为一自在物而一起朗照而实现之。"❸就佛家思想中的智的直觉而言,牟宗三主要根据天台宗的"从无住本立一切法"、"一念三千"、"生死即涅槃,烦恼

---

❶ 牟宗三:《智的直觉与中国哲学》,第189—190页。
❷ 牟宗三:《现象与物自身》,序,第10页。
❸ 牟宗三:《智的直觉与中国哲学》,第204页。

即菩提"等思想来阐发;诸法皆空,但具体而真实的般若智并不破灭诸法,而是在诸法中观其实相,故"空理是根据'缘起性空'而说,空智则是根据般若智之不捨不著而说"。❶

在分别阐发儒、道、佛三家关于智的直觉之思想的基础上,牟宗三更提出一个可以会通三家的义理模型,这一义理模型就是作为牟宗三之思想定论的两层存有论,其核心概念是自由无限心:"无论玄智,性智,或空智,都是自由无限心之作用。玄理是虚说,是指有无之玄同而言。王弼注云:'玄者冥也,默然无有也'。在有无之玄同中,亦无'无'亦无'有',有无一体而化。分解地言之,无是心之虚静,扩大而为万物之本;有是和光同尘,让万物自来而不为不执。故玄智就是有无玄同之道心之明照。在此明照中,物是自在物也。空理是就法无自性说;空智是实相般若。无论套何系统皆然。在实相般若之朗照中,法之实相显。实相一相,所谓无相,即是如相。此即是无自性的法之在其自己。性理是就能起道德创造(即德行之纯一不已)之超越的根据言,此即是性体,扩大而为'於穆不已'之道体,成为存有论的实有性,即是万物之体性,万物底存在之超越的所以然。凡此,皆是客观地言之也。而性理不离道德的本心,乃即于道德的本心而见。此本心之自由自律,自定方向,自立法则,就是理,亦可以说就是性之所以为性,性理之所以为理。此本心,依阳明,即曰'知体明觉'。知体明觉知是知非(自定方向自立法则)即是'性智',性体所发之智也,即作为性体的知体明觉所发之智也(虽言所发,此智即知体明觉自己也)。在此性智面前,物,无论行为物(事),或存在物,皆是在其自己之物,《中庸》所谓成己成物也。"❷不过,按照牟宗三自己的说法,

---

❶ 牟宗三:《现象与物自身》,序,第13页。
❷ 牟宗三:《现象与物自身》,序,第14—15页。

这个共同的义理模型并不同于以往的"三教合一之说",而是"异而知其通,睽而知其类",是"此时代所应有之消融与判教",以"见其不相为碍耳"。❶

牟宗三虽然认为儒、道、佛三家皆主张人具备智的直觉能力,且他自觉的立场乃是归之于儒,但在他对智的直觉的看法中起到关键性作用的是佛学而非儒学。在谈到如何从自由无限心开知性的问题时,牟宗三明言:"这一部工作是以佛家'执'之观念来融摄康德所说的现象界,并以康德的纯理批判之分解部来充实这个'执'。"❷而牟宗三的两层存有论也基本上建立在有执与无执这一典型的佛学观念的基础之上,只不过他不仅强调了从有执到无执这一转识成智过程的意义,而且企图以道德的功用来论证"有执"的意义——这一点虽在牟宗三看来是源自儒家思想,但也同样见于佛家思想。于是,当我们看到牟宗三将智的直觉的一个基本含义概括为"无知之知"时,就不会感到奇怪了。智的直觉的无知之知义意味着牟宗三关于智的直觉的思想在形而上的层面最终归宗于无,而不是归宗于有,换言之,他的思想最终只能归宗于以无为本的佛学或玄学,而不能归宗于以有为本的儒学。这一点实际上意味着,即使撇开其他相关的问题,牟宗三关于智的直觉与中国哲学的看法也难以自圆其说,且无论是就他在精神上高度认同的儒家思想而言,还是就他在中西问题的触动下一定程度地认同的道家思想和佛家思想而言。

就道家思想和佛家思想而言,在玄学或佛学的思想脉络里解释智的直觉的无知之知义看起来比较契合,但对于智的直觉的另外两个基本含义的解释则面临着相当的困难。首先,就佛学和玄学的思

---

❶ 牟宗三:《现象与物自身》,序,第17页。
❷ 牟宗三:《现象与物自身》,序,第7页。

想而言，很难谈论智的直觉的创造性，因为这势必要认定一个造物主，而这是有悖于佛学或玄学的基本立场的。牟宗三非常明确地意识到这一点，于是他又提出，相对于儒家思想中的"创造的智的直觉"，道家思想中的智的直觉是一种"静态的智的直觉"，佛家思想中的智的直觉是一种"灭度的智的直觉"。❶质言之，他提出，只有儒家思想中的智的直觉才是创造性的，而道、佛两家思想中的智的直觉创造性不显，或干脆就是非创造性的："我们只有在长期的浸润与渗透中，把这玄智、性智与空智弄明确，始能见出康德的不足；而亦只有通过康德的词语，我们始能豁然知玄智、性智与空智所照明而创生地实现之者（儒）或非创生地实现之者（道）或只具现之者（佛）乃物之在其自身。"❷这实际上意味着他在以智的直觉的理念来诠释佛学和玄学中的有关思想时陷入了自相矛盾。其次，就佛学和玄学的思想而言，智的直觉的逆觉体证义也很难成立。特别是在佛学中，不可能以一个作为实体而存在的自由无限心为其义理的基础，换言之，牟宗三认为自由无限心可以通过逆觉而体证自身之存在的看法，不可能符合佛学的基本义理。❸在道家思想中，我们虽然也可以说能够看到对"成心"的批判和对"道心"的重视，但很难说在其义理脉络中有一个可以作为宇宙之根本的、自身可以返照自身的"道心"。❹

就儒家思想而言，牟宗三强调他的主要思路是"由吾人的道德

---

❶ 牟宗三：《智的直觉与中国哲学》，第211、214页。
❷ 牟宗三：《现象与物自身》，序，第15页。
❸ 这个问题在佛学内部或有争议，比如可能牵涉真常心思想系统是否具有内在的困难的问题以及唯识、中观对真常心思想系统的相关批评等等。但无论如何，一个形而上意义上的、以逆觉体证之法而自证其实有的本体与以"缘起性空"为基本义理的佛家思想殊不相洽。
❹ 牟宗三曾试图就道家思想中智的直觉的逆觉体证义进行阐发，但其说颇为牵强。见牟宗三：《智的直觉与中国哲学》，第210页。

意识显露—自由的无限心",而且指出,"这一部工作是依儒家孟子学底传统之了义来融摄康德的道德哲学,因为康德对于道德一概念之分析不尽不稳故,我们须'依了义不依不了义'故"。❶然而,在孟子学、特别是宋明心学一脉之孟子学的思想脉络中解释智的直觉的创造义和逆觉体证义看起来比较契合,但对于智的直觉的无知之知义的解释就比较麻烦。❷如果在形而上的层面最终归宗于无,而不是归宗于有,我们很难说这与儒家思想的基本立场一致。在思想史的诠释脉络中,这一点牵涉儒学第二期开展过程中非常重要的一个问题,即辨儒佛之异。在《心体与性体》的第二章(题为"别异与简滥"),牟宗三谈及"明道之自体上判儒佛":"明道即根据此道体性体之天理实体直下从体上判儒佛。此天理实体是能起道德创造、宇宙生化之创造真几,亦是贞定万事万物使万事万物有真实存在之自性原则。此是支撑万物挺立宇宙之刚骨。自此立定,自不能赞成'缘起性空'之如幻如化。此是根本之差异而不容混淆者。其余尽有相类相似相通处,亦无妨碍也。"❸这里牟宗三强调天理实体乃是"贞定万事万物使万事万物有真实存在之自性原则",看起来是反对了佛家的"缘起性空"说从而守住了儒家立场,实则未必。我们知道,牟宗三认为儒家最正宗的思路是将"道体性体"体会为"即活动即存有",且在具体解释"即活动即存有"时,牟宗三是在主观的心性处说活动,即道德的活动,而在客观的天理处说存有,即本真的存有,从而极成他的道德的形而上学。比如在诠释程颢以天理说"寂然不动,感而遂通"的语录时,牟宗三说:"神、

---

❶ 牟宗三:《现象与物自身》,序,第6页。
❷ 根据我们前面的梳理,可以知道,实际上牟宗三对前二义的解释也是非常成问题的,即使不考虑其义理架构上存在的根本问题而仅就此二义的内容而言,他的看法至少也是持论太过。
❸ 牟宗三:《心体与性体》(上),第66—67页。

良知的僭越 213

诚、心是活动义,同时亦即是理,是存有义。理是此是诚、是神、是心之於穆不已之易体之自发、自律、自定方向、自作主宰处。由此言之,即曰'动理',亦曰'天理实体'。理使其诚、神、心之活动义成为客观的,成为'动而无动'者,此即是存有义。是故诚、神、心之客观义即是理。理之主观义即是诚、身、心——诚、身、心使理成为主观的,称为具体而真实的,此即理之活动义,因此曰动理,而动亦是'动而无动'者。是故此实体是即活动即存有,即主观即客观。"❶非常明显的是,牟宗三的诠释是将重点放在了他所谓的当下呈现的"道体性体之实"上,而不是放在天理上,于是,虽然合而言之道体性体即是天理实体,但析而言之天理相比于道体性体反而成了次要的:"要者是在道体、性体、性命之实。'理'或'天理'是自然带上去的,有之不多,无之不少。'天理'二字不是义理系统之关键。关键是在对于道体性体之体会为如何。"❷

此外,既然牟宗三在谈到儒家思想中的智的直觉时多次提到程颢的著名诗句"万物静观皆自得",而我们已经提到,在宋儒的思想中有一个非常重要的理论行动,即,将有无问题理解为动静问题从而从义理的根本处堵住了以无为本、以有为末的可能性,那么,对于牟宗三在儒家思想的脉络中谈论智的直觉的无知之知义,似乎还存在一个可能的辩护,即,以宋儒思想中的动静关系来对应地理解牟宗三思想中的感触之知与无知之知的关系。但这个思路也是似是而非的。无论是有无问题,还是动静问题,皆是形而上层面的问题,而与无知之知相对的感触之知则不是形而上层面的,除非严格地如海德格尔那样将康德的《纯粹理性批判》厘定为是在建构一种有限性的形而上学。牟宗三曾发挥唐君毅将天理诠释为存在之理的

---

❶ 牟宗三:《心体与性体》(上),第63—64页。
❷ 牟宗三:《心体与性体》(上),第57页。

看法，而将对应于智的直觉的存在之理区别于对应于经验知识的形构之理或归纳普遍化之理。于是，感触之知与无知之知的关系可以被恰当地对应于形构之理与存在之理的关系，然而动静关系却不可能对应于感触之知与无知之知的关系，因为动静关系是只就存在之理而言的，并不是就形构之理与存在之理的关系而言的。❶

四　圆善与圆教

上文已提及，在牟宗三对康德的批评中，一个焦点是针对康德的上帝观念。在基督教文化与启蒙运动的双重背景下，康德以其雄辩的理性批判驳斥了自然神学，同时又提出了道德神学。对于康德驳斥自然神学这一点，牟宗三深表赞同；但对于康德所建构的道德神学，牟宗三并不满意，认为道德神学意味着康德并没有把理性贯彻到底。牟宗三从多个方面展开他的这一批评。首先，他从道德与形而上学的关系角度入手，认为只有将道德的主观根据（心）、客观根据（性）和终极根据（天）理解为同一个兼具伦理学意义和形而上学意义的本体，才堪称"彻头彻尾是理性决定"，而像康德那样尽管阐明了出于实践理性的道德与形而上学的密切关系——在此我们可以说康德的哲学实意味着形而上学的实践转向——但在道德与形而上学之间仍留下不可消除的空间与距离从而建构道德神学的做法则表明他从根本上缺乏类似于中国哲学传统——特别是儒家传统——中彰显出来的"通透的智慧"。就是说，尽管牟宗三的思想诉求是将理性贯彻到底，但他既没有接受康德在理性批判的基础

---

❶ 就此而言，牟宗三非常正确地指出，程颐、朱熹所说的天理亦是存在之理，而非形构之理。见牟宗三：《心体与性体》（上），第77页。

上保留上帝的做法，也没有走向从理性出发拒斥形而上学的路子，而是在充分重视形而上学之意义的同时又批评康德保留上帝的做法没有将理性的立场贯彻到底。就此而言，与其说牟宗三是将形而上学意义上的本体赋予了道德的特性，不如说他是将道德上升到了形而上学的高度，从而给道德打上了一枚形而上学的烙印。其次，牟宗三将他的核心理论主张集中地表达在一个看似哲学人类学的命题上：人虽有限但可无限。这一主张更为具体的内涵则是：作为具有感性直观能力之存在者的人，也可以具有智的直觉能力。此处"也可以具有"这一微妙的表述实际上表明，智的直觉更多地是被理解为一种修养的结果，换言之，在牟宗三那里，与其说智的直觉是人先天具有的一种能力（如感性直观能力），不如说智的直觉是人经过修养才可能发挥出来的一种能力。❶再次，由于康德是通过提出并解决圆善问题而建立其道德神学的，所以，康德的圆善理论也成为牟宗三批评的一个焦点。我们知道，牟宗三在此基础之上提出了圆教的概念。不过，这并不意味着牟宗三仅仅因为对圆善问题的关切而提出了圆教的概念。如前所述，牟宗三的主要关切其实是中西问题，即中西之异的问题。这一问题在他那里更具体地落实为以儒、道、佛三教为代表的中国文化传统中的智慧与以康德哲学和基督教思想为代表的西方文化传统中的智慧之间的差异问题。圆教概念的提出主要是出于对中西问题的关切，而圆善问题则是赖以提出圆教概念的最为合适的理论议题，于是我们清楚地看到，牟宗三的思路与观点恰恰是，只有在圆教的义理模式下，圆善问题才能得到真正的、最后的解决。换言之，牟宗三始终将中西文化的根本异点紧扣在天人关系上，而又认为在圆善问题上中西文化之根本异点表

---

❶ 从逻辑上说，牟宗三在此处仍须肯定在人的禀赋中具有智的直觉能力的先天根据。

现得最为淋漓尽致。

为了澄清圆善的概念（the concept of highest good），康德首先区分了"highest"一词的两种不同含义：其一是指"至极"(supremum)，相应地，"highest good"即指"至极之善"(supreme good)，也就是纯粹的、无条件的善；其二是指"圆满"(consummatum)，相应地，"highest good"即指"圆满之善"(consummative good)，也就是整全的、完美的善。在纯粹实践理性的分析论中，康德已经表明，美德（virtue）因其无条件性本身就足以堪称至极之善。不过，美德还不能被称为圆满之善，因为对于人这种只具感性直观能力的有限的理性存在者而言，幸福（happiness）亦是其欲求的对象。❶于是，一种对人而言的圆满的善必然是美德与幸福的统一，且必然以美德为条件、以幸福为配享："圆善意味着整体，意味着完满的善，美德在其中始终作为条件而是至极的善，因为它不再具有超越于其上的任何条件，而幸福虽然能给拥有者带来愉悦，但就其自身而言它始终并不是绝对地、且在所有方面都是善的，而是在任何时候都以道德上合乎法则的行为为先决条件的。"❷康德在纯粹实践理性的辩证论中所讨论的主题，就是关于美德与幸福之统一的圆善问题。❸

依据概念联结的逻辑规律，康德指出了美德与幸福统一的两种

---

❶ 在康德那里，如果说美德意味着听从纯粹理性的无条件命令，因而体现了人作为有理性的存在者对自己的必然要求的话，那么，幸福则是"人作为感性存在者的满足的总和"。在理性高于感性并规范感性的意义上，康德对幸福的界说是："幸福是现世有理性的存在者在其整个存在过程中凡事皆照愿望和意志而行的状态，因而依赖于自然与他整个的目的、与他意志的本质决定根据之间的协调一致。"见 Immanuel Kant, *Critique of Practical Reason*, 5：124, in *Practical Philosophy*, trans. & ed. Mary. J. Gregor, Cambridge University Press,1996, p. 240.

❷ Immanuel Kant, *Critique of Practical Reason*, 5：111, in *Practical Philosophy*, p. 229.

❸ 就此而言，牟宗三将康德此处的"highest good"译为"圆善"就是有根据的，尽管圆善与圆教之间的关联是牟宗三根据他对中国哲学的理解自己建立起来的。

可能的方式：一种是按照同一律将美德与幸福必然地联结在一起，在此情况下二者的关系就是分析的；一种是按照因果律将美德与幸福必然地联结在一起，在此情况下二者的关系就是综合的："美德与幸福的联结要么可以这样来理解：成就美德的努力与对幸福的合理谋求原非两种各别的行为，而是完全同一的行为，因为前者无须用与后者不同的准则为根据；要么，那种联结被置于这样一种关系中，即，美德将幸福作为某种与美德意识不同的东西产生出来，就像原因产生结果一样。"[1]康德指出，古希腊的伊壁鸠鲁派和斯多葛派在寻求美德与幸福的统一性时就采取了前一种方式，尽管他们的进路正好相反：伊壁鸠鲁派认为意识到导致自己幸福的准则就是美德，斯多葛派认为意识到自己的美德就是幸福。但是，既然在纯粹实践理性的分析论中已经证明，美德与幸福"在它们最高的实践原则方面具有完全不同的性质"，那么，它们就只能作为"圆善的两个在种类上完全相异的要素"而以概念综合的方式联结在一起。就此而言，无论是伊壁鸠鲁派的销德入福，还是斯多葛派的销福入德，都未能同时承认美德与幸福在其实践原则上的、因而也是其概念上的独立性。[2]

于是，解决圆善在实践上如何可能的问题的唯一正确的思路，就是在承认美德与幸福各自在概念上的独立性的前提下诉诸以因果律为根据的概念综合的方式。然而，康德指出，这一思路可能导致实践理性的二律背反，因为一方面站在理性的立场上我们不能够认为对幸福的欲求必然是美德之准则的动机，另一方面从经验的角度

---

[1] Immanuel Kant, *Critique of Practical Reason*, 5: 111, in *Practical Philosophy*, p. 229.
[2] 当然，康德对斯多葛派的评价要高于他对伊壁鸠鲁派的评价，因为在他看来，尽管二者在圆善问题上都犯了化约主义的错误，但斯多葛派建构道德原则的出发点是理性，而伊壁鸠鲁派建构道德原则的出发点则是感性。

看我们也不能够认为美德之准则必然是幸福的有效原因。实践理性的二律背反与纯粹理性的第三个二律背反——即自然必然性与自由之间的二律背反——是类似的：正如后者是因为没能正确地从理知世界与感知世界的关系上把握自由与自然的关系一样，前者则是因为没能正确地从理智世界与感知世界的关系上把握美德与幸福的关系。于是，要合理地消除实践理性的二律背反，只有通过一个办法，即认定美德的意向必然产生幸福，然而此处的因果性——美德作为原因，幸福作为结果——不是感知世界中的因果性，而是跨越理知世界和感知世界的因果性："由于我不仅有权把我的存在思想为一个理知世界中的理知对象，而且甚至在道德法则里对我（在感知世界中）的因果性具有一种纯粹的理智决定根据，所以，借助于一个理知的自然创造者，在作为原因的意向之道德与作为感知世界中之结果的幸福之间就可能建立起一种即使不是直接、也是间接的必然联系；而在仅仅作为感知对象的自然中，道德与幸福的这种因果联系只能偶然地发生，不能达至圆善。"❶

圆善在实践上的这种唯一可能的方式，要求纯粹实践理性在与思辨理性联结时必须具有优先地位，康德由此提出纯粹实践理性的两个认定。首先，就圆善的第一个要素而言，在实践上必然要求意向与道德法则的完全契合，既然就人这种只具感性直观的理性存在者而言只能设想在一个趋于无限的进程中才有可能达到意向与道德法则的完全契合，而"这个无限的进程只有在同一个有理性的存在者的某种无限持续下去的存在和人格（我们称之为灵魂不朽）的前提之下才有可能"，那么，圆善要在实践上可能，必须首先认定灵魂不朽。❷质言之，为了保证德行的日进无疆，必须首先认定一个

---

❶ Immanuel Kant, *Critique of Practical Reason*, 5：114-115, in *Practical Philosophy*, p. 232.
❷ Immanuel Kant, *Critique of Practical Reason*, 5：122, in *Practical Philosophy*, p. 238.

德行主体的无限存续。其次,就圆善要求美德与幸福这两个按照词典式次序排列的要素必然地联结在一起而言,由于必须借助一个作为自然之至上原因的理知的创造者才能做到,所以,圆善要在实践上可能,还必须认定上帝的存在。康德在具体阐述这一点时说:"这个至上的原因不仅应当包含自然与有理性存在者之意志的法则协调一致的根据,而且也应当包含自然与这一法则的表象——就他们使之成为自己意志的至上决定根据而言——协调一致的根据,因而不仅应当包含自然与形式上的道德风尚协调一致的根据,而且还应当包含自然与作为他们意志之决定根据的道德、也就是他们的道德意向协调一致的根据。所以只有在设定了一个拥有某种符合道德意向的原因性的至上的自然原因时,圆善在这个世界上才有可能。现在,一个能够依照法则的表象而行动的存在者是一个理智存在者(一个有理性的存在者),而这样一个依照法则的表象的存在者的原因就是他的意志。所以,为了圆善而必须被设定的这个自然的至上原因,就是一个通过知性和意志而成为自然的原因(因而是自然的创造者)的存在者,也就是上帝。"❶这里的要点是,为了保证幸福能够按照美德的比例而得以配享,纯粹实践理性必须认定上帝的存在,而这个上帝必然被设想为一个有理智、有意志的存在者,也就是说,必然是一个有位格的上帝。

为了使圆善在实践上得以可能,实践理性必须认定一个有位格的上帝。康德对上帝存在的这一实践推理显然与他的基督教背景密切相关。在此我们也清楚地看到康德对基督教的充分肯定。一方面,康德认为,古希腊的各学派——这里当然主要还是指伊壁鸠鲁派和斯多葛派——之所以没能成功地解决圆善在实践上何以可能的

---

❶ Immanuel Kant, *Critique of Practical Reason*, 5: 125, in *Practical Philosophy*, p. 240-241.

问题,就是因为他们缺乏基督教意义上的、对一个有位格的上帝之存在的信仰,另一方面,藉着"道德法则导致宗教"这一启蒙主义的独特诠释,康德认为基督教——此处当然是指新教——的道德原则并不是他律的,而是自律的:"基督教的道德原则本身并不是神学的(因而不是他律),而是纯粹实践理性自身的自律,因为这种道德学说不是以神的知识及其意志为道德法则的根据,而是以之为在遵循道德法则的条件下达到圆善的根据,它甚至把遵循法则的根本动力不是置于遵循法则时被指望的后果之中,而是仅仅置于义务的表象之中,同时,获得被指望的后果的资格也只在于对义务的笃实遵循。"❶

总之,在康德那里,纯粹实践理性通过认定灵魂不朽和上帝存在,从而保证了圆善在实践上的可能性。对此,牟宗三虽然继承了康德的问题,但他并不同意康德的答案,就是说,他虽然认为圆善在实践上何以可能的问题是存在的,而且非常重要,甚至认为圆善在西方哲学和中国哲学的进程中都是最高的问题,但他并不认为要保证圆善在实践上的可能必须认定灵魂不朽和上帝存在。实际上,我们知道,牟宗三的观点恰恰是,像康德那样通过纯粹实践理性认定灵魂不朽和上帝存在来保证圆善在实践上的可能性的做法正是义理和工夫不够纯熟、不够圆满的表现。

牟宗三的这一看法当然是基于他对中国哲学与教化传统的理解,

---

❶ Immanuel Kant, *Critique of Practical Reason*, 5:129, in *Practical Philosophy*, p. 243. 牟宗三在翻译这一段时没有做任何评论,但他并不同意康德这里的看法,而认为基督教的道德并非自律,而是他律。康德在此处论及纯粹实践理性的认定时为基督教之为道德宗教(moral religion)作了辩护,概括其要点则有二,其一,"道德法则仍然必须被看作是最高存在者的命令",也就是说,实践理性的绝对命令必须被看作是上帝的命令;其二,纯正的道德动机并不产生于圣灵,圣灵的作用仅仅在于"产生出虔诚,也就是坚定的决心,以及与此一道产生出在道德进程中始终不渝的意识"。引文见 Immanuel Kant, *Critique of Practical Reason*, 5:129;5:123, in *Practical Philosophy*, p. 244;p. 239, note.

此处更具体地说，他认为，中国哲学中之儒、道、佛三教皆肯定人有智的直觉能力，也就是说，皆肯定无限智心，而只有以无限智心为基础，圆教才得以可能，因而圆善问题的真正解决才得以可能。圆教概念以及相关的判教概念，来源于佛教思想，特别是中国佛教中天台宗和华严宗的思想，牟宗三对之进行了独特的发挥。"凡圣人之所说为教，一般言之，凡能启发人之理性，使人运用其理性从事于道德的实践，或解脱的实践，或纯净化或圣洁化其生命之实践，以达至最高的理想之境者为教。"❶这是牟宗三对"教"的概念的一个简单的界说。要准确地把握这个简单的界说必须注意以下三点。首先，这个界说着意于中国与西方的文化和宗教传统，此即所谓"凡圣人之所说为教"。于是我们看到，在谈到具体存在着的"教"时牟宗三提到了中国的儒、道、佛和西方的基督教，言下之意，当然是承认无论孔、孟、老、庄之教诲，还是释迦、耶稣之法言，都可宽泛地归于"圣人之所说"。与这一点相对应的，是在修行层面的论述涵盖了道德实践、解脱的实践和净化生命的实践等。其次，这个界说强调了人的理性对于"教"的重要性。就此而言，牟宗三心目中的"教"实际上就是康德力图阐发的"单纯理性限度内的宗教"，只不过在康德的思想中，这种单纯理性限度内的宗教在理论上只能是道德宗教，在实践上则是他所理解的启蒙化了的基督教，而牟宗三则将理性宗教的概念扩展到了对中国教化传统的理解上。于是我们看到，康德的思想一方面既是牟宗三建构理性宗教的基本资源，另一方面也在关键的问题上被认为与基督教文化的特殊背景密切相关，甚至被看作是对基督教思想的某种哲学诠释。❷最后，这个界说将"教"

---

❶ 牟宗三:《圆善论》，第267页。
❷ 因此，毫不奇怪的是，一方面，康德对基督教的批评是牟宗三批评基督教的重要思想资源，另一方面，牟宗三对康德的某些批评也正意味着他对基督教的批评。

的涵义的根本落在了修行问题上，此义即是说，"教"之为"教"的终极旨归乃在于使人达至最高的理想境界。

在这样一个以修行为根本的"教"的概念之下，自然就有圆教的问题，因为对于任何一个教而言，因德行的差别或境界的高低而在修行的不同层级上设想一个终极的圆满层次，这是题中应有之义。"圆教即是圆满之教。圆者满义，无虚歉谓之满。圆满之教即是如理而实说之教，凡所说者皆无一毫虚歉处。故圆满之教亦曰圆实之教。凡未达此圆满之境者皆是方便之权说，即对机而指点地，对治地，或偏面有局限地姑如此说，非如理之实说。"❶这是牟宗三对圆教概念的简单界说。从这个简单的界说可以看到，牟宗三的圆教概念清楚地指向了表征修行之不同层级的境界和对境界的论说，于是，圆教在践行的层面指向与偏枯之境或虚歉之境相对而成立的圆满之境或圆实之境，在理论的层面则指向与方便之权说相对而成立的实理之圆说。

要确定何为圆教，须通过判教的工作。在佛教传统中，判教主要指向对佛教内部不同宗派之思想的分判，或如牟宗三所言，"分判佛所说之教法而定其高下或权实之价值"。❷牟宗三则同样将之发挥为更为一个广义的、针对各大教化传统之思想的判教概念。就内部的判教而言，必须依据该教的基本义理，然后分判不同宗派之教法的高下与偏圆。如果我们借用宋儒本体与工夫这一对概念来说的话，那么，内部的判教显然主要集中在对工夫的分判上，就是说，前提是各宗派因着同属一教而在本体问题上有着同样的认信，而所要分判为高下者或偏圆者只是在工夫问题上呈现出来的差异或由此工夫问题上的差异而导致的差异。比如说，佛教的判教针对的是佛

---

❶ 牟宗三：《圆善论》，第267页。
❷ 牟宗三：《圆善论》，第266页。

教各宗派的思想，并不针对被归为外道的思想。依此刻画，我们说，外部的判教不仅表现在对工夫的分判上，而且更重要地表现在对本体的分判上。❶于是，问题就是，如果说内部的判教是依据某一种教的基本义理而对该教内部各宗派的教法进行分判，那么，外部的判教在对各教之教法进行分判时所依据的标准又是什么呢？

牟宗三虽然对此没有明言，但是我们知道，这个标准即是他通过哲学的言说而建立起来的关于道德宗教或理性宗教的基本义理，也就是他关于道德的形而上学的基本义理。在论述实践理性充其极所包含的三义时，牟宗三曾提出一个"圆轮说"，实际上牟宗三的判教理论在这个"圆轮说"中已经成形："我的意思是如此：如果实践理性充其极而达至'道德的形而上学'之完成（在中国是儒家的形态，在西方是德国理想主义的形态），则一个圆融的智慧义理本身是一个圆轮，亦是一个中心点，所谓'道枢'。说它是个圆轮，是说在这轮子底圆转中，人若不能提得住，得其全，则转到某方面而停滞了，向外开，亦都是可以的：上下、内外、正负，皆可开合。"紧接着这段话，牟宗三以圆轮的上下开合来说对康德和基督教的融摄，以圆轮的内外开合来说对怀特海和海德格尔的融摄，以圆轮的正负开合来说对道家和佛教的融摄。❷

此外，在牟宗三那里，判教亦有主观与客观之分，而这种区别同样须诉诸理性："舍去主观之争，必有客观的判教。佛教传至中国来最为详尽。中国佛弟子固有主观之争，然就佛所说而言，亦能取客观的态度，将佛所说之各种法门（每一法是通佛之门）以及其说

---

❶ 很明显，"本体即工夫，工夫即本体"的思想会使判教、特别是外部、客观的判教变得非常微妙，其中最大的危险是因诸教在本体与工夫的关系上同样强调二者的相即这一形式上的类似性而忽略诸教在本体论上的实质差异。

❷ 牟宗三：《心体与性体》（上），第160—161页。

法之各种方式（或顿或渐或秘密或不定），予以合理的安排，此之谓判教。"❶在此值得指出的是，牟宗三实际上是认为，内部的判教并不一定就是主观的判教，外部的判教也不一定就是客观的判教；换言之，在牟宗三那里，只要诉诸理性，内部的判教和外部的判教，都可以是客观的判教，只不过前者仅在对工夫的分判上诉诸理性，而后者还须在对本体的分判上诉诸理性。

总之，牟宗三将判教的依据放在了他所建构的道德的形而上学的基本义理上，而将判教的论题厘定在圆善在实践上何以可能的问题上。至于判教的意义，牟宗三指出，判教是"势之必然"，是"历史之使命"，因而也是一项需要大智慧的理论工作。考虑到牟宗三思想产生的独特时代背景和他的思想的整体构架，我们可以断言，牟宗三实际上是想以判教的方式来解决中西问题。这是理解他的判教理论在思想史上的意义的一个最佳切入点。❷

既然圆教概念与修行之层级问题直接相关，那么，对圆教的分判就集中在成圣、成佛的问题上。而在自身思想体系的内在要求和佛教思想的影响下，牟宗三又将成圣、成佛的问题聚焦于觉悟问题，或更关联性地说，聚焦于觉悟与自然存在的关系问题。而这一点也意味着，与他原来在康德的思想脉络中所提出的圆善问题相比，牟宗三在对圆教的探讨中所谈到的圆善问题已经有所转移，虽然他对圆教的探讨仍力图紧扣康德意义上的圆善问题。概而言之，牟宗三的判教遵循了以下次序：首先梳理、发挥佛教传统中的判教思想，从而形成一个判教的基本架构，并在佛教内部进行判教；其次分别在道家内部和儒家内部进行判教；最后，在儒、道、佛、耶

---

❶ 牟宗三：《圆善论》，第266页。
❷ 作为牟宗三一生之挚友的唐君毅也采取了同样的思路，尽管在具体的看法上两人并不相同。

诸教之间进行判教，最终归宗于儒。其中对基督教的分判是通过消化康德的圆善理论而展开的，认为在基督教的思想和康德的理论中不可能有圆教之说，因为二者一脉相承地将一个有位格的上帝作为认信的对象，而相比之下，儒、道、佛三教皆有圆教之说，因为这三教皆肯定人有无限智心而在圆善问题上不劳上帝作主张。这一点即意味着牟宗三对中西问题的最后解决。

在佛教思想传统中，分判圆教之最有成就者是华严宗和天台宗。牟宗三通过他的独特分析，认为天台宗之教法才是"究竟了义"，因而才是"绝对的圆实"，华严宗之教法虽然亦如其自谓为"别教一乘圆教"，但"犹有一隔之权"而不足以堪称绝对圆实之教。牟宗三做出这一断言的主要原因，还在他对圆善的看法上。我们知道，圆善问题所考虑的是美德与幸福必然统一的问题，而牟宗三对于西方哲学中解决圆善问题的方案都不满意：伊壁鸠鲁派和斯多葛派凭借同一律而以分析的方式解决圆善问题，不能同时保证美德与幸福各自的独立性；康德凭借因果律而以综合的方式解决圆善问题，须认定灵魂不朽和上帝的存在而不能达到真正的圆说；而且，在他看来，西方哲学中解决圆善问题的这两个方案尽管有所不同，但二者亦有共同之处，即都具有分解的特征，或者说是"分别地说"的特征。❶牟宗三之所以认为华严宗之教法不足以堪称绝对圆实之教，就是因为他认为华严宗对圆善问题的解决属于"分别地说"的方式，或者流于其中的分析的方式，或者流于其中的综合的方式："'法身无色'是分解的极言，不是三道即三德下之圆实之教，盖以'德'与'存在'有隔离故，非圆盈故。既已离矣，则德与福不必能一致，或只有德而无福，或德即是福（此'即'是分析

---

❶ 在《佛性与般若》最后的附录部分，牟宗三专门讨论了"分别说与非分别说"的问题。

的即，福无独立的意义）而不须另有福，或须另有福寄托于存在但须藉神通作意以示现。如若藉神通作意以示现，则佛本身不是迹（原无迹），迹由机感神通作意示现而成，是则福与德之连系仍为互相外在的综合关系，机感消逝，神通亦寂，是则仍只有德而无福，德福间仍无必然的连系——必然的一致关系，盖因法之存在无必然性故，色心不二无必然性故。"❶

于是，在与华严教法之对比中突显出来的天台教法，因其将判定圆教之"究竟了义"落在"诡谲的相即"上而被牟宗三认为足以堪称绝对圆实之教，而此处"诡谲的相即"正是与"分解的相即"相对而言的："依天台，成立圆教所依据之基本原则即是由'即'字所示者。如说菩提，必须说'烦恼即菩提'，才是圆说。如说涅槃，必须说'生死即涅槃'，才是圆说。如依烦恼字之本义而分解地解说其是如何如何，进而复分解地说'断烦恼证菩提'，或'迷即烦恼，悟即菩提'，或'本无烦恼，元是菩提'，这皆非圆说。"❷ "诡谲的相即"遂成为牟宗三判定圆教的根本依据。我们知道，在康德那里，概念之间的关系除了分析与综合之外，还有辩证的关系，比如纯粹实践理性在解决圆善问题时可能遭遇的二律背反实际上就是指美德与幸福无法统一起来而处于辩证的关系之中；我们也知道，黑格尔将康德那里的消极意义上的辩证概念转化为积极意义上的辩证概念，从而将辩证理解为精神通过一个客观的历史过程实现自己的基本方式。那么，就此而言，牟宗三在反对以分析的方式和综合的方式解决圆善问题的前提下所提出的"诡谲的相即"

---

❶ 牟宗三：《圆善论》，第279页。另外，在《圆善论》的另一处（第272页），牟宗三以"分解的综合命题"说"色心不二"；而在《佛性与般若》论及华严圆教与天台圆教之别时，牟宗三曾说华严论圆教之法"只是分析的"，见《佛性与般若》，学生书局1984年版，第557页。

❷ 牟宗三：《圆善论》，第273页。

是不是意味着以一种辩证的方式而解决圆善问题呢？或许我们可以这么说，而事实上牟宗三自己也似有此意——在论及华严圆教仍不够圆实时他使用了"辩证的发展"的说法："华严圆教乃是隔离的圆教，徒显高而不能圆，如日初出先照高山，未能照至幽谷，盖以未经历一辩证的发展故也。"[1]但即使如此，这里的辩证概念也既不同于康德意义上的辩证概念，也不同于黑格尔意义上的辩证概念，因为站在牟宗三的立场上看，无论是康德还是黑格尔，其哲学建构都属于"分别地说"的方式。牟宗三亦以"性起系统"与"性具系统"来刻画华严与天台之别，这也显示"诡谲的相即"必是完完全全的当下之相即，可谓"须臾不可离也"，而"相即"又是诡谲的，意味着"相即"的双方仍保持着各自的独立性。

对于道家内部的圆教思想，牟宗三取意于王弼、郭象等人的圣人论，而落实于"迹本圆融"一义："而迹本圆之论则首发于向、郭之注庄。开其端者则为王弼之圣人体无，圣人有情而无累于情。……由王、郭等之阐发，道家之圆境固已昭然若揭，此实相应而无若何歪曲者。……在此圆满之境中，一切存在皆随玄德转，亦即皆在无限智心（玄智）之朗照顺通中。无限智心在迹本圆融中而有具体之表现以成玄德，此即为圆善中'德'之一面（道家意义的德）；而一切存在（迹用）皆随玄德转，即无不顺适而调畅，此即为圆善中'福'之一面。故主观地就生命之'体冲和以通无'而言，即谓之为'德'；客观地就'体化合变顺物无对'而言，即谓之为'福'。此即是'德福一致'之圆善。此时之'一致'不但是德福间外部地说之有相配称之必然关系，而且根本上内部地说之德之所在即是福之所在。此只有在迹本圆之圆实境中始有真实的可

---

[1] 牟宗三：《圆善论》，第272页。

能。"❶ "迹本圆融"也被牟宗三称为"迹本相即",在他看来是道家意义上的"诡谲的相即"。对牟宗三关于道家圆教思想的论述,至少须注意以下三点。

首先,与他在论及佛家圆教思想时一样,牟宗三虽然仍使用德与福这一对来自康德道德哲学的重要概念,但他已经将圆善问题转移到了觉悟与存有的关系问题上,质言之,他的这一做法意味着他的观点实际上是,在中国哲学的语境中,特别是在道、佛两家思想的语境中,圆善问题就表现为觉悟与存有的关系问题。其次,牟宗三认为迹本圆融为"三教之共法",而且天台判教实际上受到魏晋玄学之迹本论的影响:"陈、隋间佛家天台宗兴起,盛言迹本以明圆教,盖亦由王、郭之迹本论而启发,将此玄言之最高原则用之于佛教者也。天台判教,其所判者固是佛教之义理,然其迹本之原则、其所依以判教者,则发之于王、郭,非由佛教而来也,史实不可泯也。"❷此义究竟在多大程度上反映了牟宗三也诉诸的"史实",在此我不敢断定,但是,从牟宗三的这种论说的字里行间,我们可以体会到,牟宗三终生思考的一个大课题,其实是中国哲学的特质,而这一课题又与他对中西问题的强烈关切密切相关,归根到底,他的企图是要在与他者的比照、交往中回答"什么是中国"的问题。最后,牟宗三为说明迹本圆融而论及道家思想中的有无问题时说:"此'无'是作用上的无,非存有上的无。"❸而且他还进一步指出,虽然迹本圆融是三教之共法,但道家圆教与佛家圆教所成就的圆境"只是一境界形态之圆境,而非一实有形态之圆境",因为这二家都没有像从道德意识入手的儒家那样"对于一切存在作一存有

---

❶ 牟宗三:《圆善论》,第294、302—304页。
❷ 牟宗三:《圆善论》,第302页。
❸ 牟宗三:《圆善论》,第281页。

良知的僭越

论的根源的说明"。❶由此可以领会牟宗三试图在何种尺度、何种分寸上厘定、刻画儒、道、佛三家的异同。

对于他所最为属意的儒家圆教思想，牟宗三从成德之阶说起而归于圣人功化之迹："依照儒圣智慧之方向，儒家判教是始乎为士，终乎为圣。士尚志，特立独行之谓士。《礼记·儒行篇》皆士教也。成一真实的人即为士。'可欲之谓善（此可欲指义理言），充实之谓美，充实而有光辉之谓大'。此三义是由士而进于贤，亦可说是贤位教。'大而化之（大无大象）之谓圣'，此是贤而圣，亦可说是圣位教。以天地万物为一体，乃至'与天地合德，与日月合明'云云，皆圣位教也。'圣而不可知之谓神'，此是圣而神（神感神应之神），亦可说是神位教（四无教）。'君子所存者神，所过者化，上下与天地同流，岂曰小补之哉？'此等语句即是圣而神之四无义也。如是，由士而贤，由贤而圣，由圣而神，士贤圣神一体而转。人之实践之造诣，随根器之不同以及种种特殊境况之限制，而有各种等级之差别，然而圣贤立教则成始而成终矣。至圣神位，则圆教成。圆教成则圆善明。圆圣者体现圆善于天下者也。此为人极之极则矣。哲学思考至此而止。"❷

在此牟宗三认为，由于儒家是从道德意识入手，所以，儒家圆教必须通过道德实体的遍润性与创造性而建立，而不能直接由"诡谲的相即"而表明。对于儒家圆教之义理模式在历史上的展开，牟宗三首先从孔子的践仁知天讲起，然后谈到孟子的尽心知性知天、《中庸》的"慎独"与"诚"和《易传》的"尊乾法坤"，然后谈到周敦颐的"几动于彼，诚动于此"、张载的"存神过化"、程颢的"于践仁中盛言一本"、陆九渊的"直承孟子而立言"和王阳明

---

❶ 牟宗三：《圆善论》，第 302 页。
❷ 牟宗三：《圆善论》，第 333—334 页。

的"致良知教",最后归之于王畿的"四无教"。❶很显然,这个谱系与牟宗三对儒家道统之传的理解完全一致,而他在对这个谱系的叙述中也同样提到了他认为是开了歧出之路的程颐和朱熹。这里最引人注意的莫过于他以王畿的"四无教"为儒家圆教的最后归宿。为了说明这一点,他对比性地分析了王阳明的"四句教"与王畿在乃师之说的基础上提出的"四无教"。

在王阳明的"四句教"中,心、意、知、物四者是关联着说的:"无善无恶心之体,有善有恶意之动,知善知恶是良知,为善去恶是格物。"对此,牟宗三的诠释要点在以心与知为超越层而以意与物为经验层:"在超越层的心与知以及经验层的意与物之分别中,实践之工夫始可能。"❷而在王畿的"四无教"中,心、意、知、物则被归为一事:"体、用、显、微只是一机,心、意、知、物只是一事。若悟得心是无善无恶之心,意即是无善无恶之意,知即是无善无恶之知,物即是无善无恶之物。盖无心之心则藏密,无意之意则应圆,无知之知则体寂,无物之物则用神。天命之性粹然至善,神感神应,其机自不容已,无善可名。恶固本无,善亦不可得而有。"(《天泉证道记》)牟宗三认为,对"四无教"中的"心、意、知、物只是一事"的理解仍应以超越层与经验层的区别为前提:"必知此两层之分别,然后始可了解'无心之心'一语之意义。心是无心之心,意亦是无意之意。意是有的,但此时之意其表现是以'无意相'之方式即'不起意'(不随感性而造作起念)之方式而表现;此时之'意之动'是无动相之动,即动而无动之动,故亦不见

---

❶ 受现代以来思想史研究的影响,牟宗三也认为《中庸》、《易传》的成文年代晚于《孟子》,而不取朱熹以孔子、曾子、子思、孟子分别为《论语》、《大学》、《中庸》、《孟子》之作者的思想史叙述。

❷ 牟宗三:《圆善论》,第314页。

有意相也。此时之意乃纯然是天机流行之意，而亦不知其究为意抑为非意也，故为无相之意，此即刘蕺山所谓'化念还心'也。知是无知之知亦然，即知亦是无知相之知也。……在浑化之境中，'知是无知之知'只表示良知无经验层上之意与物为其所对，而只是无知相之知之如如流行，亦如'大而化之'，化掉大，大无大相。知是如此，物亦然。在浑化之境中，仍然有物。但此物是无物之物，物无物相。王阳明亦说'明觉之感应为物'，此物即是无物之物。无物相者是说此物既无为良知所知之对象相，亦无善恶意中之正与不正相。'意之所在为物'，此物是经验层上的物；'明觉之感应为物'则是超越层上的物。若用康德词语说之，前者是实践中现象义的物，相应于有善恶相之意而说者，后者是实践中物自身义的物，相应于明觉之感应而说者。"❶

  以所谓两层存有论的思想框架，无论是来诠释王阳明的"四句教"，还是来诠释王畿的"四无教"，都是非常成问题的。在王阳明那里，心与意之区别主要在是否接物上，而不在什么超越层与经验层的区别上，正因为如此，良知的发用也是在接物中，故而能知善知恶，且格物才能被理解为"为善去恶"。牟宗三此处的诠释太过草率而离谱太远，特别是，既然已经明确意识到，即使是朱熹所说的"天理"仍是存在之理而非形构之理，就更不应该将王阳明所说的"意"与"物"理解为经验层的东西。在王畿"四无教"那里也是一样，其中最大的问题在于，如果以所谓超越层与经验层之区别来诠释之，更具体地说，如果认为在无心之心、无意之意、无知之知、无物之物中的表述中，后面的"心"、"意"、"知"、"物"属超越层，而前面的"心"、"意"、"知"、"物"则属经验层，那

---

❶ 牟宗三：《圆善论》，第317—318页。

么,"知与物一齐皆有"之义其实反而不可能了,因为在这种诠释之下,无心之心、无意之意、无知之知、无物之物实际上意味着事物在克服了经验层之局限乃至障碍的基础之上得以在超越层上朗现,于是超越层与经验层之间的关系不再可能是一种"诡谲的相即"。而从王畿和他一脉相承的王阳明的思想来看,则意味着他们思想中本来形而上高度上的"有"的问题被降低到了康德意义上的经验层的问题。总而言之,以所谓两层存有论的思想框架来诠释中国古代哲学中的有无关系意味着对"有"的降低,从而不仅不能正确地理解有无关系,反倒是只能割裂有无关系。

正是在有无之别的意义上,牟宗三将儒家圆教归于王畿的"四无教",而认为王阳明的四句教——牟宗三亦称之为"四有教"——所表现的境界没有达到最后的圆满:"王阳明之四句教尚不是究竟圆教,但只是究竟圆教之事前预备规模。究竟圆教乃在王龙溪所提出之'四无',而四句教则为'四有'也。四无者心、意、知、物四者皆非分别说的各有自体相,而乃一齐皆在浑化神圣之境中为无相之呈现之谓也。在此无相的呈现中,四者皆无相对的善恶可言。"❶ 对于"四无教"中的"无",牟宗三有一个重要的辨析:"'无心之心'语中之'无'是心之表现作用上的无,非存有上的无,意即在存有层上肯定有心,但心之表现作用却是以'无心'之方式表现,即不是有心或有意在表现。故此'无'亦如'无有作好无有作恶'之无,亦如程明道《定性书》所谓'天地之常以其心普万物而无心,圣人之常以其情顺万物而无情'语中之无。'以其

---

❶ 牟宗三:《圆善论》,第316页。在同书的另一处(第324页),牟宗三说:"若真依天台'一念三千,不断断,三道即三德'之方式而判,则四有句为别教,四无句为别教—乘圆教,而真正圆教(所谓同教—乘圆教)则似当依胡五峰'天理人欲同体而异用,同行而异情'之模式而立。"

良知的僭越

心'是表示存有层上肯定有心,'普万物而无心'是说其普遍于万物而为其体不是有意造作如此也,意即是以'无心'之方式而普也。'圣人之常以其情顺万物而无情'亦同此解。'以其情'是有情,'而无情'是无意于情。'无有作好,无有作恶'亦同此解。好恶是有的,然不要有意造作地去好,亦不要有意造作地去恶。此亦如禅家所谓'即心是佛,无心为道'也。'即心是佛'肯定有心有佛,'无心为道'是以'无意于心与佛'之方式,即以般若智之妙用之方式,而体现此心以成佛也(此即所谓'非心非佛'也)。王阳明亦说'有心俱是实,无心俱是幻',此是存有层上的有无。在存有层上,良知之心是有的。有良知为之体处一切皆实,否则皆幻,此亦《中庸》所谓'诚者物之终始,不诚无物'也。但同时王阳明亦说'无心俱是实,有心俱是幻'。此是'体现良知'之作用层上的有无。在体现良知本心这体现之作用上却须以'无心'之方式体现之,如此,则一切皆浑然天成,不但工夫是实,即本体亦如如呈现;若非然者,则一切皆幻,不但工夫不实,即本体亦扭曲而成意象。"❶

这个辨析之所以重要,是因为有无之辨关涉儒佛之间的根本分野。换言之,如果"四无教"的"无"——仍用牟宗三的话来说——不是或不只是表现作用上的无,而更是存有上的无,那么,"四无教"就难以守住儒家立场而在根本上流于虚无主义的禅宗之思了。于是,看起来至少是,通过辨析"四无教"之"无"乃表现作用上的无,且认为"四无教"最终仍以"有"为旨归,牟宗三捍卫了王畿的儒家立场,但是,问题并不如此简单。首先,至少站在原始儒家的立场上,仅仅在境界论或觉悟论的意义上理解圣人

---

❶ 牟宗三:《圆善论》,第317页。

是不妥的，是忽略事功的重要性而对圣人作了一种完全内在化的诠释。比如在《论语》中我们看到子贡与孔子的对话："子贡曰：'如有博施于民而能济众，何如？可谓仁乎？'子曰：'何事于仁，必也圣乎！尧舜其犹病诸！'"（《论语·雍也》）或用《大学》中的说法，圣人之明明德，虽以修身为本而可谓自明其德，但又强调是在对身、家、国、天下之客观世界的一贯的关切中自明其德，最终的目的是明明德于天下者，并非仅仅着意于内在的觉悟。对此，站在牟宗三的角度，一个可能的辩驳是，圣人之所以为圣，首先在于觉悟和境界，而只有在内心的觉悟达到圣的境界后才有可能取得与圣人相配的功德，正如一般所理解的"内圣外王"。问题是，只要承认事功之于圣人之所以为圣的重要性，就不可能认为工畿的"四无教"比王阳明的"四句教"更为圆满，因为后者至少还重视"为善去恶"的"格物"是成圣中的重要一环。或者仍延用牟宗三的说法，实际上，"以有为体，以无为用"的圣人观无法体现圣人参赞天地的"积极的创造义"。❶

---

❶ 就此而言，牟宗三的圣人观实际上非常接近玄学的立场而非儒家立场。在《才性与玄理》第三版的自序中，牟宗三谈到以王弼之注老和向秀、郭象之注庄为核心的魏晋玄学的主要问题是"依'为道日损'之路，提炼'无'的智慧"，并断言"此种工夫上的'无'，乃是任何大教、圣者的生命所不可免者"，且更具体地依次谈到，主观工夫上的"无"之智慧乃是儒、道、佛三教之共法，虽然各家皆"本其根而自发"，且"各有其教义下的专属意义之不同"，但在"运用表现的形态本质上是相同的"。至于何以主观工夫上的"无"之智慧是任何大教、圣者生命之共法，牟宗三的解释是："夫立言诠教有是分解以立纲维，有是圆融以归具体。'无'之智慧即是圆融以归具体也。焉有圣者之生命而不圆融以归具体者乎？分解以立纲维有异，而圆融以归具体则无异也，此其所以为共法。"特别在谈到儒家时，他说："儒圣亦不能违背此主观工夫上的'无'之智慧，尽管他不只此，因为他正面还讲'仁'。然而'仁'之体现岂能以有'心'为之乎？尽管他不欲多言，然而并非无此意。此则周海门已知之矣。是故自陆象山倡言心学起，直至王阳明之言'无善无恶心之体'，乃至王龙溪之言'四无'，皆不免接触'无心为道'之理境，即自主观工夫上言'无'之理境。此非来自佛老，乃是自本自根之自发。此其所以为圣者生命之所共者。若不透彻此义，必谓陆王是禅学，禅之禁忌不可解，而'无善无恶'之争论亦永不得决，此非儒学之福也。"如果说陆王心学一脉能够与禅宗划清界限的关键在于他们在和禅宗一样强调"心"之作用的同时而

更为麻烦的是,将有落在心上(心为本体),而将无落在知上(无知之知),实际上并不能够免于虚无主义的责难。乍看起来就会觉得奇怪的是,牟宗三反对康德认为人没有智的直觉的看法,似乎蕴含着反对康德的不可知论,但当他在断言人有智的直觉之后又说人对万物的这种智的直觉是一种无知之知,似乎又回到康德的不可知论立场上去了。既然人对万物的智的直觉是一种根本性的直觉,而其结果却是一种无知之知,那么,物之本性、物之天理的概念就根本不可能成立。这显然既不符合原始儒家的根本立场,也与宋明理学的精神追求和理智事业背道而驰。我们知道,原始儒家既在伦理学的意义上、也在宇宙论的意义上谈论"性"(所谓"天命之谓性,率性之谓道,修道之谓教"),由此提出的一个核心思想即《易传》中所说的"乾道变化,各正性命"。但在后世,特别由于孟子的缘故,性的概念多在伦理学意义上使用而多指"德性",天道则作为宇宙论意义上的一个整全性概念很难清晰地将物之本性的意涵表达出来,甚至极易混同于存有论上的虚无主义。正是有鉴于此,宋儒才拈出"天理"二字以为立说之根本。此即是说,如果说天道的概念在某种意义上还容易使人将儒家的形而上思想混同于虚无主义的话,那么,天理的概念则完全廓清了这种可能的思想迷雾。正是在这种思想背景下,《大学》和《中庸》的思想、特别是

(接上页)将"心"归之于宋明儒家一直念兹在兹、极力捍卫的"理",那么,在牟宗三自己的思想中,恰恰缺少了对于天理的捍卫这一重要的思想环节。因此,虽然三教都谈修养之最高境界,但儒教之圆融与佛老之圆融仍有根本的不同;以孔子"随心所欲不逾矩"的训示为言,如果不首先在天理的高度上肯定"矩"的意义而只着意于"圆融以归具体",那么,不可能真正守住儒家立场。牟宗三所期望的是"禁忌可解,而又不失各教之自性",但依照他的诠释,恰恰在这一点上儒教的自性成问题,而佛老的自性则不成问题。在思想的层面上,概而言之,本体与工夫的相即关系决定了在以有为本的前提下以无为用不可能是圣阶之标志,除非将圣与天完全等同起来。以上引文均见牟宗三:《才性与玄理》,广西师范大学出版社,2006年版,原版自序之一,第1—2页。

格、致、诚、正、修、齐、治、平的成德规模与被程颐释之为"天下之定理"的"庸",才更能显示出儒家思想之特质。质言之,正是凭着被程颢称为"自家体贴出来"的"天理",宋儒才将儒家所服膺的天道从根本上与任何存有论上的虚无主义划清了界限。像牟宗三那样以自由无限心为本体而认为此自由无限心对万物的智的直觉乃是一种无知之知的看法,不仅意味着原始儒家所标榜的"各正性命"成了一句空话,而且意味着宋明儒学挺立天理的整个理智努力全都白费了。

退一步讲,既然牟宗三将儒家之圣境、圆境归之于"四无"的理论基础是他所主张的这种"有觉而无知"的智的直觉,那么,其思想后果至少是流于神秘主义。实际上,这正可代表牟宗三在存有论上的根本立场:"一切存有论的原理皆是奥体——无限的奥秘。'上天之载无声无臭'固是无限的奥秘,'性也者天地所以立也','性也者天地鬼神之奥也'(胡五峰语),亦是无限的奥秘。但圣人不欲通过思辨理性把此奥体推出去作一对象而去智测空言之,而且他也不是空言得来的,是故'不可得而闻'。不可得而闻一方表示孔子不常言,更不用思辨理性去推测,盖因此等事本不可以空言也。'仁远乎哉?我欲仁斯仁至矣。'践仁是我自己所能掌握的事,是孟子所谓'求则得之,舍则失之,是求有益于得也,是求之在我者也。''不怨天,不尤人,下学而上达,知我者其天乎?'天之知我即必然涵着我之知天,知其知我即是知天,此知即是默契,与天通契而融于一。'天地与我并生,万物与我为一',此虽是庄子语,然亦是一切圣人所共有的意识。践仁而可以知天,则人与天必有共通的性格,即创生一切而成全一切也。性与天道这存有论的原理(奥体),不须强探力索以求知解(通过思辨理性以求证明即是强探力索之知

良知的僭越　237

解），但须践仁成德即可冥契。"❶站在一个尽可能同情地理解的角度上，我们可以说，神秘主义乃是牟宗三思想的最后归宿。❷

就其在立意上归宗于儒而言，牟宗三对儒、道、佛、耶诸教的分判，分为两个步骤。首先，牟宗三以境界之形而上学与实有之形而上学之别分判道、佛与儒，以道、佛为偏盈，以儒为正盈，其中之关键在创造性一义上："又有须简别者，即，在心意知物浑是一事之情形中，好像不是纵贯纵讲，而是纵贯横讲，这样便与佛老无以异。实则仍是纵贯纵讲，只因圆顿故而'纵'相不显耳。因为此意知仍是创生一切存在之心意知，而且亦仍是以'敬以直内义以方外'为其基本底子，并非只是'无为无执'之玄智，亦非只是'解心无染'之佛智。此后两者皆是无创生性之无限智心也。故只能即于一切存在而纯洁化之（无之或空如之），因而亦成全而保存之，然而不能实言创生之也。故于彼两系统中言德福一致，德实非真正道德意义之德也。在道家只是玄德，在佛家只是清静德。此只是消极意义的德，非正物、润物、生物之积极意义的道德创造之德。故仍非大中至正保住道德实践之真正圆教，实只是解脱之圆教。熊先生总不满意于佛教而与居士和尚辩，千言万语总在昭显此

---

❶ 牟宗三：《圆善论》，第308—309页。
❷ 关于儒家传统中的神秘主义问题，可参见陈来的两篇文章：《心学传统中的神秘主义问题》，载《有无之境——王阳明哲学的精神》，附录，人民出版社1991年版；《冯友兰哲学中的神秘主义》，载《现代中国哲学的追寻》，人民出版社2001年版。其中可注意者，其一，神秘主义绝非儒学的主导传统，因佛、老的影响而引入儒学，在宋明时期往往见于心学一脉，而理学家对此多有批评，谓之"玩弄光景"；其二，冯友兰在早年就注意到了中国哲学中的神秘主义，而且后来对此越来越重视，明确提出了形而上之知乃不知之知的看法。可评价者，其一，宋明时期心学和理学关于神秘主义的争论基本上限于工夫论，二者在存有论上反对虚无主义是明确而一致的；其二，注重逻辑分析方法且自觉缵理学之绪的冯友兰亦相当重视神秘主义，既说明逻辑分析方法对于理解传统儒学在根本上的不足，又昭示出传统的形而上学在"科学昌明"的现代必然沦为神秘主义的尴尬命运。

意，其所争者总在此创生性也。"❶ 按照牟宗三的这一看法，我们可以断言，基督教和康德在这一点上与儒家的思想比较接近，因为基督教和康德都承认一个创造性的上帝。不过，牟宗三分判诸教的第二个步骤，恰恰是以无限智心与人格化的上帝之差异在属于中国文化的儒、道、佛三教与属于西方文化的基督教和康德之间进行判别。如前所述，牟宗三的这个步骤实际上是意在以他自己独特的哲学思考方式提出并解决中西问题。再次概述一下他的核心观点即是，解决圆善问题并不需要像康德那样认定一个人格化的上帝，更不需要基督教意义上的那样一个纯粹出于"情识作用"的人格化的上帝，而且，以人格化的上帝立论则没有办法达到圆教，而只有以无限智心立论才有可能达到圆教，从而获得对圆善问题的真正的、最后的解决。于是，我们看到，牟宗三将圆教的可能归之于中国传统，而判基督教为一种离教，并认为产生于西方基督教文化背景中的康德哲学"只可说是实践理性之始教或别教"。❷ 牟宗三对中西之别的这种理解，也曾被他刻画为内在超越与外在超越之别。❸ 这实际上就是他解决中西问题的最后定论。就此而言，根据上文的分析，我们可以断言，产生于现代中国之特殊处境中的牟宗三思想，因比较的巨大张力而在中西问题上持论太过。于是，在全面检讨牟宗三在这个问题上的得失的同时，下一步最为重要的正是，如何更为恰当地提出中西问题。

---

❶ 牟宗三：《圆善论》，第 327 页。
❷ 牟宗三：《圆善论》，第 332 页。
❸ 牟宗三：《圆善论》，第 294 页。

历史的嫁接

一 中国问题关切之下的道德形而上学与历史哲学

在牟宗三的新儒学思想体系中，历史哲学是一个非常重要的组成部分，但历史哲学的地位却相当特别。一方面，牟宗三所倾力建构的道德形而上学并不内在地需要一个世界历史观念，尽管他力图从道德形而上学的立场出发建构一个世界历史观念。另一方面，一个鉴古通今、继往开来的世界历史观念对于牟宗三来说几乎是一个必然的理论要求，因为这对于他在普遍主义的理论自觉之下开出一条解决"中国问题"的思路至关重要。

这里首先要对中国问题作一个简明扼要的说明。中国问题指涉现代以来中国所遭遇的"三千年未有之大变局"，"中西"与"古今"的不同话语分别代表了对中国问题的两种不同刻画方式。中西问题，是指近代以来中国在与西方的遭遇中所产生的自我认同的问题和寻求承认的问题，主要涉及中国以西方为重要的参照系而对自身所维系的生活方式的全面反思，以及中国在一个西方文化非常强势的、日益全球化的世界交往格局中如何重新达到自我肯定、如何重新确立自身高度、如何重新获得积极自由的问题。古今问题是指传统与现代的问题，最早被表述为新旧问题，后来被表述为中国的现代化问题，再后来被表述为中国的现代性问题，主要涉及中国在其实际的历史文化处境中对西方启蒙运动以来所形成的现代观念、所导致的现代问题的理解和反思,以及在此基础之上对中国自身历史文化传统的理解和反思。作为中国问题的不同表达方式,中西问题与古今问题关注的都是差异,只不过前者聚焦于文化特质,后者留意于时代变迁。

由于现代性产生于西方,而后强势传入中国,所以,在中国的实际历史语境中,中西问题与古今问题从一开始就互相交错在一起。在中西一弱一强之势所至的紧迫之中,中西问题更被完全化约为古今问题——其中"五四"新文化运动是一个重要的分水岭,在很长时间里一直晦而不彰。这种"古今问题压倒中西问题"的理论局面实际上仍然是西方之强势的一种表现,因为其中最重要的一点恰恰是,当下的中国被刻画为当下的西方(当然是现代的西方)所抛弃了的那个过去的西方(也就是前现代的西方)的一种东方影像。也正因为如此,对于那些既认可西方现代观念又认同中国传统文化的人而言,对中国传统文化的指控能够通过一个关于时代变迁的解释而得到消解,从而将可能加之于中国传统文化之上的任何罪名全部洗刷。这一"从历史拯救文化"的思路对于理解中国近代以来并不保守的文化保守主义者至关重要。事情还不止如此,实际上,历史救赎论是近代以来为解决中国问题而被提出来的主流思路,无论是自由主义者,还是共产主义者,还是文化保守主义者,都不约而同地乞灵于一个是今而非古的宏大历史观念。换言之,随着中西问题被化约为古今问题,中国问题就被完全地——而不是局部地——刻画为一个历史哲学的问题。于是,建构一种历史哲学就成了解决中国问题最重要的理论行动。

近代以来中国思想界出现了形形色色的历史哲学,但有一个共同的理论底色,就是历史进化论。自由主义者虽然在当时还没有祭出"历史终结"的理论大旗,但已经隐含地把自由民主认定为人类存在的道德制高点，这已经离以自由民主为人类历史进化之最后归宿的看法不远了。共产主义者最重要的理论武器不是别的，恰恰就是在中国现代史上影响深远的历史唯物主义。众所周知，历史唯物主义实际上是历史进化论的马克思主义版本，而且也是历史终结论的唯物主义版本，其中共产主义理想被认为是人类历史进化之最后归宿。大多数文化保守主义者之所以没能真正显示出严格的保守主义者形象，也恰恰是因为他们执持历史进化的信念来理解传统到现代的变化。

不过，有趣的是，在对历史进化论的接受过程中，中国以往的文化资源发挥了显著的前理解作用，并在视域的融合中产生了一些颇具创新性的诠释。其中影响最大的首推公羊学三世说。公羊学中的"三世说"来自《公羊传》对《春秋》书法的揭示与概括，即所谓"三世异辞"，经董仲舒、何休等人的阐发而成为划分、解释春秋之历史的一个重要观念，严格来说并不是一个理论化的历史哲学观念，而只在"法后王"的意义上被作为《春秋》的微言大义而发挥历史哲学的功能。但是，到康有为那里，三世说被进一步抽象化、理论化，与历史进化论和《礼记·礼运》中的大同小康之说融合在一起而成为中国近代以来影响最大的历史哲学观念。❶于是，历史进化论就被赋予经学的面目，且呈现为一种以圣者之天道启示为依托、以贤者之人文美德为旨归的道德理想主义。❷

其次是易学天道论。严复的《天演论》在当时的思想界产生了

---

❶ 建立在三世说基础之上的《大同书》对于以孙中山为首的国民党人和以毛泽东为首的共产党人都产生了巨大的影响。孙中山、蒋介石在关于三民主义的演讲中都明确引用了康有为三世说中的核心观念，尽管在具体的理解上与康有为存在重要的差别；而毛泽东当然也是历史进化论的服膺者，且以大同理想解释共产主义。有关分析可参见唐文明：《夷夏之辨与现代国家建构中的正当性问题》，见《近忧：文化政治与中国的未来》，华东师范大学出版社2010年版。
❷ 此处之"道德"并非作为西文"morality"之翻译的现代"道德"观念，而是指天之道与人之德的合称。

巨大的冲击和反响，文中的核心内容就是一个形而上的历史哲学框架。严复在将赫胥黎的《进化论与伦理学》翻译为《天演论》的过程中大量起用了传统易学中论说天道的思想观念，直以易学天道论阐发历史进化论，以至于在上世纪30年代钱基博的文献分类中《天演论》还被归为易学丛书。以易学天道论阐发历史进化论的最大问题，在于前者实际上主张的是一种天道循环的观念，而与历史进化的观念颇为不同。但在严复的译释中，对于历史的循环还是进化并不置重，而是力图以形而上的天道观念来理解历史，进而容纳、消化进化论的历史观，而且有意强调了历史演变过程中人力的作用，几乎就是对"天行健，君子以自强不息"的一种重申。❶

还有就是佛学唯识论。这方面的典范是章太炎的《俱分进化论》。建立在佛学唯识论基础之上的俱分进化论，认为善恶、苦乐皆一道与时俱进，看起来仍在历史进化论的理路上运思，实际上是对历史进化论的一种扬弃。这里当然包含着对历史进化论的深刻质疑，但并不是以直接反驳的方式。而且，这一反进化论的历史进化论也结出了另外更为特别的理论果实。梁漱溟在世界历史的高度上考察东西方文化的时候就受到章太炎俱分进化论的极大启发和影响。他以文化为历史之根本，又以人的意欲为文化之根本，而将世界历史理解为人的意欲不断消除的过程，换言之，在他看来，历史就是人类社会向着佛学真理不断进化的过程，于是整个历史的进程就表现为"佛法的狡计"。这里仍有历史进化论的理论痕迹但实质上又超越了历史进化论，其中人的意欲的指向被作为理解世界历史的根本。❷

---

❶ 对于《天演论》的这种互文性的分析，可参见唐文明：《与命与仁：原始儒家伦理精神与现代性问题》，河北大学出版社2002年版。
❷ 对梁漱溟思想中的世界历史观念的阐述和分析，见唐文明：《"根本智"与"后得智"——梁漱溟思想中的宏大历史观念》，载万俊人主编：《清华哲学年鉴2002》，河北大学出版社2003年版。

以上的分析也可以表明，近代中国思想界在中西文化的视域融合当中对历史进化论的接受以及相关的历史哲学思考有两个鲜明的特征：一是拿中国古典思想中的天道观念对西学东渐以来被问题化的历史观念进行格义，从而使关于历史哲学的思考达乎形而上的高度；二是在对历史观念的建构和诠释中特别强调了人文的力量，从而使关于历史哲学的思考又呈现出鲜明的人文主义色彩。这种以天人相与为主脉来理解历史变迁的思路，植根于中国古典的思想传统。比如说，在司马迁"究天人之际，通古今之变，成一家之言"的名言中，显然"究天人之际"是"通古今之变"和"成一家之言"的前提。这一点实际上具有明显的提示作用，使我们能够注意到，近代以来的中国问题，就其话语表象而言是中西问题和古今问题，就其深层思想而言则是天人问题。换言之，在充分承认历史哲学之思路对于解决中国问题的重要性的同时，我们还必须明确，天人问题才是历史哲学的基础性问题，对中西问题、古今问题的回答最终还是要回到天人问题上来。

对于牟宗三而言，实际上他一直非常自觉地在形而上的高度上运思。他以毕生精力所建构的道德形而上学体系就是"究天人之际"的思想努力。而且，他也非常自觉地在天人问题的高度上去理解、思考中西问题和古今问题，于是，历史哲学就成为他的道德形而上学体系的一个重要组成部分，成为他在中国问题的实践关切下究天人之际、会中西之异、通古今之变的重要理论尝试。众所周知，牟宗三建构历史哲学的基本思路是"本中国内圣之学解决外王问题"，即由中国固有的道统开出新的学统和政统，质言之，是以中国传统的文教精神为基础，而以科学、民主等西方启蒙运动以来所标榜的核心价值为归宿。学界对于牟宗三为解决中国问题而提出的"内圣开外王"方案讨论很多，但存在两方面的偏颇。一是很少从历史哲学的进路去梳理牟宗三的"内圣开外王"方案,可以说是忽略了这一方案最重要的一个理论维度。❶二是大多留意于内圣能否开出外王,且将讨论的重点落在了外王上,而对牟宗三关于儒家传统的理解缺乏必要的反思。在我看来,牟宗三的历史哲学建构实际上在某些根本点上背离了儒家传统;而他企图通过一个历史的观念将儒家文化精神与西方现代的政治理念嫁接在一起的尝试之所以不成功,关键也在这里。

二 历史哲学的概念与意义

在《历史哲学》第二版序言中,牟宗三说自己本来准备为《历史哲学》写一个"较长而完整之引论置于篇首",但已另写成他文,即《道德的理想主义》和《政道与治道》,而"凡引论中所欲说者,实皆具备于此两书。故亦不必再事重复。故凡读此书者,希能取该两书合观,庶可得其全部底蕴。此三书实为一组。其中心观念,扼要言之,实欲本中国内圣之学解决外王问题者"。❷因此,

---

❶ 在门人弟子为庆祝牟宗三七十寿诞所编辑的《牟宗三先生的哲学与著作》(学生书局1978年版)一书中,有两篇有关牟宗三之历史哲学的文章:一是周群振的《道德理性与历史文化》,一是朱维焕的《中华民族之生命形态——宗师〈历史哲学〉之启示》,都以叙述为主。研究性的文章包括:蒋年丰:《战后台湾经验与唐君毅、牟宗三思想中的黑格尔》,原载《光复后台湾地区发展经验》,中央研究院中山人文社会科学研究所专书(27),1991年,后收入氏著《文本与实践》,桂冠图书公司2000年版;邱黄海:《牟宗三先生"历史概念"之批判的展示》,载《鹅湖杂志》,1999年第5期;李幸添.《从黑格尔历史哲学看儒家之新路向》,载《第一届当代新儒学国际学术会议论文集》之三:外王篇,1991年版;赖皂欧:《牟宗三历史哲学的"文化生命"内核》,载《江西社会科学》2003年第11期;黎汉基:《牟宗三的政治理念与其对黑格尔历史哲学的省思》,载《当代儒学与西方文化:哲学篇》,中央研究院中国文哲研究所2004年版。
❷ 牟宗三:《历史哲学》,广西师范大学出版社2007年版,旧序二,第1页。

考察牟宗三的历史哲学思想，应当将被新儒家继承者称之为"新外王三书"的《历史哲学》、《道德的理想主义》与《政道与治道》置于一个综合性的整体视景中；反过来说，能将这三部书有机地综合起来的整体视景，恰恰也只能由历史哲学所提供。

对于《历史哲学》的思想背景和写作动机，我们可以从《历史哲学》第一版序言中获得一个基本的理解。在该序言中，有牟宗三关于该书的四点声明，分别涉及了四个重要的人物及其著作。先来看前两点。第一点声明作者对中国历史大事的叙述"多本于钱穆先生之《国史大纲》"。第二点提出应从"古史官在政治运用中之地位"去寻绎"指导吾华族发展之观念形态与文化意识"，并声明这一看法"本于柳诒徵先生之《国史要义》"。❶以交代写作资源的方式提到同时代的两位史学写作者，看起来是在轻描淡写地表达对学术规范的遵守，实际上另有意味。这其实表明，一方面，牟宗三重视钱穆、柳诒徵的国史写作；另一方面，他对他们的国史写作并不满意，或者说在他看来，钱穆、柳诒徵的国史写作与牟宗三所关心的历史哲学的主题并不相同，因而仍有写作历史哲学的必要。❷

"国史"的概念与"国学"的概念一样，表达了近代以来知识分子对于国族建构的实践关切，属于国族建构的话语行动。尤其是后来日本的入侵，使国族建构的问题在许多知识分子心目中成为一项相当紧迫的事业。钱穆的《国史大纲》和柳诒徵的《国史要义》都写作于抗日战争期间，且都用作大学教科书，虽然一为史纲，一重史义，内容侧重不同，但其共同的实践旨趣却昭然若揭。更为重

---

❶ 牟宗三：《历史哲学》，旧序一，第1页。
❷ 实际上，牟宗三在给唐君毅的一封通信中曾评价到钱穆和柳诒徵。他批评钱穆对历史精神"了解亦不足"，以至于"走马历史而漫无宗趣，遂造成全无理路"；而认为柳诒徵"有通识，很好"。参见黎汉基：《牟宗三的政治理念与其对黑格尔历史哲学的省思》，载《当代儒学与西方文化：哲学篇》，中央研究院中国文哲研究所2004年版，第176—177页。

要的是，二人都非常强调文化精神在历史理解中的重要性，且都在"史识"的概念之下展开讨论。

钱穆提出，"今日所需要之国史新本，……应……具备两条件。一者必能将我国家民族，已往文化演进之真相，明白示人，为一般有志认识中国已往政治社会文化思想种种演变者所必要之智识，二者应能于旧史统贯中映照出现中国种种复杂难解之问题，为一般有志革新现实者所必备之参考。前者在积极的求出国家民族永久生命之源泉，为全部历史所由推动之精神所寄；后者在消极的指出国家民族最近病痛之证候，为改进当前之方案所本。"❶这就要求，"写国史者，必确切晓瞭其国家民族文化发展个性之所在，而后能把握其特殊之环境与事业，而写出其特殊之精神与面相"。❷换言之，历史知识不同于历史材料，"材料累积而愈多，知识则与时以俱新"；历史材料是"民族国家已往全部之活动""其经记载流传以迄于今者"，历史知识则是"随时变迁，应与当身现代种种问题，有亲切之联络"，"贵能鉴古而知今"。❸柳诒徵则说："治史之识，非第欲明撰著之义法，尤须积之以求人群之原则。由历史而求人群之原理，近人谓之历史哲学。吾国古亦无此名，而其推求原理，固已具于经子。……治中国史仍宜就中国圣哲推求人群之原理，以求史事之公律。"❹这里所使用的"历史哲学"，是指在历史中求哲学，也就是求由圣哲和经典所启示出来的"人群之原理"。对此，柳诒徵还有过类似的和相关的表达："讲史学知道立国和做人的经验，那就叫做历史哲学。中国从前没有历史哲学这个名字，老

---

❶ 钱穆：《国史大纲·引论》，（台湾）国立编译馆1956年版，第7页。
❷ 钱穆：《国史大纲·引论》，第8页。
❸ 钱穆：《国史大纲·引论》，第1页。
❹ 柳诒徵：《国史要义·史识第六》，中华书局1948年版，第127页。

子和孔子都只讲个道字。什么叫做道呢？就是从历史上看出人类常走的路，因此悟出这个道来。他们所说的并非神秘，乃是人生的规律。"❶质而言之，人类以往经验中所包含的立国、做人之道，就是表现于历史中的哲学。

以钱穆所谓的"国家民族文化发展个性之所在"或柳诒徵所谓的"人群之原理"为主旨来理解历史，进而书写国史，这是牟宗三所赞同的。《历史哲学》原拟命名《国史之精神发展的解析》，而且现在成书中第一章即以"国史发展中观念之具形与氏族社会"为标题，就是明证。❷精神史观与国史写作的实践关切是牟宗三与钱穆、柳诒徵等人所共享的基本信念。关键性的差异在于如何将通过哲学慧识而达到的对国族之文化精神的理解贯注到国史的书写中去。牟宗三对钱穆和柳诒徵的国史书写的不满之处大概主要在这里，或许他会认为钱穆重具体而失之通解，柳诒徵有通解而失之具体，而他的国史写作就是要紧扣国史中的精神实体去解析国族精神的内在发展脉络，因为唯有如此，才真正称得上"历史哲学"之名。

这里必须提到，牟宗三对"历史哲学"这个概念的理解，受到黑格尔的深刻影响。黑格尔区分了历史写作的三种不同模式：原始的历史（original history）、反省的历史（reflective history）和思辨的历史（philosophical history）。❸原始的历史可以希罗多德和修昔底

---

❶ 柳诒徵：《讲国学宜先讲史学》，见《柳诒徵史学论文集》，上海古籍出版社1991年版，第495页。

❷ 在《人类自救之积极精神》一文中，牟宗三开篇时说："我近来不自量力，写了一部讲历史的书，名曰《国史之精神发展的解析》（按：已改名《历史哲学》，四十四年出版）。"该文收入《生命的学问》，三民书局1970年版，第195页。

❸ 这里之所以不像王造时等人那样将"philosophical history"直译为"哲学的历史"，而是将之译为"思辨的历史"，是为了避免与"哲学史"（history of philosophy）这一概念相混淆。既然在黑格尔那里，哲学活动本质地表现为纯粹的思辨，那么，将"philosophical history"译为"思辨的历史"就是恰当的。

德的历史写作为典范,写作者"对于他们所描述的行为、事件和情境,有着亲身的见证、体验和经历,对于这些事件和事件中传达出来的精神,他们休戚与共"。❶如果说原始的历史一定具有断代史的性质的话,那么,反省的历史"其对象实际上是作为一个整体的过去"。❷关于反省的历史,"最重要的是其处理历史材料的那种方法,因为写作者以其自己的精神——而非对象本身的精神——接近材料,于是,一切都依赖于写作者将之既应用于作品内容又应用于叙事形式之上的那些格准、理念和原则"。❸反省的历史又可分为四类:通史(general history)、实用的历史(pragmatic history)、批评的历史(critical history)和专门化的历史(specialized history)。就通史而言,"研究者底目的是想对于一个民族或一个国家底全部历史,或世界底全部历史,去得到一种通观"。❹实用的历史则带着实用的目的,表现为一些实用的反省,也就是"将现在的生活投射到过去的记录中而将过去的记录激活"。❺牟宗三在介绍到实用的历史时加案语说,"此譬如《资治通鉴》"。❻这种说法表面上看起来大致不差,但若深究则须审慎。中国古代的史学传统注重"通古今之变",其实质是鉴古以知今,或者说,鉴往以知来,《资治通鉴》当然也不例外,但这与黑格尔此处所说的"以今知古"、"以来知

---

❶ G. W. F. Hegel, *Lectures on the Philosophy of World History*, translated from the German edition of Johannes Hoffmeister by H. B. Nisbet, Cambridge University Press, 1975, p. 12.
❷ G. W. F. Hegel, *Lectures on the Philosophy of World History*, p. 16; also see p. 228, note 21.
❸ G. W. F. Hegel, *Lectures on the Philosophy of World History*, p. 16.
❹ G. W. F. Hegel, *Lectures on the Philosophy of World History*, p. 16. 此处引用了牟宗三自己在《黑格尔的历史哲学》中的译文,见《牟宗三先生全集》第17卷,联经出版公司2003年版,第282页。该文原载谢幼伟等.《黑格尔哲学论文集》第2册,中华文化出版事业委员会1956年版;内容主要是对黑格尔《历史哲学》一书之引论部分的翻译和介绍,但牟宗三也加了自己的一些阐发和案语。
❺ G. W. F. Hegel, *Lectures on the Philosophy of World History*, p. 20.
❻ 牟宗三:《黑格尔的历史哲学》,见《牟宗三先生全集》第17卷,第282页。

往"并不相同,虽然二者都有"为今知古"、"为来知往"的实用目的。尤其是在历史发生断裂的情况下,二者各自包含的内容就大不一样。批评的历史"并不构成历史本身,毋宁说是历史的历史,它评估历史叙事,检验其真实性和可靠性"。❶对此,牟宗三加案语说,"此即历史考据",❷并无差谬。专门化的历史更不难理解,是指相对于民族生活之全部而言的特殊门类的历史,比如说艺术史、法律史、宗教史等。不过,在黑格尔那里,专门化的历史有着一个特殊的意义,就是"因其视域的普遍而提供了一个通往思辨的历史的过渡点"。❸

思辨的历史意味着从哲学的观点去考察历史,因而也就是历史哲学所承担的任务。概而言之,"历史哲学无非就是将思想应用于历史",因为历史是人的历史,而人与动物的区别就在于人是能思想的存在。就此而言,所有的历史研究都不会忽略思想的意义,因为在人的情感、知识和悟性活动中都包含着思想的成分,而这些又都在历史研究所考虑的范围之内。不过,黑格尔指出,"仅仅诉诸这种方式来谈论思想在人类活动中的参与是不够的",因为这是将思想看作存在的附属。哲学所推重的是由纯粹的思辨而生发出来的、超越了客观实在的、具有独立性的思想。以这种思辨的方式考察历史,意味着哲学要"对历史进行控制,不能一味放任,而是迫使历史服从于哲学所预设的观念,从而建构出一个先验的历史"。❹

黑格尔在此处所强调的,实际上是知性思维与理性思维的区别。知性思维的特点是分解的,是以抽象的概念以及相应的形式化的逻辑去把握事物。在这个层面上的历史写作中,事件永远处于比

---

❶ G. W. F. Hegel, *Lectures on the Philosophy of World History*, translated from the German edition of Johannes p. 22.
❷ 牟宗三:《黑格尔的历史哲学》,见《牟宗三先生全集》第17卷,第282页。
❸ G. W. F. Hegel, *Lectures on the Philosophy of World History*, p. 23.
❹ G. W. F. Hegel, *Lectures on the Philosophy of World History*, p. 25.

思想更为根本的地位，思想的目的被规定为去发现事件背后的原因与理据。理性思维则与此不同，其特点是综合的，诉诸的是概念本身的内在活动而非形式化的概念对外在质料的把握。换言之，理性思维留意于概念自身的演进，在其中，形式和质料都不外乎概念，因为概念本身获得了某种实在性，于是其逻辑必然是辩证的。在这个层面上的历史写作中，思想当然获得了比事件更为根本的地位，对事件的理解和解释必须服从于思想为历史所预设的先验原理的内在展开和自我实现。换言之，不仅是康德意义上的理性为历史立法，而且是理性与历史的同一。❶

　　知性思维与理性思维的区别对应于科学与哲学的区别，在历史学领域中就表现为历史科学与历史哲学的区别。原始的历史和反省的历史都是运用知性思维的结果，因而都属于历史科学；思辨的历史则是运用理性思维的结果，因而只能是历史哲学。思辨的历史与原始的历史和反省的历史的另一个重要区别，在于思辨的历史有一个普遍的精神视域，能够超越原始的历史和反省的历史中所包含的特殊的精神关切及其明显的实用特征。写作者无论是与当时人们的精神休戚与共（原始的历史），还是带着自己所处的后来时代的精神去接近材料（反省的历史），都表现为特殊的精神关切。思辨的历史从根本上超越这种特殊性，因为其出发点就可以说是一种普遍的精神关切。这一点也提示我们去理解黑格尔何以将专门史作为从反省的历史到思辨的历史的一个过渡点。专门史虽然考察的是民族精神生活中不同门类的历史，但任何一个门类的历史，又必须在一个经过综合而产生的普遍视域中才能真正呈现出来。专门史中与思辨的历史最为相关的当属思想史（intellectual history），实际上可以

---

❶ G. W. F. Hegel, *Lectures on the Philosophy of World History*, p. 26.

被理解为从反省的历史到思辨的历史的真正过渡点。

因此,考虑到黑格尔的影响,我们基本上可以断言,牟宗三会将钱穆的《国史大纲》和柳诒徵的《国史要义》都归于历史科学,也就是黑格尔所谓的反省的历史。具体而言,就通史与专门史的对比而言,二者都意在写作通史;就实用的历史与批评的历史的对比而言,《国史大纲》可归为实用的历史,《国史要义》可归为批评的历史。牟宗三当然不会满足于钱穆和柳诒徵的国史写作,即使他们的作品中已经表达出对中国文化精神的"极具同情的了解",因为他要写作的是不同于历史科学的历史哲学,是要将国史写作的实践关切上升到理论层面。不过,牟宗三在国史写作的问题上所针对的主要批判对象,还是梁启超倡导"新史学"以来逐渐盛行的将历史写作完全经验科学化的倾向;就这一点而言,他与钱穆、柳诒徵等人又是一致的。在牟宗三看来,历史写作中的这种经验科学化的倾向非但不能承认精神是历史的主体,而且总是不同程度地贬抑精神在历史中的意义,其极端理论形态即表现为在根本的立场上对历史持一种唯物主义的看法。在《历史哲学》第一版的序言中,他正是通过批评"五四"以来治史之缺点来阐述自己写作《历史哲学》的宗旨:"自'五四'以来,治史专家多详于细事之考证,而不必能通观大体,得历史文化之真相。吾华族历史,演变至今,非无因者。若终茫昧不觉,交引日下,则民族生命、文化生命,势必断绝,而盲爽发狂,靡有底止。是故贯通民族生命、文化生命,以指导华族更生所必由之途径,乃为当今之急务。"[1]

在《历史哲学》第三版序言(1974年)中,牟宗三讨论了"历史哲学所依以可能的三个关键观念",实际上是三个分别。其中

---

[1] 牟宗三:《历史哲学》,旧序一,第1页。

第一个就是明事理之有别于物理，以进一步在理论上批判对历史完全经验科学化的理解进路。事理针对的是精神事件，而物理针对的是自然事件。用康德的术语来说，事理与物理都可放在因果性的范畴之下得到理解，但前者涉及自由的因果性，后者涉及自然的因果性。历史事件作为人类的践行活动当然应被归为精神事件而非自然事件，于是，对历史事件的理解亦应被归为事理而非物理，由此方能言历史哲学的重要性："历史是集团生命的活动行程。集团生命的活动，不论其自觉与否，均有一理念在后面支配。理念就是他们活动的方向。因此，了解历史是要通过'理念'之实现来了解的。"而"今之治历史者，大都是把历史性的事理之事予以物化，因而不能了解其意义，因而亦不知其有理，甚至断言其无理，所以他们反对并轻视历史哲学。然实则这正是他们的自我否定、自我毁灭"。❶

对于牟宗三来说，《历史哲学》第一版序言中涉及王船山和黑格尔的后两点声明相比于涉及钱穆、柳诒徵的前两点声明更为重要。在第三点声明中，牟宗三首先高度赞扬了王船山的《读通鉴论》和《宋论》，以为此二书"乃往贤讲历史者之绝响"；接着引用了《读通鉴论》末卷《叙论四》中关于"通"的阐述，其中"道无方，以位物于有方；道无体，以成事之有体"可谓点睛之语；最后总结、自陈说："由船山之通论，打开史实之纠结，洋溢'精神之实体'。以其悲悯之仁心通彻于整个历史而荡涤腥秽。若欲于史实之僵局中通透历史，窥出贯彻历史之'精神实体'，则船山之书乃史家所必读者。吾以此为底据，而不悖于往贤。"❷在第四点声明中，牟宗三说："吾不悖于往贤，而有进于往贤者，则在明'精神实

---

❶ 牟宗三：《历史哲学》，旧序三，第4页。
❷ 牟宗三：《历史哲学》，旧序一，第2页。

体'之表现为各种形态。吾于此欲明中国文化生命何以不出现科学、民主与宗教,其所具备者为何事,将如何顺吾之文化生命而转出科学与民主,完成宗教之综合形态。此进于往贤者之义理乃本于黑格尔《历史哲学》而立言。"❶

牟宗三的历史哲学概念所受黑格尔的影响有很多方面,其中首要的一点是强调精神在历史中的意义,即以精神为历史变化的主体。这也正是他何以能够从王船山的著作中"窥出贯彻历史之精神实体"的原因所在。显然,在他看来,包括王船山在内的以往圣贤都注重精神在历史中的意义,换言之,他们可能都会同意"历史乃精神实体之展现"这一关于历史哲学的基本看法。对于牟宗三这一"不悖于往贤"的自陈,唐君毅有一个更为详细的说明。唐君毅回溯中国固有的"即事言理"的学术传统,指出其要义在于"事实之判断,恒与价值之判断相俱"。《春秋》褒贬讳显之笔法,即于历史写作中开注重价值判断之先河,故实可谓"中国历史哲学之祖也"。《左传》述事之后的"君子曰"之言,《史记》之赞语,亦明确地表达着价值判断。而且,"大率后之修史者,皆寓其对历史之价值判断于史书之做法及史传之序、赞、论之中。……至王船山乃有《读通鉴论》《宋论》之作,……其书既即事以言理,复明理以断事,乃见理之贯注于事中,复超越洋溢于事外,乃真可语与历史哲学之论"。❷

在此值得指出的是,唐君毅此处所说的中国的历史哲学传统和前引柳诒徵所说基本一致,都是注重精神在历史中的意义,进而注重历史写作中价值判断的意义。笼统地来看,这一点可以说是中国

---

❶ 牟宗三:《历史哲学》,旧序一,第2页。
❷ 唐君毅:《中国历史之哲学的省察》,载牟宗三:《历史哲学》,广西师范大学出版社2007年版,附录一,第351页。

固有的历史哲学传统与黑格尔历史哲学观念的共同点,不过,在更深的层次上,二者之间仍有重要的差异。用黑格尔式的"精神实体"概念来解读中国古典思想中的"道"或"理",其正当性必须归于牟宗三、唐君毅等人对中国古典思想的独特理解。略去这一点不说,更深的差异在于,中国固有的历史哲学传统注重精神在历史中的意义,进而注重历史写作中价值判断的意义,主要是将历史理解为精神的客观落实,而对精神的这一客观落实是否具有一个内在的发展过程则不甚措意。黑格尔则不然,他不仅以历史是精神的客观落实,而且强调历史就是精神自身的内在发展过程。换言之,如果说中国固有的历史哲学传统以历史为一个理势交织的过程,那么,其中的理基本上是恒常之理,或曰"大卜之定理",其中的势则被关联于不断变动的实际处境,在哲学的意义上被归为气,于是,在对历史的哲学理解中,虽然也有变化的概念,但变化的根源并不在于理,而在于气,或者说,历史中的变化是由不变的理和变化的气的互动而产生的;在黑格尔的历史哲学中,精神对于不同民族的占用只是为了实现自己,也就是说,作为历史之主体的精神本身就有一个内在的变化、发展过程,而这恰恰是历史之为历史的根本所在。

质言之,唐君毅、柳诒徵所谓的中国固有的历史哲学意在通过对族群过去的存在经验的反思去揭示作为族群生活之天命的恒常之理,或者反过来说,意在以作为族群生活之天命的恒常之理为标准去透视、反思族群过去的存在经验。黑格尔的历史哲学则意在揭示精神实体——作为族群的占用者——如何在族群的过往经历中展现自身的内在发展脉络。站在黑格尔的立场上看中国,可能会认为,在中国人的生活世界中,根本就没有历史观念——也就是说,没有进步,因为缺乏一个自身内在发展的精神概念——实际上这也正是黑格尔的一个著名看法。反过来，站在中国固有历史哲学的立场上看黑格尔，则可能会认为，黑格尔的历史主义难脱虚无主义的嫌疑，因为黑格尔实际上是将天理泯灭的过程理解为历史进步的过程。这两种互镜的观点看起来都很耸人听闻，其实都包含着深刻的洞见。

对于以王船山为代表的中国固有的历史哲学与黑格尔的历史哲学的这种深层差异，牟宗三显然缺乏足够的认识和重视。可以说他的基本立场与黑格尔是一致的，因为他和黑格尔一样，有着明确而强烈的关于历史进步的目的论信念。也正因为如此，他在许多方面赞同黑格尔对中国历史的看法，并企图以类似于黑格尔式的方式将历史进步的目的论信念植入以王船山为代表的中国固有的历史哲学传统中去。不过，牟宗三对历史进步的理解在某种意义上又可以说是反黑格尔的，因为他将历史进步的动力因素直接归于良知善意，而不是像黑格尔那样归于私情恶欲。这一差异也导致他对黑格尔历史哲学的批评。他认为自己"不悖于往贤，而有进于往贤者"在于本内圣之学开出新外王，实际上，同样可以想见，他也一定认为自己有不悖于黑格尔而有进于黑格尔者，且这一点恰恰又表现为，在康德哲学的基本架构的影响下，藉以王船山为代表的中国固有的历史哲学传统的精神资源去批评、改进黑格尔的观点。

上文已经提到，牟宗三在《历史哲学》第三版序言中讨论了"历史哲学所依以可能的三个关键观念"，而且已经分析了其中的第一个。第二个和第三个关键观念——前者旨在明具体的解悟与抽象的解悟之别，后者旨在明历史判断与道德判断之别——表面上看起来仍在黑格尔的语脉中运思，其实恰恰显示出牟宗三在对历史哲学的理解上与黑格尔的迥然不同。抽象的解悟即"普通所谓科学方法"，即"使用概念以类族辨物之谓也"，亦即"分类、定义、分析、综合、演绎、归纳等手续是也"。❶具体的解悟则是"如其为一事理之事而了解其对于理念的表现之作用或意义";换言之,具体的解悟乃是"依事理之事之辨证地体现理念而可能"。❷从这种对比性阐述来看,牟宗三所谓的抽象的解悟与具体的解悟之别似乎就是黑格尔所注重的知性思维与理性思维之别,但实际上并非如此。

首先,牟宗三将抽象的解悟与具体的解悟严格地对应于第一个关键观念中所区以别之的物理与事理,而在黑格尔那里,非常明显的是,知性思维与理性思维之别就是科学思维与哲学思维之别,这意味着,二者都能够被运用于对自然事件和精神事件的理解。具体来说,知性思维运用于自然领域和历史领域就是自然科学和历史科学,理性思维运用于自然领域和历史领域则是自然哲学和历史哲学。换言之,知性思维与理性思维的区别是思维层次上的区别,而与思维对象领域上的区别并不直接对应。

其次,牟宗三赋予了具体的解悟以黑格尔所没有的意义。黑格尔以哲学之思为具体之思,而区别于科学上的抽象之思。黑格尔用"理觉"(*Begriff*)一语来表达哲学的具体之思,意指思之内容并非来自外在,而是由思本身所给出。❸牟宗三在《历史哲学》第三版序言中称具体的解悟为"辨证的直觉",以之为"通情达理的具体智慧",因而,"事理是历史哲学可能之客观根据,而辨证直觉之具体

---

❶ 牟宗三:《历史哲学》,旧序三,第5页。
❷ 牟宗三:《历史哲学》,旧序三,第5—6页。
❸ 参见 T. M. Knox 在黑格尔《法权哲学》英译本的译者前言(*Hegel's Philosophy of Right*, Oxford University Press, 1967, VIII)中对"*Begriff*"的解释。"*Begriff*"是理解黑格尔思想的一个关键词,英译为"concept"或"notion",此处译为"理觉",取其理之自觉之义;与之相应,"*Idee*"(英译为"Idea")建议译为"理典"。贺麟将"*Begriff*"译为"总念",强调了其与一般所谓"概念"的差异,参见贺麟为《小逻辑》中译本(三联书店1954年版)所写的译者引言。

历史的嫁接

解悟则是其可能之主观根据"。❶如果说从这里的表述还不能看得很清楚的话,那么,在《历史哲学》第一版刚刚出版后牟宗三为酬答唐君毅为该书所写的书评(即《中国历史之哲学的省察》)而写的《关于历史哲学——酬答唐君毅先生》(发表于《民主评论》,1956年2月,第7卷第4期)一文对于具体的解悟的阐述则更为明确。牟宗三先是援引"主观性是真理"的存在主义命题,来说明解悟、证悟与彻悟的区别:"以前有解悟、证悟、彻悟之说,弟认为解悟是非'存在'的,到证悟、彻悟方是存在的。证悟通着两面说:一是吾兄所说艰苦一面,一是由艰苦奋斗中翻上来所肯定的一面。这都必须要在'存在的实践'中真实感受到才行。此可曰'存在的感悟',亦即所谓'证悟'。彻悟则是圆融成熟的化境,此亦可曰神化,存在的神化。解悟是聪明的作用、理智的作用,是可以依理路而推至的。一落于理智之依理路而推至,则便是悬挂起来而成为非人格的、非存在的,故曰抽象的思辨。"❷之后,他就直接以具体的解悟与存在的证悟为一回事,并继续借助黑格尔的术语和思想说:"具体的解悟把握具体的普遍性:此是践履的、动态的;此并不要通过归纳分类,而只要通过存在的证悟,在精神发展之认识中以把握之。"❸就是说,在黑格尔那里,具体的解悟作为理觉,仍然是一种客观的认知,即理知;而在牟宗三那里,具体的解悟则是指"体觉",或者说"体悟",强调的是一种主观的认知,即体知。即使援引精神哲学中"主体与实体同一"的原理而言理觉就是体觉,

---

❶ 牟宗三:《历史哲学》,旧序三,第6页。
❷ 牟宗三:《关于历史哲学——酬答唐君毅先生》,载《历史哲学》,广西师范大学出版社2007年版,附录二,第364页。
❸ 牟宗三:《关于历史哲学——酬答唐君毅先生》,载《历史哲学》,广西师范大学出版社2007年版,附录二,第369页。关于具体的解悟与抽象的解悟的区别,亦可参见《人文讲习录》中题为《具体的解悟与抽象的解悟》的讲辞,见《牟宗三先生全集》第28卷,联经出版公司2003年版,第53—59页。

理知就是体知,只是前者侧重客观,后者侧重主观,也仍然不能消除牟宗三与黑格尔对具体的解悟的理解上的根本性差异。理觉诉诸哲学的理解,体觉诉诸精神的体验;理觉依赖于理的内在自觉,体觉依赖于心与理的当下合一。

最后,正是由于牟宗三将"具体的解悟"理解为"存在的证悟",所以,尽管他在谈到"具体的解悟"时也像黑格尔一样使用了"辩证"一词,但实际上,他的辩证概念与黑格尔有根本的不同。关于这一点,在牟宗三1993年所做的一次题为《超越的分解与辩证的综和》的演讲中,阐述得比较清楚。其中最关键的,在于他强调要在中国传统所谓工夫与本体的区分下理解"辩证",于是有"工夫辩证"的概念:"依中国传统,一说'辩证',就预设有'工夫'与'本体'的分别。……工夫完全将本体呈现出来,本体与工夫合一,这可说是'辩证的综和'。依此义而观,'辩证'一问题本是属于工夫上的问题,而不是本体上的问题。"❶中国传统中的工夫论是关乎修养的概念,证悟是其中当然之义。因此,相应于他将"具体的解悟"理解为"存在的证悟",牟宗三实际上将"辩证"——即他所谓的"工夫辩证"——理解为工夫修养中的证悟历程。正是站在这样一个立场上,牟宗三认为,"说到辩证的综和必先预设康德批判的分解",并在这一点上对黑格尔提出了强烈批评:"唯有在工夫中才能引起黑格尔所说的'理性的诡谲'、'辩证的综和'。存在本身无所谓诡谲,亦无所谓辩证。黑格尔最大的错误是在这里有所混漫!西方哲学家对此早有不满,如罗素即批评黑格尔把thinking process和existent process等同化,到最后把上帝也拉到辩证里去。黑格尔的《大逻辑》从空洞的绝对存有,即上帝,开

---

❶ 牟宗三:《超越的分解与辩证的综和》,见《牟宗三先生全集》第27卷,联经出版公司2003年版,第460、462页。

始起辩证，通过辩证过程，渐渐充实化它自己，以至于完成它自己。这样一来，辩证的过程即是存在的过程，这就成了最坏最危险的思想，足以扰乱天下。因为上帝本来是最稳定的祈祷的对象，或工夫体证的本体，现在把它拆散下来，混同于工夫中之辩证，则世界无不在斗争之纷扰中，这种思想便成大乱之源，此即孟子所谓'生于其心，发于其事，害于其政。'"❶

　　换一个角度来说，实际上牟宗三对黑格尔的辩证法始终不甚措意，尽管他口头上非常强调黑格尔历史哲学中的辩证因素。比如说牟宗三对秦始皇废封建、设郡县的评价。我们知道，王船山在《读通鉴论》一开篇就肯定秦始皇废封建、设郡县的历史功绩，指出秦"罢侯置守"尽管是出于"私天下之心"，但这只不过意味着"天假其私以行其大公，存乎神者之不测"。王船山的这一看法与黑格尔以历史为"理性的狡计"（牟宗三译为"理性的诡谲"）颇有可资印证之处，贺麟在《王船山的历史哲学》一文中有详细的阐发。❷牟宗三对此当然非常清楚，也在不同的层面上一分为二地评价这一历史事件，但对于道德评价的特别强调使他在根本的意义上不可能真正认同以理性的狡计来理解这一历史事件。在《历史哲学》第二部第三章《秦之发展与申韩》中，我们可以看到，牟宗三对秦朝基本上不予丝毫的肯定，以秦始皇为秦之"物量数量之精神""发展至最后阶段之一大歪曲者"。❸这可以代表牟宗三对秦朝的基本评价。在《政道与治道》一书中，牟宗三至少两次提到秦始皇的废封建、设郡县。一次是疏解王船山《黄书·古仪》中有

---

❶ 牟宗三：《超越的分解与辩证的综和》，见《牟宗三先生全集》第27卷，第460、463页。
❷ 该文最初发表于1946年10月出版的《哲学评论》第10卷第1期，之后收入《文化与人生》，商务印书馆1947年版。
❸ 牟宗三：《历史哲学》，第120页。

关"孤秦"的议论,对于废封建的意义,他紧扣王船山的观点而在政治形态本身之演进上肯定之,而在文化意识上否定之:"废封建,于君主之私与天下之公,两无利焉。于君主之私无利,则在其无藩屏而一君孤悬。于天下之公无利,则在其无藩屏以贞固神区。以文化意识为主,则重在后者。此船山之所真切言之者。然进入政治,自政治形态本身之演进言之,则废封建,虽源于君主之自私,亦有公理为其私所带出。此即将天下自封君贵族之私有中解放出。此亦是一步公也。"❶另一次他则明确以"人类历史即是人类修炼工夫之过程"为立论之出发点,故只在"升举转化之价值"的意义上肯定之——所谓"被转化之破铜烂铁亦有价值"。❷在《超越的分解与辩证的综和》一文中,牟宗三正是在解说他的"工夫辩证"的概念时提到对秦始皇废封建设郡县的评价,并认为王船山"天假其私以行其大公,存乎神者之不测"的评价正是对黑格尔所谓"理性的狡计"的"最恰当的说明",而且是一个普遍性的真理,但是,马上又强调说:"唯有在工夫中才能引起黑格尔所说的'理性的诡谲'、'辩证的综和'",显示牟宗三仍然在他独特的"工夫辩证"的意义上理解"理性的狡计",而并未真正在意黑格尔意义上的辩证法,尽管辩证法恰恰是黑格尔历史哲学的基本骨架。❸

与此相应,牟宗三为说明历史哲学何以可能而提出的第三个关键观念——明历史判断与道德判断之别——亦有可说之处。在牟宗三看来,"道德判断是对一个人的行为问它是否依'当然之理'而行,即对行为之动机作探究,看其是否依一'无条件的命令'而发

---

❶ 牟宗三:《政道与治道》,见《牟宗三先生全集》第10卷,联经出版公司2003年版,第207页。
❷ 牟宗三:《政道与治道》,见《牟宗三先生全集》第10卷,第277页。
❸ 牟宗三:《超越的分解与辩证的综和》,见《牟宗三先生全集》第27卷,第463页。

动,而无条件的命令是发自自由意志(或良知)的"。❶首先需要说明的是,牟宗三这里的"道德判断"概念与规范伦理学术语中的"道德判断"概念不同,而是相当于"道德评价"概念。在规范伦理学术语中,道德判断是指行为者依一定的道德观念而对将行之事是否应当所做出的判断,因其直接关联于意志的选择而成为行为的一个内在环节;道德评价则是依一定的道德观念而对已经发生的行为是否应当所做出的评价,因其发生于事后而不能将之归于行为内部。一般而言,道德评价因所依道德观念的不同而有动机论与效果论之别。牟宗三因其服膺康德式的道义论(deontology)而在道德评价——即他所谓"道德判断"——的问题上明确持动机论立场,且将这一点扩展到了他对历史判断的理解上。那么,什么是牟宗三所谓的历史判断呢?"历史判断者依辨证直觉之具体解悟对于辨证之理中的事,就其辨证地体现理念之作用或意义而辨证地鉴别之也。"❷由于这里的"辨证直觉之具体解悟"乃"工夫辩证"意义上的"存在之证悟",所以,牟宗三意义上的历史判断仍然不能脱离动机论意义上的道德评价——也就是他所谓的道德判断。而且,"辩证"不是理念自身的辩证运动过程,而是理念的作用或意义上的辩证,实际上就是理念落实到客观世界中时所遭遇的运会中的曲折——牟宗三所谓历史精神,恰恰就是指运会中的曲折。❸因此,牟宗三所谓历史判断,只不过是带有历史处境考量、动机论意义上的道德评价而已。换言之,虽然他——依照自己的术语——提出了历史判断与道德判断之别,并认为只有讲历史判断才能"引进历史",从而才有历史哲学的可能,但是,他的历史判断仍属于他所谓的道德判断,只不过更强调历史处

---

❶ 牟宗三:《历史哲学》,旧序三,第6页。
❷ 牟宗三:《历史哲学》,旧序三,第6页。
❸ 牟宗三:《历史哲学》,第4页。

境而已。以对秦始皇的评价为例，正因为牟宗三在动机论的道德评价的意义上理解历史判断，所以对于秦始皇的"废封建、设郡县"他无法有丝毫的肯定。同样，就朱熹与陈亮对汉唐的不同评价——这是牟宗三在《历史哲学》第三版序言中阐述历史判断与道德判断之别时所重点讨论的，并在《政道与治道》第十章充分展开——而言，牟宗三认为，朱熹轻视汉唐"纯依道德判断而言，固不能引进历史"，而陈亮"依英雄主义而推尊汉唐，仍不足以表示历史判断"。❶

总之，就历史哲学的概念和意义而言，牟宗三不满于钱穆、柳诒徵等人在历史科学层次上的国史写作（尽管二人已经非常强调精神或哲学意义上的理在历史中的作用，也就是唐君毅所说的价值判断在历史理解中的重要性），强调历史哲学层次上的国史写作的重要性；而在历史哲学层次上，牟宗三在基本立场上与黑格尔一致，但亦不满于黑格尔，不同于黑格尔，于是又调动中国固有历史哲学传统中的精神资源批评黑格尔。唐君毅在为《历史哲学》所写的书评中对牟宗三的这一写作意图有一个非常透彻而完备的概括："中国昔亦非无历史哲学，唯融于经史之学中耳。中国先儒之不详于历史哲学，唯以数千年来中国有一一贯相承之文化系统，其中之道之所存，大体为人所共喻，故不需繁说耳。然今则时移势易，吾人已与一迥然不同之西方文化系统相遇，则前之所共喻而不需繁说者，乃不得不待于重加研察，表而暴之，为之博喻繁说；则必有继船山之遗志，面对西方之学术文化之冲激，重新自觉中国之历史文化之道之理之所在，为中国之历史文化作一哲学的说明，以辟西方历史哲学之论而易之者，应时而兴。此即牟先生此书之所为而作也。"❷

---

❶ 牟宗三：《历史哲学》，旧序三，第6页。
❷ 唐君毅：《中国历史之哲学的省察》，载牟宗三：《历史哲学》，广西师范大学出版社2007年版，附录一，第352页。

三 良知、历史与完善

众所周知，牟宗三的道德形而上学借鉴于康德之处甚多。相比之下，他的历史哲学则更多地处于与黑格尔的思想交涉之中。牟宗三对黑格尔的历史哲学评价很高，而且在他建构自己的历史哲学时深受其影响，尽管在一些根本点上二者之间存在着关键性的差异。在《黑格尔与王船山》一文中，牟宗三评价黑格尔说："他的心胸识量很少有能超过他的，甚至我们说他实超过以往的任何大哲学家。"❶牟宗三在此所推重的，并不是黑格尔哲学的整个体系，而主要是黑格尔的精神哲学，即"他的关于历史、国家、法律、艺术等方面的哲学，也就是整个人文世界方面的哲学"，尤其是黑格尔的历史哲学以及与历史哲学密切相关的、关于理性国家之理念的法权哲学，认为黑格尔"在这方面的贡献是不朽的"，而且也正是"在这方面见出他的识量解悟智慧实超过以往任何大哲学家"。❷对此，牟宗三解释说，西方哲学传统因注重形而上学与知识论问题而善于发挥人类的抽象解悟力，但黑格尔却是"具体解悟力特别强，故能精解历史，乃至整个人文世界"。❸对于黑格尔的"纯哲学"，亦即逻辑学，牟宗三则颇有微词，认为那只不过是在"耍把戏"："读其纯哲学方面的书者，觉其所言好像是一个无眉目无异质的混沌在那里滚，如滚雪球，愈滚愈大，而且只是同质地滚。"❹藉此，牟宗三

---

❶ 牟宗三：《黑格尔与王船山》，见《生命的学问》，三民书局1970年版，第174页。
❷ 牟宗三：《黑格尔与王船山》，见《生命的学问》，第174页。
❸ 牟宗三：《黑格尔与王船山》，见《生命的学问》，第176页。
❹ 牟宗三：《黑格尔与王船山》，见《生命的学问》，第172页。对于黑格尔的自然哲学，牟宗三没有提到。

断言，黑格尔——像王船山一样——虽不是一个"好的哲学家"，但却是一个"好的历史哲学家"。❶

须知在黑格尔的哲学体系里，恰恰是作为"纯哲学"的逻辑学处于一个奠基性的地位，构成自然哲学与精神哲学的思辨基础。黑格尔虽然命名为逻辑学，但这种思辨逻辑既不同于亚里士多德意义上作为思维之工具的形式逻辑，也不同于康德意义上为知识清理地基的先验逻辑，而是试图在一个以辩证法为主要特征的时间—历史性视域上处理一般哲学分类中的存有论问题。牟宗三对黑格尔哲学的这种参差理解实际上也透露出，尽管牟宗三正确地指出了黑格尔哲学的特点和长处在于"辩证的综合"，而且敏锐地强调了"辩证的综合"对于理解历史和人文世界的特殊重要性，但其实他对黑格尔的辩证法并不置重。在牟宗三那里，虽然也像黑格尔一样以精神为首出，但并没有将黑格尔意义上的辩证法理解为精神发展的内在法则，因此，黑格尔意义上的这种辩证法在牟宗三那里不仅在存有论上没有什么地位，在历史哲学中也谈不上重要。

黑格尔认为历史哲学最根本的一点是要以哲学的观点来规范历史，具体表现即是依照哲学为历史确立一条先验的原理。牟宗三从根本上接受了黑格尔的这一主张，尽管他根据他自己的哲学而为历史确立的先验原理与黑格尔的有很大的不同。牟宗三建构历史哲学的理论出发点是他通过对儒家传统思想的重新诠释而阐发出来的道德理想主义。在谈及《道德的理想主义》一书的中心观念时，牟宗三说："此中心观念为何？曰即孔孟之文化生命与德慧生命所印证之'怵惕恻隐之仁'是也。由吾人当下反归于己之主体以亲证此怵惕恻隐之仁，此即为价值之根源，亦即理想之根源。直就此义而曰'道

---

❶ 牟宗三：《黑格尔与王船山》，见《生命的学问》，第 176—177 页。

德的理想主义'。"❶在该书中,"怵惕恻隐之仁"也被称为"悱恻之感的良知之觉",也就是牟宗三在不同语境中称之为心体、性体或仁体的良知。我们知道,作为一个道德形而上学(moral metaphysics)的概念,牟宗三所谓的良知实际上是为形而上学奠基的。❷因此,非常直接,作为本体的良知,就当然地成为一个可能的历史概念的绝对起点。换言之,既然良知乃是本体,那么,历史也就只能是良知的历史。

在黑格尔那里,历史的实体是精神,历史表现为精神的发展历程,而自由——作为精神的本质特征——则是历史的归宿。在牟宗三那里,历史的实体是良知,历史表现为良知的实现过程,而历史的归宿则是道德上的完善,也就是大同理想。就精神在黑格尔哲学中的地位和良知在牟宗三哲学中的地位的相当性而言,二者关于历史哲学的这两个先验原理也具有相当性。这自然表明牟宗三将他自己的新儒学体系中的良知与黑格尔哲学体系中的精神作了某种会通性的理解。❸不过,新儒家的中西会通有时具有实质的意义,有时则仅具形式的意义。牟宗三为历史确立的先验哲学原理在实质的意义上亦与黑格尔呈现出很大的不同。在黑格尔那里,精神的本质特

---

❶ 牟宗三:《道德的理想主义》,学生书局1978年修订三版,序,第5页。
❷ 这一思路或许在形式上类似于勒维纳斯以伦理学为超越存有论之上的第一哲学的做法,但也只是形式的类似。
❸ 尽管在何种程度上强调这种会通的意义乃为恰当并不是一个轻易能够回答的问题,但是,有必要指出,这种类似的会通不独出现在牟宗三的思想中,比如说,在贺麟、唐君毅的思想中亦然,而且,注意到这种会通对于理解熊十力以来处于中西比较语境中的新儒家思想至关重要,其思想倾向甚至成为这个思想群体获得身份认同的一个重要标志,比如说,在牟宗三等人对胡适、冯友兰关于中国哲学的理解的批评中这一思想倾向所起的作用就是根本性的。此外,从会通资源上的差异而将贺麟、牟宗三等人与胡适、冯友兰等人在重新诠释中国哲学之思想倾向上的差异,理解为欧洲大陆哲学与盎格鲁—撒克逊哲学在现代中国哲学之表现上的差异确乎是一个正当的视角,但亦相当外在。

征乃是自由，这是"思辨哲学已经表明了的"：精神"就其本性而言是活动的，活动乃是它的本质；它是自己的产品，既是自己的开端，亦是自己的终结"，换言之，精神是"依靠自我本身而存在的，而这正好就是自由"。而且，也正因为如此，精神的自由"并不见诸静态的事物，而是见诸对所有那些威胁要摧毁自由的事物的不断否定。精神的要务就是生产自己，使自己成为自己的对象，以获得关于自己的知识。以这种方式，它而为自己而存在。"❶这就意味着说，就历史作为精神的表现而言，历史是精神自我发展、因而也就是精神自我认识的过程；就自由作为历史的归宿而言，自由的获得必须经过不断的辩证否定过程。

相比之下，在牟宗三那里，良知的本质特征乃是纯然至善，此亦即康德所赋予善良意志的根本特征——无条件的善或曰自在的善。就是说，尽管牟宗三也将良知理解为精神生命，但却不能——像黑格尔的精神哲学那样——将良知的本质特征理解为自由。良知的纯然至善乃是一个形式化的指谓，完满的落实乃是其最终的目的；而精神的自由则具有实质性的意义，本身就是目的，其落实只是精神自我发展、自我认识的工具，精神最终的目的恰恰是要从任何落实的形态中摆脱出来而回到自身以成就自身的自由。再者，精神的自由意味着对有限事物的不断否定和摧毁，而良知在落实中的完善意味着对有限事物的不断肯定和成全。尽管否定之否定也就是肯定，摧毁也是为了达到更高的成全，但是，二者在这里的差异仍然是明显的。具体来说，良知在落实中的完善过程靠的是学习和修养，靠的是德行的日进无疆，所谓"盛德大业至矣哉"；而精神的进展却要靠理性的狡计。更有甚者，从牟宗三的良知观念来看，黑

---

❶ G. W. F. Hegel, *Lectures on the Philosophy of World History*, translated from the German edition of Johannes Hoffmeister by H. B. Nisbet, Cambridge University Press, 1975, p. 48.

格尔的精神根本上来说是不道德的。理性的狡计不光有假私济公、假恶济善的一面,还有扬私抑公、扬恶抑善的一面。换言之,黑格尔颇有一点"天地不仁,以万物为刍狗;圣人不仁,以百姓为刍狗"的意思,而牟宗三颇有一点"显诸仁,藏诸用,鼓万物而与圣人同忧"的味道。总之,如果说黑格尔历史哲学的基本思路是精神为历史立法的话,那么,牟宗三的思路则是道德为历史立法;而且,尽管这里的"道德"与"精神"在某种意义上可以会通,但其中的差异更不容忽视。

在确立了良知作为历史的实体之后,对牟宗三来说,下一步尚须阐明与良知对抗的力量,以便说明良知的实现必然地乃是一个历史的过程:良知乃是道德上的当然之理,而与良知对抗的力量构成客观上的必然之势。换言之,仅有良知尚不足以构成一个历史概念,因为纯然至善的良知本身无所谓历史,它只能是永恒的本体性存在;只有当良知的呈现必然遭遇到某种对抗性力量的阻碍,良知的呈现必然地表现为一个过程,才可能有历史的概念,因而历史才可能是良知与阻碍良知呈现的对抗性力量之间的斗争且以良知的胜利而告终。那么,在牟宗三那里,阻碍良知呈现的对抗性力量是什么呢?要回答这个问题,就必须转到牟宗三建立在道德形而上学或曰道德理想主义基础之上的人性论思想。

在《道德的理想主义与人性论》一文中,牟宗三开篇就申说"人之所以为人处",即孟子所说的"人之所以异于禽兽者",就在于人皆有"怵惕恻隐之心",即良知;换言之,人之为人的尊严,即人与动物的区别,就在于良知。❶于是,人性也"就从这里说":

---

❶ 黑格尔在关于历史哲学的演讲中也多次提到人与动物的区别,但他将这种区别归结为思想(thinking)而非良知。这里虽然仍有会通的可能,因为良知亦是某种思想(如孟子所谓"心之官则思"),而思想之极致亦可以说是涵盖乾坤的精神,但二者各自所引发的意义还是很不相同的。

"良知之觉,怵惕恻隐之心,既是人的特点,所以这就是人的性。"❶ 因此,良知作为形而上的客观实在,既是人的存在的根据,又要通过人的主体的觉悟和实践得以呈现,这基本上概括了良知作为精神性本体的存在方式。对人性的这种道德形而上学的理解,可以说是牟宗三所倡导的道德的理想主义的第一要义,由此推出"人类社会实践的指导原则",也就是实践判断的道德标准:"'怵惕恻隐之心'或'悱恻之感的良知之觉'为一切实践,个人的及社会的,所以可能的普遍而必然的条件。"❷ 由此也进一步引申出历史判断的道德标准:"人的任何实践皆不能离开'怵惕恻隐之心'这个普遍条件的笼罩。若是离开这个普遍的条件而尚可以为实践,则那实践必不是实践,只是动物性的发作,在人间社会内必不能有任何价值或理想的意义。当然,在政治或社会的实践中,必不只是这个普遍的条件,而且常亦不能很纯地表现这个条件,即其中必有夹杂。"❸

这里已经非常明白地显示出来,历史的不纯粹与夹杂其实与"动物性的发作"有密切关系。人与动物的区别,不仅是牟宗三站在道德理想主义的立场上看待人性的着眼点,而且也是牟宗三以道德理想主义为基础建构一个历史观念的关键。如果我们笼统地说历史总是光明与黑暗的交织,那么,在牟宗三看来,历史中的光明应当归因于人性的彰显,而历史中的黑暗应当归因于动物性的发作。在《历史哲学》一书的第一部第一章第一节,牟宗三对此有更为明确的阐述:"原夫历史精神之所以是一个综合词,一方故因现实的发展是曲折的,而根本原因则在人类之有动物性。现实的发展之所以曲折宛转,亦正因人类之有动物性。……所以人类虽有一颗向

---

❶ 牟宗三:《道德的理想主义》,第25页。
❷ 牟宗三:《道德的理想主义》,第34—35页。
❸ 牟宗三:《道德的理想主义》,第24页。

上的道德的心之抒发理想（这是他的神性），但你也必须知他尚有动物性。……以向上向善为本愿，则动物性的发作、夹杂、驳杂，甚至于乖谬邪僻，那都是本愿的提不住、扭不过。……本愿与'动物性的发作及本愿之提不住'这两方面合起来，就形成现实发展中的历史精神。"❶

历史就是人性与动物性这两种各自代表善恶的不同力量相互斗争、彼此消长的过程，这是牟宗三以道德理想主义为出发点建构历史哲学的关键步骤。在此基础之上，牟宗三——亦像黑格尔那样——引入民族的概念来理解普遍人性的特殊表现："在民族生命的集团实践中，从抒发理想的道德的心而来的观念形态，各民族是不会一样的，就现在讲，东方与西方的文化系统就不同。其原因是在：那抒发理想的道德的心，其内容与方面非常丰富，而其本身又带创造性，而人又受动物性的限制（广言之，即物质性或古人所谓气质的限制），所以它不能一时全体表现。既然不能一时全体表现，则自有各种方向。其首先出现哪个方面，具备何种形态，这是没有逻辑的必然理由的，只有集团实践中历史的理由。"❷

尽管良知作为普遍人性先天地赋予了每个人，但是，在人类以民族方式存在的集团实践中，人性的表现又是特殊的，而且这种特殊性在逻辑上并非必然。于是问题就在于，民族如何从其特殊性的存在走向普遍性？这个问题换一种问法就是：从特殊的民族性如何达至普遍的人性？牟宗三对此的回答是：各民族通过不断地学习走向完善，换言之，世界历史就是各民族互相学习、互相完善，因而也是互相成全的过程。在《历史哲学》第一版的序言中，牟宗三以概括性的口吻说："精神表现之各种形态，各种原理，其出现也，在

---

❶ 牟宗三：《历史哲学》，第4—5页。
❷ 牟宗三：《历史哲学》，第5页。

各民族间，必有先后之异，亦有偏向之差，而其出现之方式亦有综合与分解之不同。是以人类各民族之精神表现，必在其发展奋斗中，刮垢磨光，而趋于系统之完成，归于精神之大通。故历史之精神表现即是一部在发展途程中以求完成之哲学系统。"[1]

概而言之，牟宗三对民族性与人性之关系的看法主要有三点。首先，民族性是普遍人性的特殊表现；其次，民族性之所以表现为特殊性，之所以有局限，从消极方面看当然是因为受动物性的限制，从积极方面看则是因为人性本身的丰富性和创造性；再次，不同民族以不同的方式——也就是特殊的方式——表现普遍的人性，其中的特殊性在逻辑上并不具有必然性，其之所以如此的理由只能是历史的。牟宗三在历史哲学中引入民族的概念与近代以来中国全方位遭遇西方的实际处境有直接关系，所以，虽然民族是一个更为广泛而抽象的概念，但在牟宗三的关切中主要指向中国与西方。而且，依一般所谓民族的概念，西方当然并不是一个民族，但牟宗三对此毫无措意，这表明他这里用来建构历史哲学的民族概念实际上比较笼统，主要是一个文化类型学的划分概念，与梁漱溟在《东西方文化及其哲学》中对中国文化、西方文化和印度文化的划分基本类似。

在牟宗三的这个文化类型学意义上的民族概念背后，隐藏着民族平等的诉求，这一点也是应当被指出的。如果将之分别与牟宗三在历史哲学问题上极力推崇的王船山和黑格尔相比，这一点则会更加清楚。在以明遗民自居的王船山那里，民族问题可谓重中之重，前有蒙元，后有满清，从文化上还有佛教的流行，所有这一切都被纳入作为春秋大义的夷夏之辨中加以考察、刻画、规范。但是，在

---

[1] 牟宗三：《历史哲学》，旧序一，第2页。

王船山以理势关系为主导的历史哲学框架中，民族的概念并没有什么理论地位。王船山——正如牟宗三所言——和黑格尔一样都在哲学的高度上把握历史，而且二者都有非常鲜明的立场——从一种外在的批判性视角来看前者表现为华夏中心论，后者表现为欧洲中心论乃至日耳曼中心论，但是，与王船山不同的是，在黑格尔那里，很大程度上由于要继承并消化以赫尔德为代表的、作为浪漫主义的重要来源之一的、以文化多元主义为核心主张的"表现主义"，所以民族被刻画为世界历史展开自身的基本单位："精神根本上来说是个体，但在世界历史的领域里，我们不关心特异性，不需要将我们自己局限在个案之中，也不需要回溯它们后面的一切。历史中的精神乃是一个既有普遍之本性同时又有特殊之定性的个体，简而言之即一般所谓的民族，就是说，在此我们所关心的精神乃是民族精神。"❶

在此，牟宗三不同于王船山之处，在于他直面新的处境而将民族性的集团实践作为把握世界历史的一个基本单元，背后是民族平等的重要诉求——他曾以"兴灭国、继绝世"的春秋大义谈论这一

---

❶ G. W. F. Hegel, *Lectures on the Philosophy of World History*, p. 51. 关于黑格尔与浪漫主义及其思想来源的关系，参见查尔斯·泰勒：《黑格尔与现代社会》，徐文瑞译，台北：联经出版事业公司1990年版，第1页以下。"表现主义"（expressivism）是泰勒的用语，不过这一用语的产生受到以赛亚·伯林对赫尔德的理解的直接影响，参见该书第1页译者关于这一用语的注解。泰勒指出，相对于启蒙运动以来形成的以人为"客观化的科学分析主体和对象"的支离看法，"赫尔德与另外一些人发展出一套不同的人的概念，其主要的意象是把人看作一种表现体。人的生命被视为具有一种统一性，类似于艺术作品的统一性，其中每一个部分或面向，唯有在与其他各部分的关系中才具有意义"。而"人之所以为表现性的存有者，是因为他隶属于一文化，而文化则是在一个共同体之中维系、发育与传承"。这样的共同体就是赫尔德所谓的作为"一特定文化的承载者"的"民族"，而且，更为重要的是，"每一个民族，在表现上均有它自己独具的中心主题或方式，独特而无法被取代，不应该受到抹杀，而且任何单纯地模仿其他民族表现方式的企图——例如许多有学养的日耳曼人刻意模仿法国启蒙哲学家——均无法取代它"。见该书第2—4页。

点。与此相联系，牟宗三历史哲学中的民族概念与黑格尔历史哲学中的民族概念既有相同之处，亦有不同之处。就相同之处而言，尽管牟宗三强调民族存在的特殊性就其何以如此特殊而言只能被归结为历史的理由而不能被归结为逻辑的理由，但因为民族性根本上还是人性的表现，所以他的民族性仍然同黑格尔一样是"既有普遍之本性同时又有特殊之定性"的，用他自己的话来说，民族性的特殊性是"形上地必然的"；就不同之处而言，由于牟宗三在此的一个主要关切在于强调任何一个民族在理论上都有可能通过自身的努力和不断的学习而达至道德上的完善，也就是达至良知的彻底实现（正是这一点关联于民族平等的诉求），所以，在某种意义上民族概念在他的历史哲学中的重要性又远远超过这一概念在黑格尔历史哲学中的重要性。由最后一点也可以看出，牟宗三这里隐藏的民族平等的诉求，实际上是指禀赋了共同人性的不同民族在追求道德进步上的平等，其背后的理论根源即是孟子所谓"人皆可以为尧舜"的普遍人性思想。

因此说，牟宗三以道德的理想主义为出发点建构了一个以良知为本体、以人禽之辨为主线、以民族为单位的多元会通的历史完善论，以历史为人类不断走向道德进步、不断达至道德完善的过程，因而也就是良知的实现过程，其中最重要的两点，一是强调以人性战胜动物性，一是强调从特殊的民族性达至普遍的人性。正是这样一个道德完善论的历史哲学框架，构成了牟宗三理解、刻画中国与西方之不同文化特性乃至相关的中国问题的理论语境。由于道德的理想主义作为他立论的出发点，乃是通过他对孟子的继承与阐发而得来的，所以，在他看来，就中国文化一直以儒家思想为主导这一点而言，世界历史在中华民族的集团实践中向来就有直接的表现。对于中华民族之民族性的理解和判断，是牟宗三在历史哲学语境中刻画中国问题的关键。众所周知，他以综合的尽理精神和综合的尽气精神刻画中国文化的特点，也就是中华民族的民族性，将之比照于西方文化的分解的尽理精神；且有甚于此，认为中国有前者而缺后者，西方有后者而缺前者。以综合与分解来划分中西文化的不同精神，这种做法既有其明确的渊源，又有其粗陋之处。

首先，关联于康德对人类心意能力的划分，"分解"一词的确义，在此可对应于知性。以此为立足点，与"分解"相对的"综合"一词则对应于理性。因此，大概可以说，分解的尽理精神与综合的尽理精神的区别在于，前者是指以知性的方式表现理性，后者则是指理性以直接的方式表现自身。在康德哲学中，这一区别也基本上对应于理论理性与实践理性的区别——当然如我们所知，牟宗三曾批评康德没有"实践理性充其极"。上文亦已提及，在黑格尔那里，知性与理性的区别意味着科学与哲学的区别。于是，我们看到，分解的尽理精神最直接的表现形态就是科学，以及与科学所必需的逻辑推理直接相关的概念思维。当然，这一点在康德的哲学框架内意味着对现象界的认知。那么，相对于科学作为分解的尽理精神的直接表现形态，综合的尽理精神的直接表现形态又是什么呢？答案当然是当下呈现的良知（或者笼统地说是道德），以及与良知的当下呈现直接相关的智的直觉（或者笼统地说是直觉思维）。我们知道，在康德那里，物因其被认知的可能与否而被区分为作为现象的物和在其自身的物（也就是物自身），人类的知性只能认知作为现象的物，神的理智——也就是智的直觉——才能认知物自身。牟宗三认为，在中国哲学中，无论是儒家，还是道家、佛家，都肯定人有智的直觉，因而都肯定人有能力认知物自身。因此非常清楚，牟宗三以分解的尽理精神与综合的尽理精神来区分西方文化和中国文化是建立在对现象与物自身的康德式区分的基础之上,再加之以对中国传统之儒、道、佛哲学中的精神和智慧——特别是儒家良知——的体会和理解,以及对中国没有发展出西方式科学的观察和理解。

问题是,现象与物自身的区分是康德哲学的独特内容,在西方哲学史上几乎可以说是独此一家,何以能被扩展至理解整个西方文化精神的特性呢?事实上,康德之后,费希特就开始取消物自身了,而到黑格尔开创精神现象学,以致再后来的现象学运动,智的直觉更是不言而喻,综合的尽理精神亦不会阙如。也就是说,"分解"与"综合"本来就是西方哲学内部的一对概念,这其实表明,在西方文化内部,自有其分解的尽理精神,亦有其综合的尽理精神。同样,牟宗三启用《易传》中"方以智"与"圆而神"的区分来表达分解的尽理精神与综合的尽理精神的区分,只不过表明,在中国文化内部亦是既有其分解的尽理精神,又有其综合的尽理精神。❶

其次,除了以分解的尽理精神与综合的尽理精神区分西方文化和中国文化之外,牟宗三还端出一个综合的尽气精神,认为这也是中国文化相对于西方文化的一个特点。"理"与"气"是宋代儒学中非常重要的一对概念,牟宗三所设定的"尽气精神"显然也是相对于"尽理精神"而言的。不过,对于尽气精神,显然不可能有分解,也就是说,不可能像尽理精神那样有分解与综合的区分。因此,在"综合的尽气精神"一语中,"综合"这一限定词即使不是多余的,也不再是与"分解"相对而言的那个"综合",而是只能被恰当地理解为"直接"。如果我们仍以康德对人类心意能力的划

---

❶ 牟宗三:《历史哲学》,广西师范大学出版社2007年版,第154页。

分为参照，那么，综合的尽气精神可以对应于离不开想象力之自由游戏的审美判断力。问题是，无论中西皆有其艺术精神——这一点根本不需要指出，何以谓综合的尽气精神乃是中国文化相对于西方文化的一个特点呢？比如"天才"（与"气"的概念相关）恰恰是康德论述审美判断力的一个重要概念，而"英雄"或"世界历史人物"恰恰是黑格尔历史哲学中的一个重要概念。

此外，聚焦于分解的尽理精神与综合的尽理精神的具体内容，我们会看到，牟宗三对于西方文化与中国文化之间的差异的概括主要有三项：在西方则是科学、民主制与宗教（牟宗三认为其特点是偏至，故亦称之为离教），在中国则是心性之学（如上所述，牟宗三论及儒、道、佛三教，此处的概念以儒教为主）、圣（君）贤（相）制与圆教（相对于离教而言）。那么，这三项差异又是如何在语义上被统一于分解与综合的差异呢？科学与心性之学的差异可以说直接对应于分解与综合的差异，在语义上没有问题。而民主制与圣贤制的差异——在《政道与治道》一书中，牟宗三将二者的差异刻画为理性的架构表现与理性的运用表现之间的差异——在某种意义上亦可以对应于科学与心性之学的差异，所以将之归于分解与综合的差异在语义上基本上可以说没有问题。但是，离教与圆教的差异并不能直接对应于科学与心性之学的差异，所以，这里的分解与综合的差异只有被转义为偏至与圆融的差异，才能得到合适的理解。❶ 这其实意味着，以分解与综合的差异来概括西方文化与中国文化在根本精神上的差异也依赖于对分解与综合这一对概念在语义上的转换。

---

❶ 牟宗三：《历史哲学》，第 155 页。尽管在牟宗三的叙述中，与科学中的概念思维相对的智的直觉是理解圆教不同于离教的关键，但是，离、圆之别却不能被简单地理解为两种不同思维在宗教（广义的）问题上的表现。

从牟宗三叙述中西文化之精神差异的次序来看，我们可以发现，他是先谈中国之为综合的尽理精神与综合的尽气精神，然后再谈西方之为分解的尽理精神。但实际上，我们亦可以看出，他其实还是以他所理解的西方文化的精神特征为基本参照来看待中国文化的，尽管最终他强调，相对于西方文化的隔离、偏至形态，中国文化中所具有的圆融精神在价值上更为高超。这一点尤其表现在他对科学与民主的重视程度上。这里或许有必要指出牟宗三对中西文化之精神差异的理解与"五四"新文化运动的关联。尽管民族主义是"五四"运动的直接动力，但有关国民性的话语，更明确地说是有关国民劣根性的话语，则是"五四"新文化运动中的最重要的内容之一，就此开出的药方则是被口号化了的科学与民主。牟宗三对待"五四"采取了一分为二的态度，对于"五四"新文化运动中所提倡的科学与民主的精神，他一生念兹在兹，对于"五四"新文化运动中所出现的从根本上否定中国文化之价值的做法，他深恶痛绝。因此，牟宗三并不像"五四"新文化运动中的主要干将们那样主张全盘西化，而是通过一种在他看来或许比较适度的反思将中西文化的精神差异收拢在"民族性总是普遍人性的特殊表现"这样一个历史哲学的论断中。相对于人性的普遍性，民族性的特殊性总是意味着有限的肯定，也就是既有优点，又有缺点；而且，在这个有限的肯定中，肯定是首要的，有限一方面可以说表现为局限，另一方面也是独特性的保证。进而，解决中国问题的唯一道路，也就是中华民族如何从民族的局限性达至普遍人性的唯一道路，就是在保持、继承自己的优点的前提下，直面自己的缺点，向着自己的未来提出要求，通过学习西方使自己具备原本不具备的分解的尽理精神。同样，由于"西方民族"的民族性也是普遍人性的特殊表现，所以，"西方民族"也应当向中国学习，具体来说应当学习中国文化中的圆融精神，以期达至普遍人性的全幅实现，也就是道德上的完善。

在《关于历史哲学——酬答唐君毅先生》一文中，牟宗三以相当概括的形式讨论了"历史文化之特殊性与共通性问题"，从中我们实可以总结出牟宗三历史哲学的基本原理，包括以下十二个命题：一、"一个民族的人文历史之开始断自观念形态的开始"；二、"观念形态是由抒发理想的道德心而涌现"；三、"道德心灵之内容即所谓心德无穷无尽"；四、"而人又是有限的存在，故其心德之内容绝不能一时全现，而必待在发展中步步自觉，步步实现，因而亦步步有所成就。此即所以有历史之故"，亦即"各民族之历史文化必有差异"之故；五、各民族之历史文化之特殊性是"形上地必然的"，尽管就其表现之特殊样式而言并"无逻辑的理由"，而只有"现实因缘上的历史理由"与"民族气质上之理由"；六、"故各民族实践以尽其性，以成其历史文化，皆有被肯定之价值，此亦是形上地必然的"；七、"故亡国（无论自亡还是他亡）为大恶，而'兴灭国继绝世'为大善，为大德"；八、"无穷无尽之心德内容在历史发展中步步扩大与彰著，则亦是各民族之历史文化之可融通性之根据，依此而言历史文化之共通性：此亦是实践上、精神发展上之必然的"；九、"此共通性或可融通性是由心德内容在实践中所表现之精神发展之理路而说明。此理路即其法则性，此在各精神发展线上是相同的"；十、"精神价值之种种形态、种种成果"，"必在发展中彰著而完成，而亦必与发展之理路为内在地相融一的，即内在地相携带而生者"；十一、"精神价值之种种形态、种种成果"，"在同一的'发展之理路'中……是不相碍的，而且是相参赞的。凡是价值都当实现，而且都能实现；凡是价值都不相碍，都当相融，而且都能相融，一时的僵滞与固执并无关系。此便是各民

族之历史文化之'可融通性'";十二、"然而融通仍不舍离其特殊,因为无论如何融通,它不能是'纯形式'"。❶

由此可以非常清楚地看到,牟宗三的历史哲学在基本原理上既有明显的黑格尔的影子,又在一些关键的方面明显对针对黑格尔而立论。具体来说,命题一与黑格尔基本一致,命题二与黑格尔在形式上一致,实质上却有异——道德心虽然在形式上与精神无异,但其根本特征乃是纯然至善,不同于作为精神之根本特征的自由;由此以下,从命题三至命题十二,除了命题五仅从形式上且单个地来看与黑格尔一致之外,其他皆与黑格尔大不相同。若从黑格尔的立场上看,牟宗三历史哲学的基本原理颇有沦为"坏的无限"的嫌疑。这尤其表现在,他既认为"道德心灵之内容即所谓心德无穷无尽",又强调"凡是价值都当实现,而且都能实现"。牟宗三试图将精神在民族集团实践中的发展理解为一个"辩证"的过程(比如针对中华民族之集团实践而发的良知坎陷说即以"辩证"义为其主旨),并强调"精神价值之种种形态、种种成果"在"发展之理路"中是"内在地相携带而生",表明他亦力图避免这种可能的指责,但是,由于他——如前所述——对黑格尔意义上的辩证概念其实并不是很措意,他的辩证概念亦并不是黑格尔意义上的,而是经过他自己独特诠释的"工夫辩证"概念,所以,他的这种努力在多大程度上能够避免这种可能的指责就比较成问题了。

立足他自己所阐述的历史哲学的基本原理,牟宗三提出了黑格尔历史哲学的两大局限。其一是关于精神之圆满体现是否止于国家的问题。黑格尔认为"精神之圆满体现所预定之形态是国家",牟宗三对此提出异议,认为"在国家之上必有'大同'一层":当

---

❶ 牟宗三:《关于历史哲学——酬答唐君毅先生》,载《历史哲学》附录二,第369—371页。

"仁德之主观愿望之伸展于同是人类之其他民族"时,"各民族实可既内在于其自己之国家以尽性,又可以照顾自己而又照顾他人以超越其自己而外在地对他民族以尽性。如是,实可在主观意志之互相照射、互相限制下而转为法律以客观化之,此即为'大同之组织'。……如是,理性不但贯注于一民族内而成为国家,而且亦客观地贯注于各民族之间而成一超越民族国家之'大同组织'。在此组织内,各民族国家有其权限,亦有其义务:权限与义务复成为高一层的统一。此即为'神圣理念整全地存在于地球上',亦即'天下一家'之实现。如是,国与国间不复在一'自然状态'中,而一国对外之行动亦不复以主观的私利为最高之原则。"❶其二是关于"历史文化之循环断灭与否的问题",也就是"历史文化之悠久之道"的问题。牟宗三认为,"凡服从'以气尽理'之原则者皆可断灭,而服从'以理生气'之原则者,则生生无穷。"❷言下之意,黑格尔的历史哲学就是服从"以气尽理"的原则,因而根本无从谈及历史文化悠久之道;而牟宗三自己的历史哲学则服从"以理生气"的原则,于是方可免除历史文化断灭之虞。❸

牟宗三对于历史哲学的基本理论的阐述很容易让人想起《中庸》和《易传》的相关言论:"万物并育而不相害,道并行而不相悖;小德川流,大德敦化;此天地之所以为大也。""天下同归而

---

❶ 牟宗三:《关于历史哲学——酬答唐君毅先生》,载《历史哲学》附录二,第372—373页。
❷ 牟宗三:《关于历史哲学——酬答唐君毅先生》,载《历史哲学》附录二,第374页。
❸ 此外,与上述两大局限都相关,牟宗三在命题六与命题七中所表现出的对"兴灭国继绝世"的关切,基本上也是针对黑格尔的历史哲学。这一点也关联于牟宗三对战争与和平的看法。有趣的是,尽管牟宗三将精神之圆满体现归于大同理想的实现,但他又说"'永久和平'亦似乎不可能"。这一在理论上明显的矛盾实际上表达出牟宗三内心的精神痛苦,他既是一个理想上的乐观主义者,也是一个现实上的悲观主义者,具体来说,在将大同理想作为世界历史之归宿的同时,他亦深感"人类业识茫茫,不可思议",并由此而对人类命运生出"无限之严肃与无限之哀怜"的双重情愫。引文见牟宗三:《关于历史哲学——酬答唐君毅先生》,见《历史哲学》附录二,第373—374页。

殊途，一致而百虑。"甚至可以说，至少从形式上来看，牟宗三是将这里所引用的《中庸》和《易传》的相关言论哲学地诠释为一个历史观念。但问题是，从实质上来看，牟宗三的历史哲学与他所服膺的儒家精神传统是内在一致的吗？这一点要从他对中国问题的诊断方式和解决方案上来看。

四　儒学的第三期开展与良知坎陷说

对于西方文化与中国文化在根本精神上之差异的理解与概括，构成牟宗三提出解决中国问题之方案的理论基础——这一方案按照牟宗三自己的理解可以合理地称之为"儒学的第三期开展"。❶牟宗三对于儒学的第三期开展的集中论述，主要是在以下三篇文章中展开的：《江西铅山鹅湖书院缘起暨章则》、《儒家学术之发展及其使命》和《从儒家的当前使命说中国文化的现代意义》，其中尤以后面的两篇文章更为系统。《江西铅山鹅湖书院缘起暨章则》是1948年牟宗三应程兆熊之请，为重振鹅湖书院而写。在该文的"缘起"部分，牟宗三首次明确提出儒学开展之三期说，但语焉而未详。《儒家学术之发展及其使命》发表于1949年9月1日《民主评论》第1卷第6期，后以首篇的位置收入《道德的理想主义》一书。牟宗三在该文中系统地论述了儒学开展之三期说，而且该文前半部分的文字与《江西铅山鹅湖书院缘起暨章则》中的"缘起"

---

❶ 牟宗三曾使用过"儒家传统第三期之发扬"、"儒家学术第三期的发展"等不同说法，但鉴于他自始至终都强调任何意义上的发展——乃至创造——都必须是内在于儒家传统的，而从修辞的细微差异上来看"开展"比"发展"更能体现出这种内在性，所以，在梳理、刻画他的相关思想时，我将统一使用"儒学开展之三期说"与"儒学的第三期开展"。

部分几乎完全相同。《从儒家的当前使命说中国文化的现代意义》是牟宗三1979年7月在东海大学"中国文化研讨会"上的一篇演讲辞,1980年作为"新版序"而刊印于《政道与治道》一书,1984年又收入《时代与感受》一书。在该文中,牟宗三再一次较为详细地论述了儒学开展之三期说,而且,在东海大学的演讲一开始,牟宗三就提到,演讲原先定的题目是"儒家学术的发展及其使命",这与他1949年发表的论文的题目并无二致。

关于儒学的第三期开展的具体内容,牟宗三在《道德的理想主义》的序言中将之概括为"三统之说":"一、道统之肯定,此即肯定道德宗教之价值,护住孔孟所开辟之人生宇宙之本源。二、学统之开出,此即转出'知性主体'以融纳希腊传统,开出学术之独立性。三、政统之继续,此即由认识政体之发展而肯定民主政治为必然。"❶ "三统之说"是牟宗三关于儒学的第三期开展之论述的主要内容,这在他是一个一贯的主张——无论是在1949年的文章中,还是在1979年的演讲中都并无二致。但是,细读之下,我们能够发现,在1949年的文章和1979年的演讲这两个比较系统地论述儒学开展之三期说的文本中,无论是在表述上还是在思想上都存在着微妙且并非不重要的差异。

首先是关于儒学的第三期开展的历史使命的表述,在1949年的文章中,除我们所熟知的开出民主与科学的论点外,还有一个依照儒学的超越精神而"尽创制建国之责任"——也就是以精神生命为根本而建立民族国家——的明确说法:"一、以往之儒学,乃纯以道德形式而表现,今则复须其转进至以国家形式而表现。二、以往之道德形式与天下观念相应和,今则复需一形式以与国家观念相应

---

❶ 牟宗三:《道德的理想主义》,序,第6页。

和。"❶ 如果关联于《历史哲学》，那么，正如前面已经提到的，引入民族以及民族性的概念来刻画世界语境中文化多元的客观事实，是牟宗三建构世界历史观念的一个重要前提。于是，文化意义上的民族概念与政治意义上的国家概念也就通过"精神自身之要求"而联结在一起了："不能建立国家之民族是未能尽其民族自己之性之民族。"❷ 对于中华民族而言，这个问题就在于，古代的中国并不是一个国家，而只是一个"普遍的文教大系统"："中国以前有一大帝国之建筑，当然亦可说有一'普遍的精神生命'为其底子。但须知，这个大帝国，在以往，是并未以'国家'的姿态而出现，而系属于'大实体'的一切命令及法律实亦不是西方或近代所谓法律。所以人们常说，中国不是一个国家单位而是一个文化单位。其大帝国之组织实不是一个'国家'，而是一个'天下'。"❸ 于是，以此"普遍的精神生命"为基础建立一个现代意义上的政治国家，就是中华民族尽其民族性的必由之路，而这也就是儒学的第三期开展的历史使命。虽然毫无疑问，牟宗三这里以文化生命为根本而建立民族国家的看法与他立足道统之肯定而开出民主与科学的看法完全一致，但是，撇开他自己的理解，就这两种提法本身所蕴含的意义来说，二者之间仍然可能存在着重要的差异，特别是当我们对于民主与科学是否内在于儒家精神——也就是作为文化生命之道统的精神——而产生质疑的时候。

其次，对比 1949 年的文章和 1979 年的演讲，我们会发现，牟宗三对于民主与科学的侧重和强调有所不同。在 1949 年的文章中，牟宗三坦言，儒学的第三期开展，"端赖西方文化之特质之足以补

---

❶ 牟宗三：《儒家学术之发展及其使命》，见《道德的理想主义》，第 2 页。
❷ 牟宗三：《关于历史哲学——酬答唐君毅先生》，见《历史哲学》附录二，第 367 页。
❸ 牟宗三：《历史哲学》，第 65 页。

吾人之短者之吸纳与融摄。于此吾人特重二义。一、在学术上名数之学之足以贯彻终始,而为极高极低之媒介,正吾人之所缺,亦正西方之所长。儒学在以往有极高之境地,而无足以贯彻之者,正因名数之学之不立。故能上升而不能下贯,能俟于天而不能俟于人。其俟于天者,亦必驯至远离漂荡而不能植根于大地。其所以只能上升者,正因其系属道德一往不复也。而足以充实之之名数之学,则足以成知识。知识不建,则生命有窒死之虞,因而必蹈虚而漂荡。知识不广则无博厚之根基,构造之间架,因而亦不能支撑其高远。故名数之学,及其连带所成之科学,必须融于吾人文化之高明中而充实此高明。且必能融之而无间也。是则须待哲学系统之建立与铸造。二、在现实历史社会上,国家政制之建立,亦正与名数之学之地位与作用相类比。此亦为中国之所缺,西方之所长。国家政制不能建立,高明之道即不能客观实现于历史。高明之道之只表现为道德形式,亦如普世之宗教,只有个人精神,与绝对精神。人人可以与天地精神相往来,而不能有客观精神作集团组织之表现。是以其个人精神必止于主观,其天地精神必流于虚浮而阴淡。人类精神仍不能有积极而充实之光辉。故国家政制之建立,即所以充实而支撑绝对精神者,亦即所以丰富而完备个人精神者。凡无国家政治之人民(如犹太人),其精神不流于堕落与邪僻,即表现为星月之清凉与暗淡。其背后,绝无真正之热力,与植根于天地之灵魂。朱光澈地与月白星碧之别,正在其有无客观精神之表现,有无国家政治之肯定。故国家政制之建立,亦须融于吾人文化之极高明中而充实此高明。且亦必能融之而无间者。是亦有待于伟大之历史哲学与文化哲学之铸造也。"❶ 在此可以看出,对于民主与科学,就二者在理论

---

❶ 牟宗三:《儒家学术之发展及其使命》,见《道德的理想主义》,第3—4页。

上的地位而言，牟宗三更重视后者，认为国家政制之建立——也就是民主政治——乃是绝对精神下贯而为客观精神的表现，也是运用直接关联于名数之学或科学的知性思维能力而将道德形式转化为政治形式所成就的"构造之间架"，质言之，民主政治实际上就是基于道德精神而能有且应有的"政治科学"，是依据道德精神在国家政治层面运用知性而能有且应有的成果，尽管他在谈到二者之间的关系时只是非常谨慎地说二者的地位和作用可以"相类比"。

但是，在1979年的演讲中，牟宗三对于民主与科学的叙述次序发生了明显而重要的变化，认为民主政治"乃是'新外王'的第一义，此乃新外王的形式意义、形式条件，事功得靠此解决，此处才是真正的理想主义。而民主政治即为理性主义所涵蕴；在民主政治下行事功，这也是理性主义的正当表现。这是儒家自内在要求所透显的理想主义——理性的理想主义"。而科学则是"'新外王'的材质条件，亦即新外王的材料、内容。科学的精神即是个事功的精神，科学亦是卑之无甚高论的。……科学乃是与事功精神相应的理性主义之表现。科学亦为儒家的内在目的所要求，儒家并不反对知识。在以前的社会中，那些老知识也就足够应付了，然而今天的社会进步，往前发展，要求新知，亦属应当的要求。儒家内在的目的即要求科学，这个要求是发自其内在的目的。何以见得呢？讲良知，讲道德，乃重在存心、动机之善，然有一好的动机却无知识，则此道德上好的动机亦无法表达出来。所以，良知、道德的动机在本质上即要求知识作为传达的一种工具"。而且，牟宗三更进一步明确地强调说："科学知识是新外王中的一个材质条件，但是必得套在民主政治下，这个新外王中的材质条件才能充分实现。否则，缺乏民主政治的形式条件而孤离地讲中性的科学，亦不足以称为真正的现代化。一般人只从科技的层面去了解现代化，殊不知现代化之所以为现代化的关键不在科学,而是在民主政治;民主政治所涵摄的自由、平等、人权运动,才是现代化的本质意义之所在。"❶ 以"新外王"的形式条件与材质条件来分说民主与科学,相比于以知性的应用形态和直接形态来分说民主与科学,二者的差异是明显的:在前者,民主与科学本身是分立的,双方在"新外王"中所构成的关系是综合的,且以民主的价值更为优先;在后者,民主与科学统一于作为理性之分解表现的知性之运用,双方在"新外王"中也统一于此种知性之运用,且由于科学直接关联于知性之运用而在实践推理上又以科学的意义更为根本。

从思想史的角度来看牟宗三在"儒学的第三期开展"这同一个主题下所发表的1949年的文章与1979年的演讲之间的差异,必须注意到他对唯物主义的一贯批评态度以及由此而来的一贯反共的政治立场。在1949年的文章中,直面当时持唯物主义立场的共产党在势力上愈来愈壮大的政治现实,综合近代以来在建国问题上的种种主张和争论,牟宗三强调了以文化生命为根本而建立民族国家的看法——当然毫无疑问,民主与科学作为他所乐于继承的"五四"的遗产正是他的文化生命建国论的主要内容,而且,服从于哲学体系之理论化建构所要求的逻辑一致,民主与科学被统一于知性之运用,也就是统一于在《历史哲学》中得到详细阐述的分解的尽理精神。在1979年的演讲中,牟宗三则明确提出民主政治才是现代化的本质意义之所在,认为与科学相比民主的价值更为优先,一个直接的触动也正在于"共产党亦可讲科学",也就是说,民主与科学不仅各自皆有其独立性,而且双方并非一定相随而至,所以才有将民主政治与科学分别作为新外王的形式条件与材质条件且将科学套

---

❶ 牟宗三:《从儒家的当前使命说中国文化的现代意义》,见《牟宗三先生全集》第10卷,《政道与治道》新版序,联经出版公司2003年版,第18—19页。

在民主政治下的看法。不过，在牟宗三那里，新外王方案的这一内部的结构性变化——涉及对民主与科学的不同理解，以及二者在新外王方案中的不同关联方式——从根本上说并不影响他先前已经阐明的以道德统摄民主与科学的核心理论主张，因为在他看来，民主与科学的道德价值可以通过两个各自独立的道德推理而得到证明（justified）。于是我们看到，在 1979 年的演讲中，他再次重申，"假如在这个时代，儒家还要继续发展，担负他的使命，那么，重点即在于本其内在的目的，要求科学的出现，要求民主政治的出现——要求现代化，这才是真正的现代化"。❶

关于儒学开展的分期问题，从近代以来到现在的学术界，一直存在着不同的声音，且大都持之有故，言之成理，但最能体现文化自觉意识的分期说，还是牟宗三紧扣夷夏之辨且在精神与制度兼顾的考量下而提出的三期说。❷牟宗三将儒学的开展分为三期：先秦两汉儒学为第一期，宋明儒学为第二期，民国以后儒学的开展进入第三期。这里特别需要注意的是，牟宗三的儒学开展之三期说虽然是就儒学之历史开展而进行的一个分期理论，但儒学开展之三期说与他的道统观念并不是一回事。非常明显的一点是，在牟宗三的道统观念中，像荀子、董仲舒等人是不在其列的，但是，在他的儒学开展之三期说中，荀子、董仲舒以及整个汉代儒学都占有一席之地。❸就此而言，李泽厚对于儒学开展之三期说的一些批评以及这些批评背后的实践关切虽然都很重要，但他的一个最大的误解即在

---

❶ 牟宗三：《从儒家的当前使命说中国文化的现代意义》，见《牟宗三先生全集》第 10 卷，《政道与治道》新版序，联经出版公司 2003 年版，第 19 页。
❷ 关于儒学开展之分期说中夷夏之辨的重要意义，可参见罗义俊：《牟宗三先生第三期儒学之概念与三统并建论》，载《烟台大学学报》2005 年第 2 期。
❸ 关于牟宗三的道统观念，可参见李明辉：《当代新儒家的道统论》，载《当代儒学之自我转化》，中央研究院文哲研究所 1994 年版。

于,他将以牟宗三为代表的新儒家思想中的儒学开展之三期说与他们的道统观念混为一谈。❶

牟宗三的儒学开展之三期说与他的道统观念的最大区别,在于前者的立论明确包含精神与制度兼顾的考量,后者则仅就精神层面的传承与开展(也就是新儒家所说的道统之传)而立言。在《儒家学术之发展及其使命》的一开篇,牟宗三就说:"中国以往二千余年之历史,以儒家思想为其文化之骨干。儒家思想不同于耶,不同于佛。其所以不同者,即在其高深之思想与形上之原则,不徒为一思想,不徒为一原则,且可表现为政治社会之组织。六艺之教,亦即组织社会之法典也。是以儒者之学,自孔孟始,即以历史文化为其立言之根据。故其所思所言,亦必反而皆有历史文化之义用。本末一贯内圣外王,胥由此而见其切实之意义。"❷ 在文中又反复申说到:"道不空悬,必须实现。不实现,不足以为道。实现必通过家庭国家之客观存在以及历史文化之曲折婉转而实现。而历史文化以及家庭国家或民族国家亦正因其为道之实现之凭藉,始有其被肯定之价值或客观之价值。孔子曰:'文王既没,文不在兹乎?'此所谓'文'即是人性通神性所定之理性,以及此理性实现于历史文化民族国家之综称。孔子就历史文化意义之典宪之发展而抒发其意义,即是其以'斯文'为己任。文之统曰文统。孔子之言'道'完全扣紧'文统'而言之。非若耶稣之专为宗教的,释迦之专为趋寂的,苏格拉底之专为哲学的。"❸

具体而言,牟宗三之所以将先秦儒学与汉代儒学都放置在儒学开展的第一期,实际上就是出于精神与制度兼顾的考量:"此儒学之

---

❶ 李泽厚:《说儒学四期》,载《己卯五说》,生活·读书·新知三联书店2003年版。
❷ 牟宗三:《儒家学术之发展及其使命》,见《道德的理想主义》,第1页。这里的核心论点也是王国维、陈寅恪等具有强烈文化担当意识的近代历史学家所特别重视的,具体表现在,他们都对中国历史上的制度问题特别关注。
❸ 牟宗三:《儒家学术之发展及其使命》,见《道德的理想主义》,第6页。

由晚周进至秦汉大一统后表现为学术文化之力量而凝结汉代之政治社会者也。"❶ 这一点也可以从他在《历史哲学》中认为中国历史的发展到汉代——尤其是经过"仲舒对策,汉武更化"——而"规模纲领已具"的看法中窥见。❷ 在牟宗三关于儒学开展之第二期的论述中,似乎看不出他对于制度问题的明确关切,这一方面显示出作为哲学家的牟宗三在历史理解方面的偏向和欠缺,另一方面也是因为,着意于夷夏之辨的重要性,儒学的第二期开展的重点在于复兴儒学传统以消化佛老——尤其是佛教——的挑战,就此而言精神问题更为突显。❸ 还有,牟宗三对于儒学开展之第三期的论述亦是非常明确地在精神与制度兼顾的考量下展开的:"且今日问题,又较以往任何时期为困难。礼俗传统崩坏无余。儒家思想湮没不彰。是以人丧其心,国迷其途。而吾人今日所必欲达之阶段,又为一切须创造之阶段。国家须建立,政制须创造,社会经济须充实,风俗须再建。"❹

---

❶ 牟宗三:《儒家学术之发展及其使命》,见《道德的理想主义》,第1页。
❷ 牟宗三:《历史哲学》,旧序一,第4页。
❸ 包弼德在他的新书《历史中的新儒学》(Peter K. Bol, *Neo-Confucianism in History*, Harvard University Press, 2008) 中,强调宋明儒学——在他的思想史论述中也包括元代儒学——的主要课题并不在于消化佛教的挑战,而是在于因应由社会变迁带来的问题,具体来说,宋明儒学的实践事业主要在于以儒学精神塑造地方性的礼俗社会。这种观点或许对于过去过多地从纯粹思想的层面强调宋明儒学以消化佛教为主要关切的看法有一定的纠偏作用,但消化佛教的挑战与因应由社会变迁带来的问题这二者之间并不是非此即彼的关系,而可以被看作宋明儒学开展的一体两面。
❹ 牟宗三:《儒家学术之发展及其使命》,见《道德的理想主义》,第2页。如果从新儒家喜欢使用的"内圣外王"的话语来说,精神层次上的道统之传主要涉及内圣方向,而政治制度层次上的落实与建设则被归为外王方面。就此而言,牟宗三的儒学开展之三期说实际上是这样一个脉络:在儒学开展的第一期中,内圣与外王都初具规模,具体来说,道之本统要断自孔子,文教制度上的创制垂庸则要归于三代以及二代以前(尤其是周公),而汉代则奠定了儒教中国的基本规模;在儒学开展的第二期中,内圣方面得以完善,外王方面仍停留于过去的虚歉状态,具体来说,宋明儒学已将心性之学发挥到了极致,但在政治制度的创新和发展方面无所作为;于是,儒学第三期开展的历史使命就被刻画为,首先要怀着接续之心肯定、重述已在第二期达至完善的内圣之学,其次要开出在第二期未能开出的新外王,以在内圣与外王方面都达至完善。

不过，李泽厚的误解并非空穴来风，企图以内圣开出新外王的独特思路使现代新儒家及其追随者们往往在精神问题——也就是心性问题——上言之满满而在制度问题——也就是政制礼俗问题——上则失之简陋。明确继承牟宗三所提出的儒学开展之三期说且对这一论说做出重要发展的是杜维明。对于儒学开展的分期时限，杜维明与牟宗三并无不同，但与牟宗三相比，杜维明对于儒学开展之三期说的论述至少多出了两点新义。其一，在牟宗三那里，儒学开展之三期说是立足于中国而发，杜维明则放眼世界，在一种普世化的全球眼光中来理解儒学开展之三期说的意义。就此而言，在杜维明那里，儒学开展的三期意味着：第一期是儒学历经周、秦、汉从鲁国的地方性知识扩展而成为整个中国的文化生命，第二期是儒学在11世纪到17世纪从中国的地方性知识扩展而成为整个东亚的文化传统，于是，直面现代以降愈来愈深入而广泛的全球化过程，儒学的第三期开展的历史使命就是如何使儒学从东亚的地方性知识扩展而成为真正普世化的全球性文化智慧。其二，相比于牟宗三在精神与制度兼顾的考量下而提出的儒学开展之三期说，杜维明更多地强调了儒学的宗教性、精神性。就此而言，在杜维明那里，儒学如果要从东亚的地方性知识扩展而成为真正普世化的全球性文化智慧，就必须突出儒学的"宗教情操"，且直面世界文明的多样性事实，文明对话必须成为儒学的第三期开展的重要课题——无论是从理论层面还是从实践层面。❶强调儒学的精神性，引入一种普世化的全球眼光，以及由此而倡导文明对话，这些对于儒学的未来开展都具有非常重要的指导意义，因此可以说，杜维明对于牟宗三所提出的儒学开展之三期说做出了非常重要的理论拓展。但是，儒学开展的

---

❶ 杜维明有关儒学的三期开展的论述散见于他的许多著作和演讲，大部分都收入了《杜维明文集》，武汉出版社2002年版。

当务之急,还是应当直面中国的问题,力求儒学所倡之天理、王道能够真正以制度化的方式重新落实于中国。换言之,如果儒学连中国的问题也解决不了,放眼世界更只能是奢谈了。在我看来,这正是牟宗三立足中国而提出儒学的第三期开展——特别是他的文化生命建国论——在当下的意义所在。不过,牟宗三的问题在于,由于他非常轻易地以良知坎陷的方式开出民主和科学,从而在理论上错失了以儒学之根本精神重新组织政治社会的历史任务,也诱导他的后继者们离开本文化生命而建国的重大关切而走向文明对话乃至宗教对话。

作为儒学第三期开展之具体内容的"三统之说",其理论形态也就是良知坎陷说。前文已经提及,直面中国与西方在近代以来的独特遭遇,牟宗三对儒学的第三期开展的历史任务的理解,建立在他对中西文化根本精神之差异的理解之上,换言之,此即道、学、政"三统之说"之所由来。从上述牟宗三对中西文化精神的三项对比性理解来看,道统之肯定直接对应于第三项,也就是,相对于西方隔离形态的宗教而肯定中国圣贤相传的道统乃是圆融形态的德教。这当然也构成牟宗三考虑科学与民主问题的基础。毋须赘言,道统之肯定并不仅仅意味着对孔孟之道的简单重述,而是表现为直面新的处境的全面重构,用上引牟宗三在《历史哲学》第一版序言中的话来说,就是要"顺吾之文化生命……完成宗教之综合形态"。在牟宗三看来,肯定作为圆教的道统,不仅是中国文化生命应当有且必然有的立场,而且也是西方文化应当且必然向中国文化学习的地方,归根结底"这是个最高的判教的问题"。❶反过来,中国文化应当且必然向西方文化学习的地方,即在于科学与民主,

---

❶ 牟宗三:《从儒家的当前使命说中国文化的现代意义》,见《牟宗三先生全集》第10卷,《政道与治道》新版序,第35页。

这也是"完成宗教之综合形态"所必须涵摄的内容。此外,在"完成宗教之综合形态"的制度层面,牟宗三亦有过一定的考虑。他在1950年代曾创设人文友会,其中的一个重要目的就是为将来成立教会做准备,力图以社会教化的方式,重振儒教。在人文友会的第一次演讲《友会之基本精神与愿望》中,牟宗三就非常明确地说:"我们主张使儒家成为人文教,并主张于未来成立人文教会以护持国脉。……至何时可以成为教会,现在只是愿望,并不能确定。"谈到儒家之宗教特性时,他又明确以孔子为教主:"在中国,天道一定要通过孔子,故孔子为教主。"谈到儒教之实践开展时,他指出了现代处境下应作的调整,并明确强调了教会团契的作用:"社会上必须有教会来持载。过去靠皇帝,现在要靠社团。"❶不过,这一成立教会的想法在牟宗三那里从未在理论上得以深入地展开,也从未在实践上付诸实施。❷

学统之开出与政统之继续分别对应于牟宗三所概括的西方文化与中国文化之三项差异中的第一项和第二项,是牟宗三所提出的解决中国问题之方案中的关键步骤,也是牟宗三建构他的两层存有论之哲学体系的核心关切,其中包含着牟宗三立足现代性信念而对中国文化所做的诊断:"中国的文化生命,在其发展中,只在向上方面撑开了,即只在向上方面大开大合而彰著了本源一形态,而未在向下方面撑开,即未在下方再转出一个大开大合而彰著出属于末的'知性形态'与国家政治法律方面的'客观实践形态'。中国文化

---

❶ 牟宗三:《人文讲习录》,见《牟宗三先生全集》第28卷,联经出版公司2003年版,第3页。

❷ 不过,在疏解黄宗羲《明夷待访录·学校》时,牟宗三又提倡以学校而非教会为弘扬儒教之凭藉:"故今日势必将儒家之'教的精神'提炼而上之,以代其他国家之宗教地位。只有在此教之精神之提炼与宏扬上,始能培育名儒与大儒,以主持学宫。提炼并护持儒教之为教,不别设教会,即以学校为凭藉。"《政道与治道》,见《牟宗三先生全集》第10卷,第197页。

生命迤逦下来，一切毛病和苦难，都从这里得其了解。"❶作为良知之学（或曰心性之学，德性之学）的道统意味着"在本源上大开大合"，但如果就此停住，则不免陷于"贫乏而不充实"，因此，良知自身在落实中趋于完善就必然表现为一个历史的过程，而从流连于本源处的综合的尽理精神落下来转出分解的尽理精神也就是良知自身在其落实、完善的过程中必然而内在的需要。具体而言，作为超越的道德主体的良知只能通过主动的自我否定的方式而转出直接含蕴科学和民主的知性主体和政治主体。此即在现代儒学史上声名昭著又饱受批评的"良知坎陷说"。

对"良知坎陷说"——此处"坎陷"一词取"自我否定"的辩证义，但须明确是牟宗三意义上的"工夫辩证"义——最常见的一类批评往往被表述为"旧内圣开不出新外王"，就是说，在此被质疑的是良知的能力。批评者在此主要着意于良知之为道德主体，而忽略了良知还是存有论意义上的精神本体。如果承认良知乃是存有论意义上的精神本体——这是"良知坎陷说"的理论前提，那么，从哲学的视域来看，这类批评当然是极其幼稚的，以至于辩护者几乎不需要认真的回应。质而言之，说良知没有能力开出知性主体和政治主体实际上等于说一个具有无限创生能力的本体缺乏某种具体的创生能力，其荒唐性是不言自明的。作为康德哲学的服膺者、对话者和批评者，牟宗三的思路的确和康德以后的那一段德国哲学有密切关系。比如费希特，他取消了康德意义上的物自身概念，而采取自我设定非我的思路。如果我们将费希特的"自我通过设定非我而展现自己"的存有论叙述与牟宗三的"工夫辩证"概念相比照，那么，二者的唯心论逻辑是非常类似的，虽然二者在各

---

❶ 牟宗三：《历史哲学》，第163页。

自思想体系中的意义仍有很大的不同，因为费希特的自我设定非我并非是由一个主体设定其他主体。❶又比如，在黑格尔那里，精神的客观落实也就意味着精神的自我否定，也可以说是精神的自我坎陷，具体来说，要理解精神自身存在的方式必须通过逻辑学，但要理解精神客观落实的方式则必须通过自然哲学、法权哲学和历史哲学，因为精神注定是要贯穿、落实于自然、人类社会与世界历史的，而精神的这一贯穿、落实过程就可以说是精神自我坎陷于自然、人类社会和世界历史的过程，也就是前文提及的查尔斯·泰勒所谓的关于精神客观化的表现主义。如果我们将黑格尔关于精神客观化的表现主义与牟宗三的良知坎陷说或"工夫辩证"概念相比照，那么，二者的相似性也是明显的，尽管在很多方面仍有重要的不同，比如说，最明显的，牟宗三对于"工夫辩证"并没有——像黑格尔那样——建构出一种完全的历史主义叙事。

此外，非常有必要澄清的一点是，对良知坎陷说还有一种误解与牟宗三自己的理论叙述方式有密切关系，也因此在一些辩护者和批评者的信念中同时存在。根据良知坎陷说，科学与民主经过良知的坎陷而被开出，因而与良知处于两个不同的层次，这两个不同的层次亦对应于作为牟宗三思想之最后定论的两层存有论。因为良知被认为是道德价值的本体，所对应的物自身亦被认为是"一个具有价值意味的概念"，所以，经坎陷而来的科学与民主就其所具有的道德价值而言只能是工具性的，以区别于良知所具有的内在的道德价值，而且，正是因为科学与民主具有工具性的道德价值，所以良知才经坎陷而开出之。这就意味着说，科学与民主是良知为自身的

---

❶ 其中确有可会通之处，但必将经过多方曲折。在这种可能的会通中最关键的一点在于，被设定了的非我只能在被设定了的层面上呈现于自我，而这个绝对的唯心论立场与牟宗三的唯心论进路在形式上是一致的。

完善落实而发明的道德技术,借用孟子的话来说,科学与民主乃是"仁术",如果良知乃是"仁体"的话。这似乎是对良知坎陷说的一个正确的叙述。但是,仅仅在道德技术或工具理性的意义上理解科学与民主——相对于良知之为道德本体或价值理性——会使良知坎陷说的重要性大大降低,甚至变得没有什么意义,实际上是对良知坎陷说的一种很特别的误解——之所以说"特别",是因为上面关于良知坎陷说的叙述几乎就是牟宗三自己的叙述。

  首先,技术的特征在于应用,或者说,诚如我们所熟知,技术总是可以被转让的,因此,一般而言,在技术层面采取拿来主义的态度就没有什么不妥,良知尤其不需要发明一种已经被发明了的技术。对此,辩护者可能会更进一步解释说,良知坎陷说并不是对作为道德技术的科学与民主得以产生的一个普遍性说明,而是就中国文化生命这一个体自身的发展而言的,因此从中国文化生命这一个体自身的发展来看良知坎陷说还是有意义的。但是,问题在于,如果科学与民主仅仅是良知自身完善落实的道德技术,从良知开出科学与民主就不需要以自我坎陷的方式:出于道德的目的而发明一些道德技术其理至顺,其势自然,无须通过只有在存有论意义上才能被理解的自我否定。这其实暗示了,知性主体与政治主体所具有的存有论意义不允许我们把科学与民主仅仅理解为工具理性意义上的道德技术——这也是牟宗三承认科学与民主具有相对独立性的真正内涵,于是也当然不允许我们简单地在目的与手段的意义上把良知坎陷说理解为以"仁体"开出"仁术"。查尔斯·泰勒在谈到黑格尔的精神哲学时认为,"黑格尔思想有一项基本原则,即主体及他的一切机能,不论这些机能具有何种程度的'精神性',全是必须被体现的;这体现包含二个彼此关系密切的向度:一为'理性的动物',亦即他是一个会思维的生物;一为表现的存在者,亦即他的思维恒必然表现在一个媒介中。这项原则,或许我们可以称之为'必然体现原则'(principle of necessary embodiment),是黑格尔精神或宇宙精神概念的核心"。❶实际上,尽管牟宗三自己几乎从未有过这方面的明确论述,牟宗三思想中良知与科学、民主的关系,也只能在"必然体现原则"的意义上去理解,而不能在简单的目的与手段的意义上去理解。科学与民主意味着具有一定程度之精神性的主体之机能——可以恰当地称为主体的知性机能与政治机能,必然地表现于一个客观的世界,因而具有存有论的意义。实际上,这正是理解牟宗三的两层存有论的要点之所在。

良知坎陷说的问题并不在于作为道德主体的良知是否能够经坎陷而开出知性主体和政治主体,也就是说,并不在于内圣是否能够开出新外王;良知坎陷说中良知与科学、民主的关系也不能仅仅在目的与手段的意义上被理解,或者说,科学与民主并非只具有技术性存在的意义。澄清这两点,能够使我们远离与此相关的种种无谓的争论,也有助于我们走向一个新的理论境地,即,对于良知坎陷说的质疑最终都可能直接指向良知坎陷说的理论前提:作为道德主体的良知真的是存有论意义上的精神本体吗?再退一步,在何种意义上可以认为作为道德主体的良知是存有论意义上的精神本体?是按照对儒学传统的某种独特诠释以及对传统的认可还是根据某种实践的或理论的推理?当这个问题最终被归于个人乃至民族精神上的信念或信仰时,任何理论上的争论就失去了意义——而这也正是我们在良知坎陷说的辩护者和批评者之间所看到的最常见的现象。但是,即使在一致认可传统的意义的前提下,更具体地说,即使在一致认可儒学传统、特别是宋明以来的心学传统的意义的前提下,这

---

❶ 查尔斯·泰勒:《黑格尔与现代社会》,徐文瑞译,联经出版事业公司1990年版,第30页。

个问题仍然存在。心学传统中最为根本、因而也最为重要的命题是"心即理"。而我们在牟宗三的道德形而上学中看到的却是,作为本心的良知以壁立千仞的方式得以挺立,但本来与本心之良知相即的天理却晦暗不彰,甚至根本阙如。

如果说天理的概念——在某些人看来——还略嫌抽象的话,那么,让我们来具体地分析一下牟宗三如何以返本开新之法而在中国传统的文化生命与自由以及以自由为基础的民主之间建立联系。在这个问题上,牟宗三亦深受黑格尔对中国看法的影响而又有自己的新见。如前所述,黑格尔对世界历史的整体理解——对中国的看法正是被放置在对世界历史的整体理解之中的——是以他哲学体系中的精神概念为基础的,而精神的本质特征恰恰就是自由;黑格尔所谓"对世界历史的自然划分",正是以精神之自由为核心而做出的。众所周知,黑格尔的著名观点是,世界历史作为自由意识的发展,由低级到高级,由开端到完成,就像一个人的生命一样分别经历了童年期、青年期、成年期和老年期四个阶段,而且,这四个时期在实际历史中分别表现于东方世界、希腊世界、罗马世界和日耳曼世界,更具体地说,包括中国在内且尤以中国为典型代表的东方民族"只知道一个人是自由的",而希腊人和罗马人则"知道一些人是自由的",只有日耳曼各民族才"知道所有人都是自由的"。❶在专门谈到中国时,黑格尔说,中国人之民族性的"显著特点",乃在于"凡属于精神的真正名副其实的一切——实践上和理论上的无强制性的道德、心灵、内在的宗教、科学和艺术———概非其所有"。❷

---

❶ G. W. F. Hegel, *The Philosophy of History*, translated by J. Sibree, Dover Publications, 1956, p. 19. 另外,黑格尔所谓的东方民族主要包括中国、印度、波斯,而在这三者之中,"中国特别是东方的,印度可以比诸希腊,波斯则可以拟为罗马"。见本注所引书,第113页。

❷ G. W. F. Hegel, *The Philosophy of History*, p. 138.

要更仔细地理解黑格尔这里关于中国人之民族性的看法，还必须指出他对于主观的自由（subjective freedom）与实质的自由（substantial freedom）的区分，实际上，黑格尔对于东方民族——如前所述，他将中国作为东方民族的典型代表——与西方民族的对比性论述也正是在这一区分的基础之上展开的："实质的自由是那种隐含在意志力中的抽象而未发展的理性开始在国家内发展自己。但在理性的这个阶段，仍缺乏个人的洞见和意志，也就是说，缺乏主观的自由。主观的自由只能在个体之内实现，且在个体自身之良知中构成个体之反思。在只有实质的自由的地方，命令和法律是被视为固定的、抽象的，是臣民必须绝对服从的。这些法律不需要契合于个体的愿望，因此臣民有如毫无自己的洞见和意志而一味服从父母的孩童一般。但是，当主观的自由出现之后，人从对外部实在的沉思转向对自己灵魂的沉思，于是，那种由反思而来的、关乎实在之否定（the Negation of Reality）的差别就出现了。从实际的世界回退遂即形成了一个对立（antithesis），其中一方是绝对的存有，也就是神，另一方是作为个体的人类主体。在东方所特具的那种直接的、未反思的意识中，这二者迄未辨明。实质的世界虽与个人已有分别，但那个对立犹未在绝对精神与主观精神之间制造出一种分裂。"❶就是说，黑格尔承认，在中国人的生活体系中，有实质的自由——或称为客观的自由（objective freedom），有时他亦称之为合理的自由（rational freedom）——而无主观的自由，这正是他所说"凡真正属于精神的一切在中国一概阙如"的确义。

---

❶ G. W. F. Hegel, *The Philosophy of History*, pp. 104-105. 牟宗三在引述黑格尔对中国的看法时也引用了这段话，他将"subjective freedom"和"substantial freedom"分别译为"主体的自由"和"实体的自由"，将"antithesis"译为"对反"，见牟宗三：《历史哲学》，第56—57页。

对于黑格尔的这一断言，牟宗三是如何看待的呢？首先，对于黑格尔认为在中国人的社会政治生活中体现了实质的自由或合理的自由这一点，牟宗三在表示赞同的基础上更做了具体的历史阐发："此'合理的自由'，自周帝国之建立，文制之形成，即已实现。其亲和之根为宗法社会，由亲亲之杀、尊尊之等之最富于人情味合理性而形成大帝国之文制（大帝国内一切礼制与安排），此即为一合理的系统。此系统后面之超越根据，即为该普遍之道德实体，此亦可说为'普遍之精神生命'。此是一'绝对之有'，即神性。此神性，由王者之尽王道直接表现而为一'合理的系统'。"❶其次，对于黑格尔认为在中国人的生活中缺乏主观的自由的论点，牟宗三也在某种意义上表示了同意："普遍之精神、绝对之有，即通过王者之尽王道而转为'合理之自由'，由王者一人之自由（尽王道即自由，他有了精神的表现），表现为文制，而为合理之自由。此种自由即是普遍的精神生命之直接显示，并未进展到'主体的自由'而发展其自己。此种发展是直接从国家一面而发展。此种发展，自大实体一人方面说，是实的；自整个社会即个体（万民）方面说，是虚的。因于此方面为虚的，故此'合理的自由'实只是'实体的'、'客观的'自由，即含藏在意志中那抽象而未发展出的自由。"❷

看起来好像是，牟宗三在此完全同意了黑格尔的上述断言，实际上并非如此。笼统而言，黑格尔的主观自由概念指向与自我意识、自我认同密切相关的良知。就儒学的历史开展而言，如果说周公制礼作乐体现了合理的自由，那么，经礼坏乐崩之后，孔子倡"为仁由己"、孟子主"仁义皆内"，实意味着主观的自由的出现；

---

❶ 牟宗三：《历史哲学》，第61—62页。
❷ 牟宗三：《历史哲学》，第62页。

而良知在儒学的第二期开展中更是成为一个地位相当显赫的核心词汇。因此,对于黑格尔认为在以儒学为精神核心的中国文化生命中缺乏主观的自由的看法,对儒学有所了解者大都不会同意。对于一生立足儒学而高扬道德主体性以至于存有论层次的牟宗三来说,自然更不在话下。牟宗三在这一点上正是批评黑格尔知有周文而不知有孔学,从而"不了解中国文化生命之本与全"。通过对儒学传统中尽心、尽性、尽伦、尽制等思想中的"尽"的阐发,牟宗三明确肯定以儒学为精神核心的中国文化生命中体现了主观的自由:"在此'尽'上,各个体取得了反省的自觉,表现了'主体的自由',而成就其为'独体'。主体的自由表现了一个'对反'……在此对反中,一方面作为主体的精神澄清而上露,一方面作为'客体'的自然即被刺出而下沦。这个'自然'不必是外在的自然界,即自身内'物质的成分'亦是自然。自然被刺出,则'精神主体'即遥契那道德实体、那普遍的精神生命——即绝对精神,而与之对照,予以证实。主体精神与绝对精神的遥契对照(即黑氏所谓分裂,由对反而成的分裂),是由于从自觉中与'自然'对反连带而成的,原来只是一浑沦之整体,如赤子之心。通过个人自身内所起之对反,自然成立,主体精神成立,绝对精神亦成立。在此三种成立中,方能说'尽'。此是中国文化生命之一普遍的原理。"❶

从以上两处不同的引文来看,对于"以儒学为精神核心的中国文化生命缺乏主观的自由"这一来自黑格尔的著名看法,牟宗三在一处表示同意,在另一处又明确反对。如何解释这一可能的矛盾呢?我们看到,从根本上来说,牟宗三其实并不认可"以儒学为精神核心的中国文化生命缺乏主观的自由"的看法,但是,由于他特

---

❶ 牟宗三:《历史哲学》,第68页。

别关切政治自由,而且预先将黑格尔意义上的政治自由以及以这种政治自由为基础的民主置于关于儒学第三期开展的课题的核心处,所以,他又在一定意义上认可了黑格尔的看法。牟宗三为此所做出的调和策略是,他按照自己的想法将黑格尔所谓的主观自由作了一个区分,一则是政治方面的主观自由,一则是道德和艺术方面的主观自由——同样对应于上文讨论过的分解的尽理精神与综合的尽理、尽气精神的区分,于是,就有了他在这个问题上的最后定论:"黑格尔所了解者并非全无理","中国所缺者为国家政治法律一面的主体自由","中国所具备者为道德的主体自由与艺术性的主体自由"。❶

从黑格尔所坚持的哲学立场来看,这种区分是不成立的,因为主观的自由就是主观的自由,是作为个体的人类主体通过自己与绝对者的独特联系而获得的,可以说这是一种道德的或宗教信仰上的自由,也就是良知上的自由,虽可以在政治的层面上提出相应的要求而外显为政治自由,但与政治自由处于不同的领域。不过,仔细体会牟宗三的意思,他的看法无非是,在过去中国人的生活中虽有主观的自由,但这种主观的自由一直停留在内在化的层面,没有在政治的层面上提出相应的法权要求,或者借用康德的概念来说,中国有内在的自由,也就是道德的自由,但这种内在的自由一直没有发展出外在的自由,也就是政治的自由。这一点也与来自黑格尔、也被牟宗三所认可的另一个看法构成了呼应:中国的历史表现为"无历史",几千年都在重复之中。于是,在牟宗三由黑格尔的引导而到达的这一思想之境地,真正需要解释的是,在中国,主观层面的道德自由在孔子那里已经呈现,但为什么在此后如此漫长的历史

---

❶ 这里所引的三个命题分别是《历史哲学》第一部第三章"平等与主体自由之三态"第四、五、六节的小标题。见牟宗三:《历史哲学》,第61、64、67页。

延续中竟然没有发展出客观层面的政治自由？——我们知道，一如他对中国人之民族性的刻画，黑格尔对此的解释恰恰是将之归咎于中国一直没有发展出主观的自由："中国很早已进展到今日的情状，但由于在其内部的运动中一直缺乏一种客观的存在与主观的自由之间的对比，遂无从发生任何变化，而以一种恒久不变的固定性取代了我们所说的真正的历史性。"❶ 在此企图将这个问题的答案归于历史的偶然性是轻率的、不严肃的，但正面回答这个问题又显得颇为棘手——实际上无论如何回答都将有损于精神的荣耀。不过，这一问题的难以回答或许能够提示我们去重新审视这一问题本身的设定中可能包含着的种种值得审视的问题：究竟如何理解黑格尔意义上的主观自由？以此来刻画儒学传统中的"为仁由己"、"仁义皆内"或良知思想是否恰当？

对于精神自由之理念——特别是被他认为是自由理念成熟形态之标志的主观自由之理念——的文化、宗教来源，黑格尔从不讳言。在《哲学全书》第三部分中论及主观精神的第482节，黑格尔明确指出："全部大陆，非洲和东方，从未有过此一成熟的自由理念，现在也仍然没有。希腊人和罗马人，柏拉图和亚里士多德，甚至斯多葛派，也都没有。相反，他们认为，只有通过出生（就是说，成为雅典公民或斯巴达公民）、品德或教育的力量、哲学（一个有智慧的人，即使贱为奴隶而身在缧绁之中，仍是自由的），一个人才能获得真正的自由。是基督教将这一成熟形态的自由理念带到这个世界上来的。依照基督教，个体本身因其作为上帝之爱的对象和目标而具有一种无限的价值，个体被命定为与上帝有着绝对关系的精神，圣灵居住于其身内，于是，最高的自由作为天命而被赋

---

❶ G. W. F. Hegel, *The Philosophy of History*, p. 116.

予个体本身。"❶这一点也曾被黑格尔表述为,是基督教给世界带来了"主体性原则"。在此需要更明确指出的是,黑格尔这里的"基督教"是指宗教改革之后强调人与上帝直接沟通的基督新教,而非传统的天主教。

在澄清了黑格尔思想中主观自由之哲学理念的宗教根源之后,更方便我们将之与中国文化传统中的相关理念相对照。就中国文化史上影响较大的儒、道、佛三教而言,或许我们都能在其中发现某种意义上的主观自由,但却与黑格尔在基督教背景下以哲学的方式阐发出来的主观自由理念存在着重要的差异。黑格尔曾对中国宗教与西方宗教有一对比性阐述,在此有助于我们说明这一点:"中国的宗教非我们所谓的宗教。因为我们所谓的宗教,系指精神回退到自身之内,专注于沉思其本性及内在的存有。在此领域中,人便从他与国家的关系中抽身而出,终能在这种退隐中将自己从世俗政府的权力中释放出来。但中国的宗教并没有发展到这种程度,因为只有在能将自己隔绝的个体那里,只有在能独立于外在强力而为自己存在的个体那里,才可能有真正的信仰。在中国,个体并无这样一种生活,并不享受这样一种独立性:在任何方面,他都是依赖性的;在宗教为然,在其他事情上亦莫不然。"❷

黑格尔在此所说的"中国宗教",主要是指儒教。尽管我们未必愿意站在与他一样的立场上,但他这里的对比性刻画还是挠到了痒处。如果我们以哲学的方式将孔子的"为仁由己"、孟子的"仁义皆内"或宋明儒的"良知心性"都理解为一种类型的主观自由,那么,很明显的是,这种主观自由与黑格尔在基督教背景下所刻画

---

❶ G. W. F. Hegel, *Hegel's Philosophy of Mind*, trans. from *The Encyclopedia of the Philosophical Sciences*, by William Wallace, Oxford, Clarendon Press, 1897, p. 101.

❷ G. W. F. Hegel, *The Philosophy of History*, pp. 131-132.

的主观自由的确有所不同。概而言之，儒教中的主观自由，亦有彻底反思的维度以至达于终极存有，但又不离于客观存有；其中最重要的，当然是不离于人伦。换言之，在此反思之中，终极存有与客观存有获得了双重的肯定，且这二者——以前者涵摄后者的方式，比如说，人伦实际上是天伦——同时成为自我肯定的来源。而基督教中的主观自由，则必以客观存有对自我的否定为前提，于是恰恰必经过自我从客观存有中彻底退离才能获得，换言之，在对客观存有的否定与对终极存有的肯定之间，具有一种紧密的联系，且自我的肯定必经由对客观存有的否定而达至对终极存有的肯定之后才能达到。

　　牟宗三对这一点并非没有认识，但他在不同时期的观点和侧重并不完全一致。在发表于1940年11月10日《再生》第54期上的《几何型的文化与数学型的文化》一文的末尾，牟宗三就提到了黑格尔关于中国人没有自觉的自我意识的看法，并明确提出了批评，做出了澄清："黑格尔说中国文化是儿童期的文化，没有自觉，没有自我，而喜欢混沌、全体，隶属而非对待。这种说法若限于表面或某种特殊时代的现象，也许是对的。但于中国根本精神，则毫不着痒。他殊不知这是一种有座标有方向的几何型的絜矩之道。我们并非无自我，但是自我必须是在组织中。我们更也不是无自觉，自觉须在忠恕中。这不是服从隶属，而是真正的相对之间的和谐。"❶如果说这里强调的是绝对不能离开客观存有的层面去理解儒教中的主观自由，那么，在被公认为代表他成熟时期思想的《心体与性体》中，牟宗三对于儒教中的主观自由的看法则更强调终极存有的层面："儒者所说之'性'即是能起道德创造之'性能'；如视为体，

---

❶ 牟宗三：《牟宗三先生早期文集》（上），见《牟宗三先生全集》第25卷，联经出版公司2003年版，第566—567页。

即是一能起道德创造之'创造实体'。此不是一'类概念',它有绝对的普遍性,惟在人而特显耳,故即以此体为人之'性'。自其有绝对普遍性而言,则与天命实体通而为一。故就统天地万物而为其体言,曰形而上的实体,此则是能起宇宙生化之'创造实体';就其具于个体之中而为其体言,则曰'性体',此则是能起道德创造之'创造实体',而由人能自觉地作道德实践以证实之,此所以孟子言本心即性也。"❶尽管这里与终极存有通而为一的性体作为创造实体可以涵摄客观存有,但是,如果只在终极存有的层面上谈论主观自由,而对于"必须不离客观存有而言主观自由"这一点无所措意,那么,这样理解下的主观自由理念就有偏离儒教传统的嫌疑,尤其是在考虑以这种主观自由理念为基础而进行政治制度安排时,必然会将思想之路引向歧途。

此外,直面中国历史文化的实际状况,我们会很自然地注意到,在道、佛的教义中,恰恰能够看到一种企图从客观存有中彻底退离的精神倾向,如所谓"游心方外"或"跳出三界"——这当然也是遭到儒教最激烈批评的地方,因为以儒教的立场来看这种精神倾向必然导致对伦常的毁坏。于是乎,如同在西方历史文化中雅典与耶路撒冷构成一种精神上的对峙一样,在中国则是儒与道或佛构成一种精神上的对峙。❷但是,这种对峙并未逼出西方式的自由主义,一则在于儒教在其精神的客观落实过程中发展出了一套与之相契合的社会政治制度且在制度和精神的双重力量下成功地消解了

---

❶ 牟宗三:《心体与性体》(上),上海古籍出版社1999年版,第34—35页。
❷ 在《近思录》中,记载着程颢的一句名言:"杨墨之害,甚于申韩;佛老之害,甚于杨墨。"牟宗三虽然熟悉程颢的这一看法,但从他的诸多论述中来看,则很难说他对于这一看法有真正深刻的体会:他对法家的批判异常激烈,几乎无一处肯定;而对佛老之害则认识不深,以至于三教并提而以天台为圆教之典范。究其原因,或在于,能高明于玄思而不能沉潜于具体。

道、佛的挑战，一则也在于，与基督教不同的是，在道、佛的教义中，自我根本上来说被认为是应该被彻底消解的一个构造物，一个原本虚幻、只是经凑合而成的"和合假"。❶基督教虽然也强调与上帝合一的重要性，但正是在上帝面前，自我才获得了一种绝对的肯定，这是包含在"因信称义"的核心教义中的重要内容。换言之，道、佛二教所提倡的自由是去我的自由，而基督教所提倡的自由则是执我的自由。

考虑到儒教不离人伦而言自由这一独特之处，我们可以将儒教的自由观念概括为伦理的自由——这里的"伦理"当然是取"人伦之理"的意思，一如梁漱溟在《中国文化要义》中说中国社会是"伦理本位、职业分途"时所使用的"伦理"概念一样。孟子说："圣人，人伦之至也。"（《离娄上》）荀子说："圣也者，尽伦者也。"（《解蔽》）可以说，孟、荀所谓的"尽伦"就含有伦理自由

---

❶ 此处只是大略而言，若具体分析道、佛不同时期、不同宗派的义理，则颇为复杂。在《才性与玄理》的末章末节，牟宗三以"借黑格尔进一解"为题，指出道家的自由是一种"非道德而超道德的自由"，且将道、佛两家的自由归为一类而刻画为"太阴教的自由"，而将儒家的自由刻画为"太阳教的自由"，并认为，若就主观自由要求个体性原则与道德性原则必须统一这一点看来，则佛老的太阴教的自由"自不能算是真正的自由主体性"，而只有儒家的太阳教的自由通过主观自由的奋斗在重生中建立起了真正的自由主体性："孔子讲仁，就是要指点一个真实的道德生命。至孟子讲性善，这内在道德性、真正的自由主体性，完全在主观自由的奋斗中挺立起，此就是道德性之重生。在此，外在的礼法不只是无根的外在，而是内在化于吾人之'自由的主体性'中而有其根，而成为内在道德性之客观化。"这个区分的要点恰恰是道德性，质言之，牟宗三认为佛老的自由理念虽然体现了个体性，但没有体现道德性，或者即是说在佛老的自由理念中个体性原则与道德性原则未能达至统一。对于牟宗三关于儒、道、佛三教的自由理念的这些看法，要而言之有两个问题必须考虑：其一，个体性原则在佛老的义理中到底在多大程度上得到肯定且如何得到肯定？其二，在儒家思想中，心性和礼法在何种意义上可以分离且如何分离？就此而言，忽略儒、道、佛思想传统内部的多样性和复杂性，我们大概可以断言，不仅是说用黑格尔在基督教世界中概括出来的个体性原则来理解佛老的自由理念具有明显的不恰当之处，而且是说用黑格尔从希腊世界中概括出来的道德性原则——尽管他也将之归于亚洲——来理解儒家的心性思想同样具有明显的不恰当之处。牟宗三的看法见《才性与玄理》，广西师范大学出版社2006年版，第328—329页。

的意思。由此观之,以基督教背景下的主观自由观念来理解儒教中不离人伦而言自由的伦理自由观念是很不恰当的,说轻了是一种过于松垮、过于浅表的诠释,说重了就是无君无父,离经叛道。而贯彻这一立场,政治自由亦应当以这样一种伦理自由的观念为基础,借用黑格尔的说法就是,应以伦理自由为基础而达至一种法权——亦必然是一种伦理法权,或者是说,只有在伦理法权中,自由才能真正获得其现实性,也就是达到具体自由。在古代中国社会,"君为臣纲"实际上就意味着这样一种伦理法权——黑格尔恰当地称之为父权制,不仅构成中国古代社会之"宪法"的伦理之维,亦因其对伦理的终极捍卫而意味着中国古代社会之"宪法"的终极之维。❶假若我们因其运作过程中出现的种种问题而不满于父权制,希望在政治制度上有新的变革,那就应当从对父权制的反思开始,这是当然的,但是,如果对父权制的反思超过了应有的限度,最终舍弃了伦理法权而代之以西方意义上的独体法权——无论是以自然为基础的自然法权还是以理性为基础的自由法权,则意味着对儒教伦理精神的违背,亦即天理的丧失。换言之,声称以儒教精神为根本而开出西方式的、以基督教背景中的自由观念为基础的民主政治实际上就是一种不折不扣的嫁接术。

关于民主的问题,牟宗三在《政道与治道》一书中进行了专门的论述。他的主要观点是,首先区分政道与治道;其次在此区分下断言中国古代社会在治道上具有民主的因素,而所缺者在于政道上的民主;最后说明,政道上的民主乃是良知自身在落实、完善过程中内在而必然的需要,但亦有其独立性,因此,良知必通过自我坎陷而开出政道上的民主,此即为道统之肯定下的政统之继续。

---

❶ 概而言之,三纲就是中国古代政治社会的宪法。

孙中山对于政权与治权之区分，构成牟宗三对于政道与治道之区分的思想基础。❶ 为了保证人民能够有效地管理政府，政府也能够有效地管理人民，孙中山在政治制度的设置上提出了政权与治权分离的原则，也就是权能分离的原则："政是众人之事，集合众人之事的大力量，便叫做政权；政权就可以说是民权。治是管理众人之事，集合管理众人之事的大力量，便叫做治权；治权就可以说是政府权。所以政治之中，包含有两个力量：一个是政权，一个是治权。这两个力量，一个是管理政府的力量，一个是政府自身的力量。"❷ 孙中山这一主张的主要用意在于使拥有主权（也就是他所谓的政权）的人民具有合法、有效的制度去防范或阻止拥有治权的政府对公共权力的滥用，这也与他对欧美代议制政治的不满意有关，用他的话来说，政权与治权的分离可以"济代议制之穷"："我们要不蹈他们（指欧美——引者注）的覆辙，根本上要人民对于政府的态度，分开权与能。把政治的大权分开成两个；一个是政府权，一个是人民权。像这样的分开，就是把政府当作机器，把人民当作工程师。人民对于政府的态度，就好比是工程师对于机器一样。"❸ 在此值得强调的是，孙中山这里的"政权"概念与我们一般在经验意义上使用的"政权"概念不同，而是更接近于"主权"概念，他的权能分离原则旨在通过一定的制度安排而将主权在民的理念真正贯彻、落实下来。

牟宗三基本上继承了孙中山对政权与治权的界定和区分，并从中离析出政道与治道的概念。关于政权与治权，他说："政权者笼罩

---

❶ 牟宗三说："所谓政道治道是相应孙中山先生所说的政权治权而言。"《政道与治道》，见《牟宗三先生全集》第10卷，第53页。
❷ 孙中山：《三民主义》，见《孙中山选集》，人民出版社1981年版，第791页。
❸ 孙中山：《三民主义》，见《孙中山选集》，第794页。

一民族集团而总主全集团内公共事务之纲维力也。""治权者措施或处理公共事务之运用权也。"❶ 又进一步解释说，政权作为民族共同体之属性乃是一"形式的实有"、"定常的实有"，而治权因其"隶属于政权"且着意于随时之运用而为一"可变者"，"如是，社会上有定常不变者以自持其体，有随时可变者以新起用"。❷ 在此基础之上，牟宗三提出政道与治道的概念："政道者，政治上相应政权之为形式的实有、定常的实有，而使其真成为一集团所共有地有之或总持地有之之'道'也。""治道者，在第二义之制度下措施处理共同事务之'运用之道'也。政道是一架子，即维持政权与产生治权之宪法轨道，故是一'理性之体'，而治道则是一种运用，故是一'智慧之明'。"❸ 需注意，牟宗三此处的表述因有所侧重而有失严谨，实际上治道不光涵摄在第二义之制度下的智慧之运用，第二义之制度的设置本身亦在治道的范围之内。

借助政道与治道这一对他自创的概念，牟宗三展开了对中国古代社会之政治制度和政治文化的分析和诊断。牟宗三指出，历史地来看，人类社会的政治形态可分为三种：封建贵族政治、君主专制政治和立宪的民主政治。无论是封建贵族政治，还是君主专制政治，其政权皆在君主，实可统称为君主制，故其政道亦集中在君道问题上。君主之取得政权，开始是由"德与力"，"其后之继续则为世袭"，所以，关于君主制之政道，"即以开始之德与力及后继之世袭两义为中心而论之"。❹

---

❶ 牟宗三：《政道与治道》，见《牟宗三先生全集》第10卷，第21、24页。
❷ 牟宗三：《政道与治道》，见《牟宗三先生全集》第10卷，第24页。
❸ 牟宗三：《政道与治道》，见《牟宗三先生全集》第10卷，第23、26—27页。此处"第二义之制度"相对于"第一义之制度"而言：第一义之制度是指为产生治权而设立的制度，即宪法，第二义之制度是指为行使治权而设立的制度，如行政、司法等制度。
❹ 牟宗三：《政道与治道》，见《牟宗三先生全集》第10卷，第2页。

就前一义而言,中国古代社会的政道——形成于周代——在于"顺天—敬德—保民"。就是说,顺天、敬德与保民三者构成一个诠释的循环:从终极的维度而言,君主之正当性在于顺天;从主观的维度而言,君主之正当性在于敬德;从客观的维度而言,君主之正当性在于保民。换言之,顺天则必须敬德,敬德则必须保民。这一政道理念实际上直接关联于革命的正当性:如果君主不能够真正做到顺天、敬德、保民,那么革命就是正当的,换言之,革命就是为了顺天应人,因而是"顺天—敬德—保民"之政道的最直接的表现形态。就后一义而言,中国古代社会的政道——同样形成于周代——则在于立子立嫡的世袭制。其意义诚如王国维所言:"所谓立子以贵不以长,立嫡以长不以贤者,乃传子法之精髓。当时虽未必有此语,固以用此意矣。盖天下之大利莫如定,其大害莫如争。任天者定,任人者争。定之以天,争乃不生。故天子诸侯之传世也,继统法之立子与立嫡也,后世用人之以资格也,皆任天而不参以人,所以求定而息争也。古人非不知官天下之名美于家天下,立贤之利过于立嫡,人才之用优于资格,而终不以此易彼者,盖惧夫名之可藉而争之易生,其蔽将不可胜穷,而民将无时或息也。故衡利而取重,絜害而取轻,而定为立子立嫡之法,以利天下后世。"❶

牟宗三对此二义皆提出了明确而彻底的批评。对于前一义,他通过对革命的分析总结说:"是以革命一义即示政权之取得惟在德与力之打,而政权亦即寄托在个人或氏族部落之德与力上。……政权既寄托在具体之个人或氏族部落上,则即不能有客观合法之轨道以产生作为元首之帝王。……在此情形下,若相应政权而问政道,则

---

❶ 王国维:《殷周制度论》,见《王国维遗书》,上海古籍书店1983年版,第二册,《观堂集林》卷十,第4页。

必曰：其开端并无道，只有打。若有道，则必只是如何蓄德储力耳。而蓄德储力目的在打以取政权。"❶ 对于后一义，牟宗三虽然认为，作为君主制之重要组成部分的"依宗法而世袭"的制度意味着中国古代社会在政权的继续上表现为"有道"，但是，由于在君主制的政治形态中"政权与治权合一"，而"继体之君""不能常有德有能而合乎君之理"，所以，"依宗法而世袭"的制度"亦非真实之政道，即不足以极成政权之为'静态实有'。"❷ 于是，综合对前后两义的分析和批评，牟宗三得出了"中国古代社会无政道"的激进结论。❸

不过，这并不意味着牟宗三对中国古代社会中的君主制政治形态采取了全盘否定的态度。尤其像"顺天—敬德—保民"的政治理念，在价值层面牟宗三没有理由、也不可能否定。牟宗三对于中国古代社会中之君主制政治形态的肯定几乎全部被倾斜性地放置在治道上了，这是他以政道与治道之区分为前提进行历史解释而有的一个重要后果。❹ 对于中国古代社会中的治道，牟宗三概括出三种形态：儒家德化的治道、道家道化的治道和法家物化的治道。此处我们只论及儒家。简而言之，儒家的治道乃在于以"圣君贤相"为核心的德治。对于此处的"德"，牟宗三有更具体的说明："儒家的'德'是以亲亲、尊尊、伦常、性情、道德的心性（仁义礼智）来

---

❶ 牟宗三：《政道与治道》，见《牟宗三先生全集》第10卷，第4—5页。
❷ 牟宗三：《政道与治道》，见《牟宗三先生全集》第10卷，第5—7页。
❸ 需要注意的是，在牟宗三那里，"中国古代社会无政道"是一个价值判断，而不是一个事实判断，其意义在于，中国古代社会之政道实表现为无道。换言之，牟宗三有时在知识论的意义上使用"政道"与"治道"的概念，有时他在目的论的意义上使用之。
❹ 或者更确切地说，牟宗三区分政道与治道的一个重要理论意图就是要说明这个可能的后果。此处有必要指出，张君劢认为，中国古代社会有吏治而无政治，而牟宗三对于中国古代社会政治的理解深受张君劢这一看法的影响。很明显，"中国古代社会有治道而无政道"的看法其实就是对"中国古代社会有吏治而无政治"的一个政治伦理学解释。

历史的嫁接　**311**

规定。它既不是道家的德，亦不是西方所讲的抽象的义务。……所以儒家于治道方面，我们概之以三目以为体，此即亲亲、尊尊与尚贤。"❶这就是说，儒家传统中关于人类生活各个层面——从实际存有的角度而言是身、家、国、天下，从人伦之理的角度而言则是君臣、父子、夫妇、兄弟、朋友——的精神和思想都在政治哲学的意义上被牟宗三纳入治道的范畴。其中最值得注意的是关于君主的理念。如前所述，君主是政权的所有者，所以直接关联于政道问题，但君主同样是治权中的一个环节，而且作为握有最高权柄者是治权中最高的环节，所以也直接关联于治道。君主的这种独特地位显示出在君主制的政治形态下，政权与治权没有分开。政权与治权之未分表现于君权，也意味着前述"顺天—敬德—保民"的为君之道既是政道理念，亦是治道理念。很显然，对于这一理念，牟宗三的做法是，并不在政道的意义上加以肯定，而是只在治道的意义上加以肯定。

在牟宗三看来，政权与治权未分，是理解中国古代社会中君主制之政治形态的症结之所在。他的思路是，中国古代的治道可谓粲然明备，但由于政权与治权未分而治权隶属于政权，且政道又表现为无道，所以，治道的发挥就受到很大的限制。以儒家而言，虽倡言尊德性而道问学，有德治之治道以济政道之穷，但终受无政道之缚限、牵制而难以取得应有的功effect。牟宗三认为，对这个问题，以往的儒者是没有办法的，究其缘由，则仍在于中国文化只有综合的尽理精神和综合的尽气精神，而无分解的尽理精神。❷于是，牟宗

---

❶ 牟宗三：《政道与治道》，见《牟宗三先生全集》第10卷，第31页。
❷ 牟宗三：《政道与治道》，见《牟宗三先生全集》第10卷，第21页。此外，除了这一在《历史哲学》中详细讨论过的主要的对比性表述之外，牟宗三在《政道与治道》中还发展出两种新的类似的对比性表述：理性的运用表现与理性的架构表现，理性之内容的表现与理性之外延的表现。就是说，治道、理性的运用表现、理性之内容的表现与综合的尽理精神基本对应，政道、理性的架构表现、理性之外延的表现与分解的尽理精神基本对应。

三提出,应当秉承王船山"以至仁大义立千年之人极"的宏愿,内在于民族文化生命而开出政道以规范政权,使政权与治权分离,从而将治道与治权从无政道的政权的束缚中解放出来,也就是使治道从原来的主观形态转进至客观形态,建立一个在政治制度上更符合道德理想、更有利于道德理想之实现的国家。由此亦可看到,牟宗三对政道与治道的区分虽然以孙中山对政权与治权的区分为基础,但二人的实际关切迥然不同。孙中山是在民主政治的内部构想中,企图将政权之民主落实于客观的制度,以防止、限制治权的可能异化和滥用;牟宗三则着意于如何从君主制转至民主制这一历史变革的理论建构,企图确立民主之政权以解放治权。

在牟宗三眼里,真正合乎道德理性的政道与治道都必须以民主为要义。说中国古代社会无政道,就等于说中国古代社会没有以民主为核心的政道;同样,肯定中国古代的治道,其中的一个重要考量就是肯定其具有"民主的因素"。牟宗三这里所谓的"治道上的民主因素"主要着重于中国古代社会中选举取士的官僚制度所具有的充分流动性以及与此相关联的各阶层在治理上的广泛参与性。另外,如前所述,儒家"顺天—敬德—保民"之君道理念中所涵的民本思想亦在治道的意义上被牟宗三所肯定。对于儒家德治精神与民主思想之间的联系,牟宗三曾概括性地说:"就儒家之德治言,此种政治上之最高律则,在'理性之内容的表现'之路数上,若说就是今日之民主政体,当然不是。但若一定说这不是'民主的',亦未见对。至少那'内容的表现'所表现之物各付物之个体原则亦并不与今日民主政体下之个体原则相悖,而今日之民主政体下之个体原则,就其内容之实现方面说,亦不过是作到或充分作到那'内容的表现'下个体原则之所说。然则这'是民主'与'不是民主'的界线在哪里呢?曰:在政体上说,不是民主的。民主政体下的个体原则是'理性之外延的表现'。这与'民主政体'本身之成立,同是'理性之外延的表现'。在内容上说,是民主的。'理性之内容的表现'下之个体原则是民主之'内容的意义',而不是其'外延的意义'。"❶

由此可见,牟宗三对民主的理解包含两个不同的层面:政治制度层面的民主与道德理想层面的民主,亦即民主政体与民主理想。民主政体只是理性架构下的制度安排,相对于道德理想只具有工具性的价值;民主理想则更为高远,事关理想的生活方式与道德精神,相对于民主政体则具有目的性的价值。而牟宗三对民主的肯定首先表现为对民主理想的肯定,在他看来,这是内在于民族文化生命的;其次才表现为对民主政体的肯定,在他看来,民主政体是实现民族文化生命中之道德理想的最佳政治手段。

以道统开出政统的文化生命建国论具体来说就是本教化理想而开出民主宪政。表面上看起来,牟宗三这个本教化理想而开出民主宪政的主张是要建立一个现代的儒教国家,是一种儒教建国论,实际上并非如此。牟宗三不仅运用《周易》的术语创造了"坎陷"这样一个特别的概念,以表明在良知与民主政体之间存在一个辩证否定的关系,而且亦明确提到了政教分离的原则:"政治是政治,教化是教化,政治自成一独立领域,自不可涉教化。"在政治层面,"只须说自由、平等、人权、权利诸外延的形式概念,即已足,不必就'生活之全'上,说及'教化的意义'"。❷与此相关的另一个重要的理论举措,是他对社会世界实体性的律则与政治世界规约性的律则的区分。在此一区分下,儒家的人伦观念全部被归为前者而与后者无涉。❸来自西方世界的政教分离原则与基督教在西方社

---

❶ 牟宗三:《政道与治道》,见《牟宗三先生全集》第10卷,第134—135页。
❷ 牟宗三:《政道与治道》,见《牟宗三先生全集》第10卷,第137页。
❸ 牟宗三:《政道与治道》,见《牟宗三先生全集》第10卷,第179页。

的演变、分化有密切关系,背后是神的世界与人的世界的对立,是彼岸与此岸的紧张,是超越与内在的分裂,从实际历史的进程来看亦与教派分化所导致的宗教争吵乃至宗教战争有密切关系。牟宗三对此习焉不察,将基督教世界中发展出来的地方性知识当作普遍性真理,且将中国的教化传统与这样一种西方式的民主政治嫁接在一起,在理论上是极不成功的,在实践上是软弱无力的,实际上是对儒家伦理精神的背离。

首先,历史地看,像欧洲那样惨烈的宗教冲突在中国社会中不曾存在。其次,基督教世界中那种特有的超越与内在的分裂在儒家思想中也不曾存在。最后,也是最为重要的,儒家教化理想最重视人伦的意义,人伦可以说是普遍性的常道:不管一个人持何种信仰,都是作为伦理关系中的人而存在。因此,任何意义上的政治儒学——无论在具体的进路上是否像新儒家那样以超越而内在的良知心性为基础——都没有理由将人伦的意义排除在政治的考量外。像牟宗三那样彻底放弃人伦的政治意义而仅在社会教化的层面肯定之,将之归于社会世界实体性的律则而无涉于政治世界规约性的律则,可以说他不仅已被西风熏得微醉,更不明周公制礼作乐之深意。就此而言,关联于前述伦理自由的概念,内在于儒家精神的一种可能的宪法必然在一些根本处不同于西方基督教精神熏习下所产生的宪法。同样,内在于儒家精神的一个可能的现代国家也必然在一些根本处不同于西方基督教精神熏习下所产生的国家。黑格尔曾将基督教世界中发展出来的以理性自由为根本理念而建立的宪法与国家比作是一个"哥特式的建筑"。❶ 相比之下,以儒家教化理想

---

❶ G. W. F. Hegel, *Lectures on the Philosophy of World History*, translated from the German edition of Johannes Hoffmeister by H. B. Nisbet, Cambridge University Press, 1975, p. 121.

中的伦理自由为根本理念所要建立的宪法与国家则应当是一个明堂式的建筑。哥特式建筑的特点是，一方面有高耸入云的尖顶，象征着人与上帝沟通的无限自由，在黑格尔那里当然意味着耶路撒冷的法则，另一方面又是牢固地建立在大地上的，象征着这种自由最终还是要落实于此岸世界，在黑格尔那里则意味着雅典的法则。所以黑格尔意义上的哥特式的宪法与国家也意味着雅典与耶路撒冷的和解。而明堂式的建筑则以天、地、人三才之道为根本，也就是《周易》所谓"立天之道曰阴与阳，立地之道曰柔与刚，立人之道曰仁与义"。一方面强调天地之统一，绝不隔绝天地，另一方面在立人极的问题上特别推重祖先与子孙的关系，就是说，人伦的意义不像黑格尔那样只在此岸的法则下被认可，而无关于个体与彼岸的联系，而是在天地之统一体中被认可，是无所逃于天地之间的大经大法。此不可不察。

参考文献

一 原始儒家经典和牟宗三的著作:

阮元校刻:《十三经注疏》,中华书局1980年影印版

牟宗三:《牟宗三先生全集》(33卷),台北:联经出版公司2003年版

——《心体与性体》,上海古籍出版社1999年版

——《才性与玄理》,广西师范大学出版社,2006年版

——《佛性与般若》,学生书局1984年版

——《智的直觉与中国哲学》,(台湾)商务印书馆1980年版

——《现象与物自身》,学生书局1984年版

——《圆善论》,学生书局1985年版

——《历史哲学》,广西师范大学出版社2007年版

——《政道与治道》,见《全集》第10卷

——《道德的理想主义》,学生书局1978年修订三版,学生书局1992年版

——《中国哲学的特质》,上海古籍出版社1997年版

——《生命的学问》,三民书局1970年版

——《人文讲习录》,见《全集》第28卷

——《黑格尔的历史哲学》,见《全集》第17卷

——《几何型的文化与数学型的文化》,见《全集》第25卷

——《超越的分解与辩证的综和》,见《全集》第27卷

二　康德、黑格尔的相关著作及中译本：

Immanuel Kant, *Critique of Pure Reason*, trans. Paul Guyer and Allen W. Wood, Cambridge University Press, 1998

——*Practical Philosophy*, trans. & ed. Mary. J. Gregor, Cambridge University Press, 1996

——*Critique of the Power of Judgment*, trans. Paul Guyer and Eric Matthews, Cambridge University Press, 2000

G. W. F. Hegel, *Hegel's Philosophy of Mind*, trans. from *The Encyclopedia of the Philosophical Sciences*, by William Wallace, Oxford, Clarendon Press, 1897

——*The Philosophy of History*, trans. J. Sibree, Dover Publications, 1956.

——*Hegel's Philosophy of Right*, Oxford University Press, 1967

——*Lectures on the Philosophy of World History*, trans. the German edition of Johannes Hoffmeister by H. B. Nisbet, Cambridge University Press, 1975

康德：《康德纯粹理性之批判》，牟宗三译注，学生书局1992年版

——《纯粹理性批判》，邓晓芒译，杨祖陶校，人民出版社2004年版

——《康德的道德哲学》，牟宗三译注，学生书局1983年版

——《道德形而上学探本》，唐钺译，商务印书馆1959年版

——《道德形而上学原理》，苗力田译，上海人民出版社1986年版

——《实践理性批判》，关文运译，商务印书馆1960年版

——《实践理性批判》，韩水法译，商务印书馆1999年版

——《实践理性批判》，邓晓芒译，杨祖陶校，人民出版社2003年版

——《道德形而上学》，张荣、李秋零译，见李秋零主编：《康德著作全集》第6卷，中国人民大学出版社2007年版

——《纯然理性界限内的宗教》，李秋零译，见李秋零主编：《康德著作全集》第6卷，中国人民大学出版社2007年版

——《判断力批判》，牟宗三译注，台湾：学生书局1993年版

——《判断力批判》，邓晓芒译，杨祖陶校，人民出版社2002年版

——《自然科学的形而上学基础》，邓晓芒译，上海人民出版社 2003 年版

黑格尔：《历史哲学》，王造时译，上海书店 1999 年版

——《法哲学原理》，范扬、张企泰译，商务印书馆 1961 年版

——《黑格尔早期神学著作》，贺麟译，商务印书馆 1988 年版

——《小逻辑》，贺麟译，生活·读书·新知三联书店 1954 年版

三　其他研究著作：

亨利·阿利森：《康德的自由理论》，陈虎平译，辽宁教育出版社 2001 年版

巴新生：《西周伦理形态研究》，天津古籍出版社 1997 年版

蔡仁厚：《牟宗三先生学思年谱》，学生书局 1996 年版

陈来《古代宗教与伦理——儒家思想的根源》，生活·读书·新知三联书店 1996 年版

——《心学传统中的神秘主义问题》，载《有无之境——王阳明哲学的精神》，附录，人民出版社 1991 年版

——：《冯友兰哲学中的神秘主义》，载《现代中国哲学的追寻》，人民出版社 2001 年版

陈梦家：《殷墟卜辞综述》，中华书局 1988 年版

程颢、程颐：《二程集》，王孝鱼点校，中华书局 2004 年版

邓晓芒：《康德哲学诸问题》，生活·读书·新知三联书店 2006 年版

——《全球伦理的可能性："金规则"的三种模式》，载《江苏社会科学》2002 年第 4 期

保罗·蒂利希：《蒂利希选集》，何光沪选编，上海三联书店 1999 年版

杜维明：《杜维明文集》，武汉出版社 2002 年版

段玉裁：《说文解字注》，上海古籍出版社 1988 年版

徐复观：《中国人性论史：先秦篇》，上海三联书店 2001 年版

米歇尔·福柯：《尼采·谱系学·历史学》，苏力译，李猛校，载《尼采在西方》，刘小枫、倪为国选编，上海三联书店 2002 年版

马丁·海德格尔：《关于人本主义的书信》，见《路标》，孙周兴译，商务印书馆 2000 年版

——《存在与时间》，陈嘉映、王庆节译，熊伟校，陈嘉映修订，生活·读书·新知三联书店 1999 年版

——《海德格尔选集》，孙周兴选编，上海三联书店 1996 年版

贺麟：《文化与人生》，北京：商务印书馆 1988 年版

——《〈小逻辑〉中译本译者引言》，载黑格尔：《小逻辑》，贺麟译，生活·读书·新知三联书店 1954 年版

侯外庐：《中国思想通史》第 1 卷，人民出版社 1957 年版

埃德蒙·胡塞尔：《纯粹现象学通论》，李幼蒸译，商务印书馆 1992 年版

黄宗羲原著、全祖望修补：《宋元学案》，梁运华、陈金生点校，中华书局 1986 年版

汉斯-格奥尔格·伽达默尔：《真理与方法》，洪汉鼎译，上海译文出版社 1999 年版

蒋年丰：《战后台湾经验与唐君毅、牟宗三思想中的黑格尔》，见《文本与实践》，台北：桂冠图书股份有限公司 2000 年版

赖功欧：《牟宗三历史哲学的"文化生命"内核》，载《江西社会科学》2003 年第 11 期

黎汉基：《牟宗三的政治理念与其对黑格尔历史哲学的省思》，载《当代儒学与西方文化：哲学篇》，台北：中央研究院中国文哲研究所 2004 年版

李明辉：《论所谓"儒家的泛道德主义"》，见《儒学与现代意识》，台北：文津出版社 1991 年版

——《儒家与康德》，台北：联经出版公司 1990 年版

——《当代新儒家的道统论》，载《当代儒学之自我转化》，台北：中央研究院文哲研究所 1994 年版

李荣添：《从黑格尔历史哲学看儒家之新路向》，载《第一届当代新儒学国际学术会议论文集》之三：外王篇，1991 年版

利玛窦、金尼阁：《利玛窦中国札记》，何高济、王遵仲、李申译，中华书局1983年版

林火旺：《从儒家忧患意识论知行问题》，台北：正中书局1981年版

梁漱溟：《中国文化要义》，学林出版社1987年版

梁涛：《"郭店竹简与思孟学派"座谈会》，载《中国思想史研究通讯》2005年第4期

柳诒徵：《国史要义》，中华书局1948年版

让·雅克·卢梭：《社会契约论》，何兆武译，商务印书馆1980年版

贝特兰·罗素：《西方哲学史》，马元德译，商务印书馆1976年版

罗义俊：《牟宗三先生第三期儒学之概念与三统并建论》，载《烟台大学学报》2005年第2期

李泽厚：《己卯五说》，生活·读书·新知三联书店2003年版

阿拉斯戴尔·麦金太尔：《追寻美德》，宋继杰译，译林出版社2003年版

牟宗三先生七十寿庆论文集编辑组编：《牟宗三先生的哲学与著作》，台湾：学生书局1978年版

倪梁康：《康德"智性直观"概念的基本含义》，载《哲学研究》2001年第10期

裴学海：《古书虚字集释》，北京：中华书局2004年版

钱穆：《国史大纲》，台湾：国立编译馆1956年版

邱黄海：《牟宗三先生"历史概念"之批判的展示》，载《鹅湖杂志》1999年第5期

马克斯·舍勒：《舍勒选集》，刘小枫选编，上海三联书店1999年版

——《伦理学中的形式主义与质料的价值伦理学》，倪梁康译，生活·读书·新知三联书店2004年版

孙中山：《三民主义》，见《孙中山选集》，北京：人民出版社1981年版

查尔斯·泰勒：《黑格尔与现代社会》，徐文瑞译，台北：联经出版公司1990年版

唐君毅：《中国哲学原论》，香港：新亚书院研究所1974年版

——《中国历史之哲学的省察》,载牟宗三:《历史哲学》,广西师范大学出版社 2007 年版,附录一

唐文明:《与命与仁:原始儒家伦理精神与现代性问题》,河北大学出版社 2002 年版

——《近忧:文化政治与中国的未来》,华东师范大学出版社 2010 年版

王国维:《王国维遗书》,上海古籍书店 1983 年版

万俊人:《儒家美德伦理及其与麦金太尔之亚里士多德主义的视差》,载《中国学术》2001 年第 2 期,总第六辑

王博:《早期儒家仁义说的研究》,载《哲学门》,总第十一辑,北京大学出版社 2005 年版

王德培:《书传求是札记(上)》,载《天津师范大学学报》1983 年第 4 期

汪荣祖:《康有为论》,中华书局 2006 年版

朱伯崑:《〈易经〉的忧患意识与民族精神》,载《北京大学学报》1997 年第 1 期

郑开:《德礼之间——前诸子时期的思想史》,生活·读书·新知三联书店 2009 年版

张祥龙:《海德格尔传》,河北人民出版社 1998 年版

G. E. M. Anscombe, "Modern Moral Philosophy," in *Virtue Ethics*, ed. Roger Crisp & Michael Slote, Oxford University Press, 1997

Keith Ansell-Pearson, "Nietzsche on Autonomy and Morality: the Challenge to Political Theory," in *Political Studies* (1991), XXXIX

Marcia W. Baron, "Kantian Ethics," in *Three Methods of Ethics: A Debate*, Blackwell Publishers, 1997

Peter K. Bol, *Neo-Confucianism in History*, Harvard University Press, 2008

Martin Heidegger, *Kant and the Problem of Metaphysics*, trans. Richard Taft, Indiana University Press, 1990

—— *The Essence of Human Freedom: An Introduction to Philosophy*, trans. Ted Sadler, Continuum, 2002

—— "Phenomenological Interpretations in Connection with Aristotle: An Indication of the Hermeneutical Situation," in *Supplements: From the Earliest Essays to Being and Time and Beyond*, trans. John van Buren, State University of New York Press, 2002

—— *Plato's Sophist*, trans. Richard Rojcewicz and André Schuwer, Indiana University Press, 1997

T. M. Knox, "Preface for English Version of *Hegel's Philosophy of Right*, in *Hegel's Philosophy of Right*," trans. T. M. Knox, Oxford University Press, 1967

Emmanuel Levinas, "Freedom and Command," in *Collected Philosophical Papers*, trans. Alphonso Lingis, Duquesne University Press, 1987

Alasdair MacIntyre, "Incommensurability, Truth and the Conversation Between Confucians and Aristotlians About the Virtues," in *Culture and Modernity*, E. Deutsch ed., The University of Hawaii Press, 1991

Alasdair MacIntyre, "Once More on Confucian and Aristotlian Conceptions of the Virtues: A Response to Professor Wan," in *Chinese Philosophy In an Era of Globalization*, ed. Robin R. Wang, State University of New York Press, 2004

Jean-Luc Nancy, "Heidegger's 'Originary Ethics'," in *Heidegger and Practical Philosophy*, ed. Francois Raffoul and David Pettigrew, State University of New York Press, 2002

Friedrich Nietzsche: *On the Genealogy of Morals and Ecce Homo*, translated by Walter Kaufmann and R. J. Hollingdale, Random House, Inc., 1967

—— *The Gay Science*, translated by Walter Kaufmann, Random House Inc., 1974.

Martha Nussbaum, "Tragedy and Justice," in *Boston Review*, October/November, 2003

J. B. Schneewind, *The Invention of Autonomy: A History of Modern Moral Philosophy*, Cambridge University Press, 1997

Michael Stocker, "The Schizophrenia of Modern Ethical Theories," in *Virtue Ethics*, ed. Roger Crisp and Michael Slote, Oxford University Press, 1997. Reprinted from Journal of Philosophy, 73 (1976)

Bernard Williams, *Ethics and the Limits of Philosophy*, Harvard University Press, 1985

—— *Moral Luck*, Cambridge University Press, 1981

—— *Shame and Necessity*, University of California Press, 1993

Susan Wolf, "Moral Saints," in *The Journal of Philosophy*, Vol. 79, No. 8, Aug., 1982

Allen W. Wood, *Kant's Ethical Thought*, Cambridge University Press, 1999

致　谢

感谢哈佛—燕京学社。本书第四部分写作于我在哈佛—燕京学社访学期间，本书第二部分的主要内容曾在哈佛—燕京学社主办的学术研讨会上宣读过，而如今本书的出版又得到了哈佛—燕京学社的支持。

感谢杜维明先生。我两次去哈佛—燕京学社访学，都得到了杜先生的帮助，都和他有深入的交流。杜先生推动儒学研究的热忱，每每令我感动。

感谢国家社科基金。本书是国家社科基金青年项目的研究成果，该项目在结项时被鉴定为优秀。感谢五位匿名评审专家。本书在修改过程中吸收了五位匿名评审专家的部分意见。

感谢陈来先生。2007年陈先生邀请我参加第三届中国文化论坛，而我向论坛提交的论文正是本书第二部分的内容。感谢在那次会议上对我的论文提出问题的各位学界同仁。特别感谢金耀基先生、甘阳先生在那次会议上对我的批评建议和鼓励。

感谢郭齐勇、张祥龙先生。本书能够列入"三联·哈佛燕京学术丛书"，与他们的大力推荐分不开。与两位先生的交流总是能够给我意想不到的启发。

感谢王中江先生。本书第一部分的初稿曾在王先生主编的《新哲学》上全文发表。

感谢吴飞先生。本书第四部分曾在由吴先生负责编辑的《哲学门》上全文发表。

感谢三联书店在本书出版方面给予的帮助。

感谢我的授业恩师万俊人先生。他的支持和鼓励一直是我进行学术研究的重要动力。

感谢所有关心我、帮助我、批评我的师友同道。

感谢我的家人。

唐文明

辛卯年仲夏于北京止而巽斋

出版后记

当前,在海内外华人学者当中,一个呼声正在兴起——它在诉说中华文明的光辉历程,它在争辩中国学术文化的独立地位,它在呼喊中国优秀知识传统的复兴与鼎盛,它在日益清晰而明确地向人类表明:我们不但要自立于世界民族之林,把中国建设成为经济大国和科技大国,我们还要群策群力,力争使中国在21世纪变成真正的文明大国、思想大国和学术大国。

在这种令人鼓舞的气氛中,三联书店荣幸地得到海内外关心中国学术文化的朋友们的帮助,编辑出版这套《三联·哈佛燕京学术丛书》,以为华人学者们上述强劲吁求的一种纪录,一个回应。

北京大学和中国社会科学院的一些著名专家、教授应本店之邀,组成学术委员会。学术委员会完全独立地运作,负责审定书稿,并指导本店编辑部进行必要的工作。每一本专著书尾,均刊印推荐此书的专家评语。此种学术质量责任制度,将尽可能保证本丛书的学术品格。对于以季羡林教授为首的本丛书学术委员会的辛勤工作和高度责任心,我们深为钦佩并表谢意。

推动中国学术进步,促进国内学术自由,鼓励学界进取探索,是为三联书店之一贯宗旨。希望在中国日益开放、进步、繁盛的氛围中,在海内外学术机构、热心人士、学界先进的支持帮助下,更多地出版学术和文化精品!

生活·读书·新知三联书店

一九九七年五月

三联·哈佛燕京学术丛书
[一至十九辑书目]

第一辑

中国小说源流论 / 石昌渝著

工业组织与经济增长的
理论研究 / 杨宏儒著

罗素与中国 / 冯崇义著
——西方思想在中国的一次经历

《因明正理门论》研究 / 巫寿康著

论可能生活 / 赵汀阳著

法律的文化解释 / 梁治平编

台湾的忧郁 / 黎湘萍著

再登巴比伦塔 / 董小英著
——巴赫金与对话理论

第二辑

现象学及其效应 / 倪梁康著
——胡塞尔与当代德国哲学

海德格尔哲学概论 / 陈嘉映著

清末新知识界的社团与活动 / 桑兵著

天朝的崩溃 / 茅海建著
——鸦片战争再研究

境生象外 / 韩林德著
——华夏审美与艺术特征考察

代价论 / 郑也夫著
——一个社会学的新视角

走出男权传统的樊篱 / 刘慧英著
——文学中男权意识的批判

金元全真道内丹心性学 / 张广保著

第三辑

古代宗教与伦理 / 陈来著
——儒家思想的根源

世袭社会及其解体 / 何怀宏著
——中国历史上的春秋时代

语言与哲学 / 徐友渔 周国平 陈嘉映 尚杰 著
——当代英美与德法传统比较研究

爱默生和中国 / 钱满素著
——对个人主义的反思

门阀士族与永明文学 / 刘跃进著

明清徽商与淮扬社会变迁 / 王振忠著

海德格尔思想与中国天道 / 张祥龙著
——终极视域的开启与交融

第四辑

人文困惑与反思 / 盛宁著
——西方后现代主义思潮批判

社会人类学与中国研究 / 王铭铭著

儒学地域化的近代形态 / 杨念群著
——三大知识群体互动的比较研究

中国史前考古学史研究 / 陈星灿著
(1895—1949)

心学之思 / 杨国荣著
——王阳明哲学的阐释

绵延之维 / 丁 宁著
——走向艺术史哲学

历史哲学的重建 / 张西平著
——卢卡奇与当代西方社会思潮

第五辑

京剧·跷和中国的性别关系 / 黄育馥著
(1902—1937)

奎因哲学研究 / 陈 波著
——从逻辑和语言的观点看

选举社会及其终结 / 何怀宏著
——秦汉至晚清历史的一种社会学阐释

稷下学研究 / 白 奚著
——中国古代的思想自由与百家争鸣

传统与变迁 / 周晓虹著
——江浙农民的社会心理及其近代以来的嬗变

神秘主义诗学 / 毛 峰著

第六辑

人类的四分之一：马尔萨斯的神话与中国的现实 / 李中清 王 丰著
(1700—2000)

古道西风 / 林梅村著
——考古新发现所见中西文化交流

汉帝国的建立与刘邦集团 / 李开元著
——军功受益阶层研究

走进分析哲学 / 王 路著

选择·接受与疏离 / 王攸欣著
——王国维接受叔本华 朱光潜接受克罗齐 美学比较研究

为了忘却的集体记忆 / 许子东著
——解读50篇"文革"小说

中国文论与西方诗学 / 余 虹著

第七辑

正义的两面 / 慈继伟著

无调式的辩证想象 / 张一兵著
——阿多诺《否定的辩证法》的文本学解读

20世纪上半期中国文学的现代意识 / 张新颖著

中古中国与外来文明 / 荣新江著

中国清真女寺史 / 水镜君 玛利亚·雅绍克 著

法国戏剧百年 / 宫宝荣著
(1880—1980)

大河移民上访的故事 / 应 星著

第八辑

多视角看江南经济史 / 李伯重著
(1250—1850)

推敲"自我"：小说在18世纪的英国 / 黄梅著

小说香港 / 赵稀方著

政治儒学 / 蒋 庆著
——当代儒学的转向、特质与发展

在上帝与恺撒之间 / 丛日云著
——基督教二元政治观与近代自由主义

从自由主义到后自由主义 / 应奇著

第九辑

君子儒与诗教 / 俞志慧著
——先秦儒家文学思想考论

良知学的展开 / 彭国翔著
——王龙溪与中晚明的阳明学

国家与学术的地方互动 / 王东杰著
——四川大学国立化进程（1925—1939）

都市里的村庄 / 蓝宇蕴著
——一个"新村社共同体"的实地研究

"诺斯"与拯救 / 张新樟著
——古代诺斯替主义的神话、哲学与精神修炼

第十辑

祖宗之法 / 邓小南著
——北宋前期政治述略

草原与田园 / 韩茂莉著
——辽金时期西辽河流域农牧业与环境

社会变革与婚姻家庭变动 / 王跃生著
——20世纪30—90年代的冀南农村

禅史钩沉 / 龚隽著
——以问题为中心的思想史论述

"国民作家"的立场 / 董炳月著
——中日现代文学关系研究

中产阶级的孩子们 / 程巍著
——60年代与文化领导权

心智、知识与道德 / 马永翔著
——哈耶克的道德哲学及其基础研究

第十一辑

批判与实践 / 童世骏著
——论哈贝马斯的批判理论

语言・身体・他者 / 杨大春著
——当代法国哲学的三大主题

日本后现代与知识左翼 / 赵京华著

中庸的思想 / 陈赟著

绝域与绝学 / 郭丽萍著
——清代中叶西北史地学研究

第十二辑

现代政治的正当性基础 / 周濂著

罗念庵的生命历程与思想世界 / 张卫红著

郊庙之外 / 雷闻著
——隋唐国家祭祀与宗教

德礼之间 / 郑开著
——前诸子时期的思想史

从"人文主义"到"保守主义" / 张源著
——《学衡》中的白璧德

传统社会末期华北的生态与社会 / 王建革著

第十三辑

自由人的平等政治 / 周保松著

救赎与自救 / 杨天宏著
——中华基督教会边疆服务研究

中国晚明与欧洲文学 / 李奭学著
——明末耶稣会古典型证道故事考诠

茶叶与鸦片：19世纪经济全球化中的中国 / 仲伟民著

现代国家与民族建构 / 昝涛著
——20世纪前期土耳其民族主义研究

第十四辑

自由与教育 / 渠敬东　王　楠著
——洛克与卢梭的教育哲学
列维纳斯与"书"的问题 / 刘文瑾著
——他人的面容与"歌中之歌"
治政与事君 / 解　扬著
——吕坤《实政录》及其经世思想研究
清代世家与文学传承 / 徐雁平著
隐秘的颠覆 / 唐文明著
——牟宗三、康德与原始儒家

第十五辑

中国"诗史"传统 / 张　晖著
民国北京城：历史与怀旧 / 董　玥著
柏拉图的本原学说 / 先　刚著
——基于未成文学说和对话录的研究
心理学与社会学之间的
诠释学进路 / 徐　冰著
公私辨：历史衍化与
现代诠释 / 陈乔见著
秦汉国家祭祀史稿 / 田　天著

第十六辑

辩护的政治 / 陈肖生著
——罗尔斯的公共辩护思想研究
慎独与诚意 / 高海波著
——刘蕺山哲学思想研究
汉藏之间的康定土司 / 郑少雄著
——清末民初末代明正土司人生史
中国近代外交官群体的
形成（1861—1911）/ 李文杰著
中国国家治理的制度逻辑 / 周雪光著
——一个组织学研究

第十七辑

新儒学义理要诠 / 方旭东著
南望：辽前期政治史 / 林　鹄著
追寻新共和 / 高　波著
——张东荪早期思想与活动研究
（1886—1932）
迈克尔·赫茨菲尔德：学术
传记 / 刘　珩著

第十八辑

"山中"的六朝史 / 魏　斌著
长安未远：唐代京畿的
乡村社会 / 徐　畅著
从灵魂到心理：关于经典精神分析的
社会学研究 / 孙飞宇著
此疆尔界："门罗主义"与
近代空间政治 / 章永乐著

第十九辑

何处是"中州"？/ 江　湄著
——十到十三世纪的历史与观念变局
波斯与东方：阿契美尼德帝国时期的
中亚 / 吴　欣著
观物：邵雍哲学研究 / 李　震著
魔化与除魔：皮柯的魔法思想与现代
世界的诞生 / 吴功青著
通向现代财政国家的路径：英国、日本
与中国 / 和文凯著
汉字革命：中国语文现代性的起源
（1916—1958）/ 钟雨柔著